Fintelmann · Hartmann

Auf der Suche nach dem Ich

Volker Fintelmann · Steffen Hartmann

Auf der Suche nach dem Ich

Beiträge zu einer Ichologie

Verlag Freies Geistesleben

Der zitierte Wortlaut Rudolf Steiners folgt der im Rudolf Steiner Verlag erscheinenden Gesamtausgabe (GA). Der Abdruck erfolgt mit freundlicher Genehmigung der Rudolf Steiner Nachlassverwaltung, Dornach / Schweiz.

1. Auflage 2024

Verlag Freies Geistesleben
Landhausstraße 82, 70190 Stuttgart
www.geistesleben.de

ISBN 978-3-7725-2903-0

Schutzumschlag: Akseli Gallen-Kallela, See Keitele, 1905

Druck: Pustet GmbH & Co. KG, Regensburg
Printed in Germany

MIX
Papier
FSC® C014889

Inhalt

«Dieses Ich ist lange, lange vorbereitet worden. Denn im Grunde genommen ist alles Dasein auf dem Saturnzustand der Erde, auf dem Sonnenzustand und auf dem Mondzustand, welches die Hüllen geschaffen hatte, die das Ich aufnehmen sollten, Vorbereitung für das Ich. Da haben andere Wesenheiten die Wohnung geschaffen für das Ich. Jetzt auf der Erde ist die Wohnung so weit geschaffen, dass das Ich im Menschen Platz greifen konnte.»

Rudolf Steiner, am 27. Januar 1908 in Berlin, in: *Das Hereinwirken geistiger Wesenheiten in den Menschen,* GA 102

«Indem der Mensch alles, was Welt ist, nach und nach aufnimmt und mit seinem ganzen Wesen vereint, bis er dereinst auf dem Vulkan den ganzen Umfang der Welt, dieses ganze große All, zu dem er gehört, mit sich vereinigt haben wird, da wird er derjenige sein, der er war im Beginn der Saturnentwickelung *und* die ganze Welt. Er wird sein Alpha und Omega, der Mensch, und in ihm alles vereinigt, was Welt ist. Mit dem ‹Ich bin das Alpha und das Omega› der Apokalypse des Johannes haben wir das bezeichnet, was der Mensch sein wird am Ende der Vulkanzeit. Am Ende der Vulkanentwickelung wird auch der Mensch sagen dürfen: Ich bin das Alpha und das Omega.»

Rudolf Steiner, am 7. September 1924 in Dornach, in: *Apokalypse und Priesterwirken,* GA 346

I. Vorwort als Präludium

Dieses Buch verdankt seine Entstehung einem von mir als spontan empfundenen Ausruf von Verena Staël von Holstein. Sie war mit ihrem Mann Friedrich Pfannenschmidt bei uns zu Besuch. Mitten in unser Gespräch rief sie plötzlich aus: «Wann wird denn endlich eine Ichologie geschrieben?» Schon der Begriff «Ichologie» erstaunte mich, mehr noch das damit verbundene Anliegen. Ich erzählte Steffen Hartmann davon und erlebte seine Betroffenheit. An dieser Frage nach dem Menschen-Ich arbeite er doch ständig, seit er als junger Mensch der Anthroposophie Rudolf Steiners begegnet sei. Und habe viel dazu publiziert und vorgetragen. Ich wiederum wurde in meinem Arztberuf und auch persönlich im Leben begleitet von einem Kernsatz aus Rudolf Steiners Buch *Theosophie*, dessen Inhalte mir Grundlage des Menschenverständnisses wurden, das ein Arzt benötigt: «Und dieses ‹Ich› ist der Mensch selbst.»[1]

Begleitet wurde diese Ich-Erkenntnis von dem weiteren Gedanken, den Rudolf Steiner im ersten umfassenden Kurs für Ärzte, *Geisteswissenschaft und Medizin*, 1920 aussprach: «Der Geist (das Ich) kann nicht krank werden.» Was sich in mir verwandelte zu dem therapeutisch-enthusiasmierenden Bewusstsein: «Das Ich ist urgesund.»

Aus diesen beiden Lebenstatsachen von Steffen Hartmann und mir gebar sich der Entschluss, aus unserer Forschungs- und Erfahrungswelt das Wagnis einzugehen, ein Buch über das

1 Rudolf Steiner, *Theosophie*, GA 9, Dornach 1994, S. 49.

Menschen-Ich zu schreiben, eine «Ichologie», vielleicht gar eine «Ichosophie». Steffen schrieb mir daraufhin: «Unsere gemeinsamen Zukunftspläne beflügeln mich. Das ist ein Geschenk und eine Aufgabe zugleich.» Eine Aufgabe, die ich gerade ein Wagnis nannte, denn uns war klar, dass wir uns in unseren Darstellungen fundamental auf das Lebenswerk Rudolf Steiners stützen würden, dass wir ohne ihn als Lehrer, Anreger und Förderer zu keinen eigenen Erkenntnissen dieser Dimensionen fähig wären. Wir beide wissen uns durch das ganze Leben hindurch seinem Werk, der Anthroposophie, verbunden, sie war und ist Nahrung unserer erkenntnissuchenden Seelen. Wir erleben die Frage nach dem Wesen des Menschen, seinem Ich, seiner Verbundenheit mit der Welt als eine Lebensnotwendigkeit wie Hunger und Durst, wie Rudolf Steiner es in seinem ersten Anthroposophischen Leitsatz formulierte. Wir leben aber auch mit dem Bewusstsein, dass Rudolf Steiner von den Menschen, die sich seiner Anthroposophie verbanden, erwartete, dass sie sein Werk nutzen, um aus ihren Lebensfeldern seine Forschungen fortzusetzen und zu ergänzen. Die verschiedenen Wege hierzu hat er ja beschrieben. Hier jedoch existiert ein fast vermintes Feld: Können Einzelne zu geisteswissenschaftlichen Aussagen oder Forschungsresultaten gelangen, die nicht schon bei Steiner formuliert wurden?

Eine erste Generation der mit der Anthroposophie verbundenen Menschen stützte fast jede ihrer Aussagen mit dem Verweis: «Der Doktor hat gesagt.» Das entsprang ihrer Verehrung für den Geisteslehrer, den sie ja persönlich erlebt hatten. Doch dieser Haltung hatte schon Rudolf Steiner entgegengestellt: «Ich will nicht verehrt, ich will verstanden werden.»[2] Das

2 Erika Beltle / Kurt Vierl, *Erinnerungen an Rudolf Steiner,* Stuttgart 2001, S. 189.

aber heißt, sich selbst zum Geistesforscher zu entwickeln. Rudolf Steiner sah in jedem von uns, der sich «ernstlich» mit der Anthroposophie verbindet, das Potenzial, zu eigener geistiger Erkenntnis und Anschauung zu kommen. Und er wusste, dass es hierbei Stufungen oder – einer Schule vergleichbar – Klassen des Könnens gibt, und kein Mensch nach dem ersten Schuljahr das Abitur ablegen könnte. Zu den Ärzten und Priestern sprach er von einem guten Verstand und «leidlicher» Intuition, die ein Arzt haben müsse, um Menschen in bestimmten Krankheitssituationen verstehen zu können. Er wusste, dass aller Anfang schwer ist, und erhoffte dennoch Initiative und vor allem Mut, sich auf den Weg geistigen Erkennens und Erfahrens zu begeben. Mut zum Beispiel auch zum Irrtum, von dem er sich selbst keineswegs absolut frei wusste. Der Anfänger kann sich geleiten lassen von dem Christuswort «Ich bin der Weg und die Wahrheit und das Leben» (Joh. 14,6) und mit diesem wesenhaften Geleit sich auf den Weg machen. Ein Erkenntnisweg, «der das Geistige im Menschen zum Geistigen im Weltenall führen möchte».[3] Ein Weg, der, von Christus begleitet, zur Christuserfahrung als Menschheits-Ich führen kann.

Aus dieser uns persönlich eigenen Überzeugung stammen die Inhalte dieses Buchs zu Werden und Sein des Menschen-Ichs. Steffen Hartmann vertritt dabei etwas betonter die Seite der Erkenntnis, ich als Arzt die der Anschauung. Deshalb ist dieses Buch weniger, als es uns bei dem Vorläufer *Mit Widar Zukunft schaffen* gelang, ein ganz und gar gemeinsames. Jeder hat hier seine Schwerpunkte der eigenen Forschung kapitelweise dargestellt, wie unschwer zu erkennen sein wird. Und doch ist Satz

3 Rudolf Steiner, *Anthroposophische Leitsätze,* GA 26, Dornach 1989, S. 14.

für Satz, Gedanke für Gedanke gemeinsam durchgearbeitet worden, haben sich viele Gespräche daran geknüpft, Korrekturen, Ergänzungen. So ist es dennoch ein gemeinsames Buch, in welchem aber Inhalte unterschiedlich von dem einen oder dem anderen geschaffen wurden und verantwortet werden. Das Bild des verminten Feldes bezieht sich auf die bis in unsere Zeit existierenden Schriftgelehrten im Bunde mit den Pharisäern. So wird es nicht ausbleiben, dass diesem Buch entgegengehalten wird, seine Inhalte seien an verschiedenen Stellen nicht auf Angaben Rudolf Steiners gestützt oder widersprächen ihnen gar. Wir möchten an dieser Stelle nicht dagegen kämpfen. Wir möchten anregen, intensiver über die Ich-Frage zu denken, zu forschen, um ein lebendiges Gegengewicht zu schaffen in einer Zeit, wo die ichbedingte Ausbildung einer einzigartigen Individualität bekämpft wird und an ihre Stelle eine ichlose Uniformität gesetzt werden soll. Im Bewusstsein unseres Anfängertums einer wachen Geist-Erkenntnis suchen wir Mitstreiter in der Aufgabe, das Ich als den Menschen selbst zu beschreiben und nicht zuzulassen, dass an seine Stelle ein Automat rückt, der von dem irreführenden Begriff einer «künstlichen Intelligenz» gespeist wird. Wir stehen dazu, dass in den Darstellungen sich auch Irrtümer aufhalten mögen, sind jedoch getrosten Muts, dass solche erkannt und korrigiert werden können. Aus der Reife des Alters heraus ist ja ganz eindeutig zu sagen, dass es gerade Fehler sind, aus denen wir viel lernen können. Was nicht bedeutet, dass wir nur einen einzigen Satz leichtfertig formuliert hätten. Alle sind Ausdruck unseres gegenwärtigen Wissensstandes, immer neu innerlich überprüft und in voller Verantwortung geschrieben. Ein wenig vielleicht orientiert an dem mutigen Satz von Pontius Pilatus, den er den gegen die Kreuzesinschrift protestierenden Juden sagte: «Was ich geschrieben habe, habe ich geschrieben.» Wir verzichten bei bestimmten Darstellungen weitgehend auf Fußnoten, da die Inhalte – wie schon gesagt – ganz auf der gelebten Fülle der Aussagen Rudolf Steiners basieren, jedoch zum Ausdruck bringen, was sie in der eigenen Seele bewirkt haben.

Steffen Hartmann geht den Forschungsweg meditativ gestützter Erkenntnis, ich bin den Weg einer intuitiv geschulten Anschauungskraft gegangen. In der Medizin ist das der Weg der Diagnose, was mit «Durch-Schauen» verdeutscht werden kann. Dafür sind mir zwölf Sinne gegeben, deren Wahrnehmungen den Ausgangspunkt des Erkenntnisweges bilden, den ich im Sinne des Untertitels von Rudolf Steiners Grundlagenwerk, der *Philosophie der Freiheit*, so verstehe: «Seelische Beobachtungsresultate nach naturwissenschaftlicher Methode.»

Mögen die Menschen, die sich entschließen, dieses Buch zu lesen, seine Inhalte als Anregung erleben, selbst forschend tätig zu werden, oder sich als Mensch noch grundsätzlicher zu verstehen. Mögen sie die Aussagen in diesem Präludium durchdenken und mit Vorurteilslosigkeit die Inhalte des Buchs in sich aufnehmen, um sie dann zu «verdauen», damit Eigenes aus ihnen entsteht. Unsere Gegenwart braucht dringend ein tiefgreifendes Ich-Verständnis.

Volker Fintelmann

II. Auf der Suche nach dem Ich

Es gibt Fragen, die immer wieder neu an das Tor des eigenen Bewusstseins klopfen. Energisch klopfen sie: «Lass mich ein – mir kannst du nicht entfliehn.» Als eine solche gewichtige, letztlich unabweisbare Frage kann empfunden werden: «Wer bin ich?» Damit gehen dann andere Fragen einher, wie Geschwister, die den Blick weiten, in Vergangenheit und Zukunft, bis ins Unübersehbare: Woher komme ich? Und, wohin gehe ich?

Gewiss, das sind tiefe philosophische Fragestellungen. Seit den Tagen des Sokrates und Platon ringen die Menschen damit. Zugleich sind es existenzielle Fragen, von deren Beantwortung die eigene Lebensführung unmittelbar abhängen kann. Ja, bis in Krankheit und Gesundheit eines Menschen wirkt hinein, was als Antworten auf diese Fragen in ihm lebt.

Und so befinden wir uns – immer schon – auf der Suche nach dem Ich. Stationen dieser Suche – eine Reise der Selbsterkenntnis – werden in diesem Buch beschrieben, erzählt, angedeutet, ausgelotet. Eine Monografie des Ich, eine Art Ichologie oder Ichosophie schwebt uns vor, die aus dem Leben und nicht nur mit wissenschaftlichem Interesse ergriffen werden soll und auch zu neuem Leben führen mag.

Da läuft auch immer eine andere Frage noch mit, diejenige nach dem Du. Wer bist du? Die oder der andere? Das Ich, so rätselhaft es uns zunächst erscheinen mag, ist wohl ein Beziehungswesen, und wir blicken sowohl auf seine Beziehung zu sich selbst als auch auf seine Beziehung zu anderen Wesen.

Ich – ein anderer, formuliert ein Buchtitel von Imre Kertész. Er, ein Überlebender der Konzentrationslager Auschwitz und Buchenwald und Literaturnobelpreisträger von 2002, weist damit auf eine Identitätskrise oder -suche seiner selbst, vielleicht des modernen Menschen schlechthin. Wir alle sind andere, und anders. Millionen von Menschen enden dabei beim Selbstmord. Alle vierzig Sekunden stirbt ein Mensch durch Selbstmord auf dieser Erde. Das heißt, mehr Menschen sterben durch Selbstmord als durch Kriege! Kaum vorstellbar. Warum das?

Die Frage nach dem Ich – nach einem sicheren, unverrückbaren Halt in uns selbst – ist beileibe nicht nur eine philosophische oder psychologische; es geht ums nackte Überleben, könnte man sagen. Wäre stärker im Bewusstsein, dass es ein Leben nach dem Tod gibt, dass der Tod das Eingangstor zu einer Reise in übersinnliche Welten ist, dann erschiene auch der Selbstmord als das, was er ist: eine Sackgasse, ein existenzieller Irrtum, die größte Selbstverwundung, die es gibt. Weil es danach weitergeht. Weil ich mir und meinem Schicksal nicht entkomme. Weil es um Ich-Entwicklung geht und der Selbstmord die größte Negation des eigenen Selbst und seiner Weiterentwicklung ist.

Noch einmal Imre Kertész: «Gestern Abend im Bett versuchte ich lange und angestrengt, mir mein Nichtsein vorzustellen. Das subjektive Nichts. Ich spürte geradezu, wie ich aus meinem Körper herausschlüpfte – doch damit war das Abenteuer auch schon zu Ende. Kaum verlasse ich die Hülle, verschwindet der Inhalt; alles hört auf. Ich bin auf Gedeih und Verderb mit meinem Körper verbunden, dieser Gemeinplatz ist manchmal fast nicht zu fassen. Es wäre ein Fehler, zu glauben, mein Leben gehöre mir. Aber es wäre ein noch größerer Fehler, dieses Leben zu vernachlässigen, es zugrunde, flötengehen zu lassen. Dieses

Leben wurde mir anvertraut – ich frage nicht, von wem, da ich die Antwort kenne und auch weiß, dass die Frage falsch gestellt ist; ich kann mich nur auf mein eigenes, unleugbares Verantwortungs*gefühl* verlassen (meine einzige *Gefühls*erfahrung). Mit meinem Leben stehe ich in einer Wechselbeziehung. Diese Beziehung heißt: Ausgeliefertsein. – So weit wäre alles in Ordnung. Doch welches Teilchen dieses gespaltenen Lebens nennt sich ‹Ich›?»[4]

Viele Fragen ergeben sich aus diesem Protokoll einer Selbstbeobachtung. So diejenige nach dem Verhältnis von Ich und Leib. Bin ich mein Körper? Oder habe ich nicht vielmehr einen Körper, gewissermaßen auf Zeit verliehen? Wie ist das Verhältnis des Ich zu seinen Gefühlen? Beherrschen sie mich oder erzählen sie mir etwas von der Welt? «Mit meinem Leben stehe ich in einer Wechselbeziehung» – ist nicht das sich entwickelnde Ich tiefster Ausdruck des Lebens?

«Das Ich ist aus Möglichkeit und Wirklichkeit zusammengesetzter Geist.» Diesen Satz des Themistios greift Thomas von Aquin im 13. Jahrhundert auf und begründet darauf seine Anschauung des individuellen Menschengeistes, der unsterblich ist.[5] Unser Ich existiert fortwährend in der Spannung zwischen Gelebtem und Ungelebtem, zwischen Gewordenem und noch Ungeborenem, oder eben aristotelisch gesprochen zwischen Wirklichkeit und Möglichkeit. Dadurch ist unsere Existenz eingespannt zwischen Vergangenheit und Zukunft.

Ich *erinnere* Vergangenes: zahllose Ereignisse, die mich zu dem gemacht haben, der ich bin. Ich *erwarte* oder erahne Zu-

4 Imre Kertész, *Ich – ein anderer,* Berlin 1998, S. 12.

5 Thomas von Aquin, *Über die Einheit des Geistes, De unitate intellectus,* Stuttgart 1987, S. 54.

künftiges: ein unübersehbares Feld zukünftiger Entwicklungen. Und ich *erlebe* das Jetzt: den Augenblick, die Gegenwart. Ständig verwirkliche ich bestimmte Möglichkeiten meines Wesens (und unterlasse andere Möglichkeiten des Tuns). Durch jeden Akt, und sei er noch so unscheinbar, konkretisiert sich eine potenzielle Seite meines Ich. Und das geschieht in der Welt, für die Welt, mitunter auch gegen die Weltereignisse. So lebt das Ich zwischen seinen Möglichkeiten und deren – schrittweiser – Verwirklichung.

Wer bin ich?
Ein Erfahrungsweg

Wir wollen fragend und beobachtend den Weg zur Ich-Erfahrung beschreiten, zunächst ohne Zitate und Ausführungen älterer oder berühmter Autoren, und dazu anregen, selbst aktiv erlebend und denkend eine Suchbewegung nach dem Ich zu vollziehen. Jeder Schritt soll dabei nachvollziehbar beschrieben und gleichzeitig eigens vollzogen werden. Der methodische Grundgriff auf diesem Wege zum Ich ist, sich einmal energisch klar zu machen, was ich mit Sicherheit alles *nicht bin.*

Beginnen wir mit der Außenwelt. Blicken wir in die herrliche Schöpfung, auf die Natur mit all ihren Wundern und Geheimnissen: Die strahlende Sonne am Himmel, der milde Mond am Abend, die funkelnden Sterne des Nachts, die über den Himmel ziehenden Wolken, die Berge in der Ferne, Steine, Bäume und Vögel und unzählige weitere Erscheinungen der Welt. All das bin ich nicht. Ich bin derjenige, der die Sonne strahlen sieht, ich bin derjenige, der die Wolken beobachtet, ich gewahre einen Stein, bewundere einen Baum, höre einen Vogel. All diese Phänomene und Wesen erscheinen mir, aber ich bin das nicht.

Die Außenwelt oder Umwelt steht mir gegenüber. Ich betrachte sie, gewahre sie, erlebe und erleide sie – aber ich bin nicht Stein, Pflanze, Tier oder Wolke am Himmel. Dies wird wohl jeder gesunde erwachsene Mensch als evident einsehen und bejahen können.

Nun gibt es eine besondere Stelle in der Welt, ein besonderes Objekt in der Außenwelt, das es weiter zu befragen gilt: mein Leib. Bin ich mein Leib? Bin ich identisch mit meinem Körper? Zweifellos reagieren wir empfindlich, wenn sich beispielsweise in der U-Bahn jemand einfach auf uns setzen würde. «Entschuldigen Sie bitte, hier sitze ich, das ist mein Platz.» Jeder Mensch hat ein untrügliches Gefühl für die Würde und Integrität seines Leibes. Da beansprucht jede ihren und jeder seinen Platz in der Welt. Aber heißt das, dass ich mein Körper bin?

Nun, betrachten wir diesen Leib weiter: Haare wachsen und wir können sie abschneiden, ebenso die Finger- oder Fußnägel. Ja selbst ein abgeschnittener Finger muss nicht unser Weiterexistieren im Leibe infrage stellen, würde aber gleichwohl unser Leibesgefüge empfindlich verletzen. Heißt das: Ich *habe* einen Leib, so wie ich zwei Hände habe, aber nicht mit diesen identisch bin? Ich habe zwei Füße, ich habe eine Lunge und ein Herz. Aber bin ich das?

Noch anders gewendet könnte man sagen: Ich wohne in diesem meinem Leib, er ist mein Instrument zur Verwirklichung meiner Wünsche und Intentionen. Ehrlicherweise muss ich mir aber eingestehen, dass ich dieses Leibes-Instrument nicht selbst gemacht habe. Ich finde es vor; es steht mir, mehr oder weniger gut, ein Leben lang zur Verfügung.

Eine erste Zwischenbilanz wäre demnach, dass es in der gesamten sinnlich erfahrbaren Welt kein Objekt, keinen Gegenstand, kein Phänomen gibt, das ich als Ich erleben oder bezeichnen könnte. Mein Leib ist ein Spezialfall dieser Außenwelt, aber auch mit ihm bin ich nicht identisch, was schon die Tatsache bezeugt, dass ich ihn wie von außen anschauen und verobjektivieren kann.

Suchen wir also weiter nach dem Ich. Der Blick wendet sich dabei nach innen. Wir überschreiten eine Schwelle, verlassen die äußere Welt und betreten die sogenannte Innenwelt. Was tritt uns da entgegen? Ein großer Bereich unserer Innenwelt, man könnte auch sagen unserer Seelenlandschaft, das sind die Gefühle. Ich fühle dieses und jenes, Freude und Ärger, Gefallen und Missfallen, Liebe und Hass. Erneut stellt sich die Frage: Bin ich meine Gefühle?

Eine Grunderfahrung, die jede und jeder tagtäglich machen kann, ist die: Gefühle kommen und gehen, sie sind nicht festzuhalten, aber meine Gefühlsfähigkeit als solche, die bleibt. Ich könnte also sagen, ich bin ein gefühlsfähiges Wesen, aber ich bin nicht Ärger, Freude, Angst, Begeisterung und so weiter. Stellen wir uns einmal für einen Moment vor, wir könnten gar nichts fühlen. Wir könnten wahrnehmen und denken, auch erinnern, aber rein gar nichts fühlen, auch nicht uns selbst. Wie wäre das?

Es wäre uns alles gleichgültig! Wir wären auch uns selbst gegenüber völlig gleichgültig, weil wir ja keinerlei Gefühl für uns selbst hätten. Es wäre kein gefühlter Unterschied zwischen mir und dem Tisch vor mir. Das wäre ein hochgradig pathologischer, ja menschenunwürdiger Zustand. Dieser Befund zeigt zunächst nur, dass wir beständig *etwas* fühlen, ohne mit diesem Gefühlsinhalt identisch zu sein.

Eine Besonderheit in der Welt der Gefühle ist das Selbst-Gefühl. Bin ich mein Selbst-Gefühl? Sind sie, verehrte Leserin, verehrter Leser ihr Selbst-Gefühl, dasjenige, was sie von sich selbst gerade fühlen? Oder ist es nicht vielmehr so, dass dieses Sich-selber-Fühlen wie eine Art Wegweiser ist, der darauf hinweist, dass wir sind, dass wir existieren, dass da ein Ich sein muss ... Aber das Ich ist nicht das Selbst-Gefühl; es stützt sich erlebend auf dieses Selbst-Gefühl. In der ganzen großen Welt der Gefühle finde ich demnach mein Ich nicht.

Suchen wir also weiter. Was gibt es noch in der Innenwelt der eigenen Seelenlandschaft? Als Nächstes gewahren wir die Sphäre der Erinnerungen. Unübersehbare Schätze von Erlebtem trägt ein jeder Mensch in sich. Eine Schatztruhe von Erfahrungen, die sich öffnen lässt – durch das Erinnern. Halten Sie einmal für einen Moment inne und erinnern Sie sich so konkret wie möglich daran, was sie gestern zu Mittag gegessen haben. Falls Sie nichts zu Mittag gegessen haben, erinnern Sie sich an das Frühstück. Wo war das? Waren andere Menschen dabei? Was lag auf den Tellern? Wie schmeckten die Speisen? All das ruft in der Regel verschiedenste Erinnerungen hervor, von denen wir unmittelbar wissen können: So war das, das habe ich gegessen. Nennen wir diese Fähigkeit die Erlebnisevidenz des Erinnerns. Wenn die Aufgabe lauten würde: Erinnere, was du gestern vor einem Jahr zu Mittag gegessen hast, so würde wohl jeder Mensch scheitern, zumindest daran, ein konkretes Erinnerungsbild wachzurufen.

Das heißt doch, wir können vergangene Erlebnisse erinnern, gleichzeitig aber vergessen wir auch zahllose Ereignisse unseres Lebens, diese können wir nicht erinnern, sie entschwinden unserem bewussten Erinnerungstableau. Aber nun erneut unsere Frage: Bin ich meine Erinnerungen? Gibt es irgendwo in der weiten Welt der Erinnerungen eine, von der ich sagen könnte «das bin ich»?

Ist es nicht vielmehr so, dass all diese Erinnerungen, bis zurück in die früheste Kindheit, mir etwas sagen über meine Lebensspuren, dass sie mir Stationen meines Lebens vor Augen führen, aber all das ist ja vorbei, ist gerade nicht gegenwärtig und schon gar nicht mein Ich. Ich bin der, der erinnert, aber nicht die Erinnerungen. Ich bin ein erinnerungsfähiges Wesen.

Auch hier kann man ein einschneidendes Bewusstseinsexperiment machen. Stell dir vor, du könntest dich an nichts erinnern. Du würdest ganz im Augenblick leben, wahrnehmen und auch darüber denken, aber schon der Anfang des soeben gelesenen Satzes wäre weg, nicht mehr erinnerbar. Ständig würde die Erlebniswelt verschwinden in einem Abgrund des Vergangenen. Ich wüsste nicht, wie ich heiße, wie alt ich bin, wo ich herkomme, warum ich diesen Text schreibe beziehungsweise lese und so weiter. Auch diese Verfassung wäre hochgradig pathologisch. Dieses Experiment zeigt jedoch eines: Wir stützen unsere Identität als Menschen in hohem Grade auf unsere Erinnerungen. Man könnte sagen, ohne Erinnerung keine Personlichkeit, keine beschreibbare Identität, aber gilt auch, ohne Erinnerung kein Ich?

Nun kommt die nächste Hürde auf unserer Suche nach dem Ich. Das Ich ist nicht zu finden in der Außenwelt, es ist nicht mein Leib, nicht meine Gefühle, nicht meine Erinnerungen. So weit, so gut. Bis jetzt haben wir die ganze Zeit gedacht, Gedanken und begriffliche Zusammenhänge gebildet. Wir fragen denkend nach dem Ich. Bin ich meine Gedanken?

Ich kann über alles nachdenken, das ist eine Eigenart des Denkens. Ich kann das Licht des Denkens auf alles richten, auf einen Bergkristall ebenso wie auf ein Fußballspiel oder ein Quizrätsel, auf ein Kleinkind sowie auf verwickelte politische Fragestellungen. Gedanken, die ich mir aktiv bilde, sind Gebilde, die ich durchschaue. Das ist ein Grunderlebnis des Denkens: Jetzt durchschaue ich den Sachverhalt! Jetzt verstehe ich. «Ach, so ist das!» Wenn ich einen Sachverhalt wirklich denkend durchdrungen habe, dann kann ich ihn anderen Menschen erklären, ihn transparent machen. Da, wo noch Unklares ist, wurde noch nicht wirklich gedacht. Jeder Gedanke legt Zeugnis ab von einem Verstehen. Aber fragen wir erneut, bin ich meine Gedanken? Bin ich das, was ich einmal verstanden habe?

Die feinere Selbstbeobachtung zeigt, dass ich gerade im Denken von Gedanken mir den Inhalt des Denkens vor die Seele stelle. Denken heißt also Gedankeninhalte betrachten. Was ich betrachten kann – so, dass es mir gegenübersteht –, das bin ich aber nicht selbst. Sodass der phänomenologische Befund nur lauten kann: Ich bin nicht meine Gedanken. Das gilt interessanterweise auch für den Ich-Gedanken. Alles, was ich über das Ich denke, alles, was jemals über das Ich gedacht wurde, und sei es noch so richtig und tiefsinnig – das bin ich nicht.

Im Reich der Gedanken gibt es noch eine wesentliche Unterscheidung. Ich kann unterscheiden zwischen irgendeinem Gedanken und meinen Lieblingsgedanken. Man kann die Lieblingsgedanken auch Ideale nennen. Jeder Mensch trägt wohl Ideale in sich. Durch das Denken können sie bewusst werden, ausformuliert werden. Meine Lebensideale sind dasjenige, was mich zutiefst antreibt und impulsiert. Aber auch hier fragt es sich: Bin ich meine Ideale?

An dieser Stelle liegt die Wurzel aller Ideologien verborgen. Ein Mensch, der seine Ideale absolut und kompromisslos verfolgt, weil er sich mit ihnen identifiziert, kann gefährlich werden. Ein Mensch, der seinen Idealen folgen *muss*, ist nicht frei. Aller Dogmatismus bis hin zur Inquisition hat hier seinen Ursprung. Gerade weil ein Ideal als so hehr und heilig empfunden werden kann, ist der freie Umgang damit so entscheidend. Rudolf Steiner schreibt in seiner *Philosophie der Freiheit* als letzten Satz: «Man muss sich der Idee erlebend gegenüberstellen können; *sonst* gerät man unter ihre Knechtschaft.»[6]

Diese Formulierung ist ein Schlüssel für das Wesen der Freiheit und das Wesen des Ich. «Erlebend sich gegenüberstellen» – genau das haben wir nun die ganze Zeit im Verlauf dieses Textes getan. Immer auf der Suche nach dem Ich, aber mit dem vorläufigen Befund, dass anscheinend *nichts* übrig bleibt auf diesem Weg. Das Ich ist nicht dingfest zu machen, das Ich ist mit Sicherheit kein Gegenstand, auch kein Gefühl, keine Erinnerung, kein Gedanke, kein Ideal. Ist das Ich vielleicht gerade das Vermögen, sich allem anderen erlebend gegenüberstellen zu können?

Wir können uns das Ich nicht vor-stellen, wir können es nicht vor uns hinstellen, da es gerade die Fähigkeit und die Tätigkeit zu sein scheint, anderes vor sich hinzustellen.

An der Spitze der Pyramide, die entsteht, wenn wir nach und nach, immer weiter aufsteigend, alles aussondern, was wir nicht sind, an diesem Punkt des Nichts, das übrig bleibt, können allerdings noch verschiedene, durchaus empirische Erfahrungen gemacht werden. Zum einen, dass ich mich aus meiner Ich-Tätigkeit, mit der ich so weit gekommen bin, mit der ich alles andere mir erlebend gegenübergestellt habe, dass ich aus *dieser* Tätigkeit nicht auch noch herausschlüpfen kann, um sie

6 Rudolf Steiner, *Die Philosophie der Freiheit,* GA 4, Dornach 1995, S. 271.

mir von außen anzuschauen. Ich stecke tätig in dieser Tätigkeit darinnen. Man könnte hier, um einen Namen für diese Erfahrung zu haben, von einem reinen Ich-Willen sprechen. Dieser existiert nur, indem und während ich ihn betätige. Das «Ich» lebt gewissermaßen in diesem reinen Willen. Nennen wir diese Entdeckung an der Spitze der Pyramide das *reine Ich.*

Dieses reine Ich, der Ich-Wille, ist sozusagen eine reine Form, die alles aufnehmen oder annehmen kann. Die zweite Beobachtung an diesem reinen Ich ist: Wir finden es durch den skizzierten Weg als Möglichkeit vor. Wir haben diese Möglichkeit nicht selbst gemacht, sie wurde uns gegeben. Eine Stufe religiöser ausgedrückt: Diese Möglichkeit, einen reinen Ich-Willen zu betätigen und zu gewahren, ist Gnade. Ein göttliches Geschenk.

Man kann auf diesem hier skizzierten Wege zu einer gedanklichen Intuition des eigenen Ich-Wesens gelangen. *Ich bin Ich* – und ich erlebe das, indem ich es aktiv verwirkliche. Die Philosophen des Deutschen Idealismus haben diese Intuition (auch intellektuelle Anschauung genannt) in vielen Variationen intensiv durchexerziert, allen voran Johann Gottlieb Fichte. Dieser trägt das Ich sogar in seinem Namen: F-ich-te.

Wir können den Namen dieses Philosophen des Ich als Aufgabe oder Aufforderung hören: «F-Ich-te!» Ergreife erkennend und erlebend dein Ich. Nur in diesem Akt gewahrst du dein Ich. Solange du dein Ich wie einen Gegenstand suchst, wirst du immer an deinem Ich vorbeigehen. Ja, solange du dich selbst nicht als reine Form ergreifst, existiert diese reine Form deines Ichs gar nicht, höchstens als wartende Möglichkeit deiner selbst.

Halten wir erneut inne. Was haben wir erreicht? Einen Gipfelpunkt inneren Erlebens und Erkennens zweifellos. Eine begriffliche und zugleich existenzielle Ich-Erfahrung. Die Beschreibung eines Weges, den jede und jeder aus eigener Kraft, Einsicht und Wahrnehmung beschreiten kann. Zugleich ist auch eine Grenze erreicht. Es stellt sich die Frage: Ist das alles? Habe ich mit dieser reinen Ich-Form mein *ganzes* Ich-Wesen erfasst? Fehlt nicht noch etwas? Und wenn ja, was wäre das? Welche Aspekte unseres Ich-Wesens warten gewissermaßen jenseits der Schwelle auf uns?

Der Schicksalsweg zum Ich

Blicken wir auf den vorangegangenen Abschnitt zurück. Er hat verschiedene Ergebnisse erbracht. Nach Ausscheidung aller Gegenstände und Inhalte – auf der Suche nach dem Ich – kamen wir zuletzt auf das reine Ich, an der Spitze der Pyramide. Dieses reine Ich ist für das gegenständliche Bewusstsein gleichsam ein *Nichts*. Zugleich gewahren wir im Erkennen dieses reine Ich als *reinen Willen*. Mit diesem reinen Willen können wir uns alles andere erlebend gegenüberstellen. Dies ist eine Grundgeste des Ich: das *Sich-erlebend-Gegenüberstellen*.

Da das reine Ich mit nichts identisch ist (außer mit sich selbst), kann es sich allem anverwandeln. Insofern ist es das *All*. Davon spricht Faust, wenn er zu Mephisto sagt: «In deinem Nichts hoff' ich das All zu finden.»[7] Diesem berühmten Ausspruch geht eine Beschreibung des Weges zu den Müttern – man kann auch sagen zu den Quellen des Lebens – durch Mephistopheles voran:

7 Johann Wolfgang von Goethe, *Faust, Der Tragödie zweiter Teil,* erster Akt, Finstere Galerie.

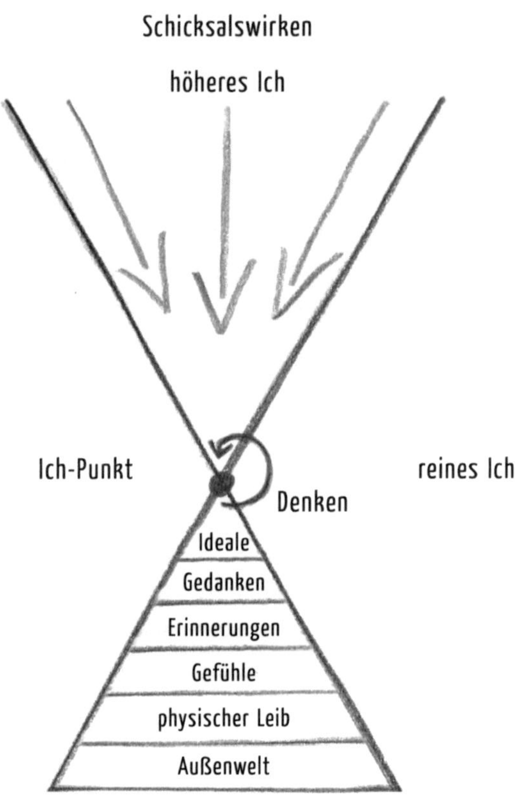

«Und hättest du den Ozean durchschwommen,
Das Grenzenlose dort geschaut,
So sähst du dort doch Well' auf Welle kommen,
Selbst wenn es dir vorm Untergange graut.
Du sähst doch etwas. Sähst wohl in der Grüne
Gestillter Meere streichende Delphine;
Sähst Wolken ziehen, Sonne, Mond und Sterne –
Nichts wirst du sehn in ewig leerer Ferne,
Den Schritt nicht hören, den du tust,
Nichts Festes finden, wo du ruhst.»

Darauf antwortet Faust:

«Du sprichst als erster aller Mystagogen,
Die treue Neophyten je betrogen;
Nur umgekehrt. Du sendest mich ins Leere,
Damit ich dort so Kunst als Kraft vermehre;
Behandelst mich, dass ich, wie jene Katze,
Dir die Kastanien aus den Gluten kratze.
Nur immer zu! wir wollen es ergründen,
In deinem Nichts hoff' ich das All zu finden.»[8]

An dieser problematischen und herausfordernden Stelle auf der Suche nach dem Ich ist eine *Grenze* erreicht, die existenziell empfunden werden kann. Es kann die Frage in der eigenen Seele aufsteigen: Ist das Eintauchen in dieses Nichts alles, das Ende, beziehungsweise verliere ich mich da nicht restlos? Geht es an dieser Grenze des Erlebens noch weiter? Welcher Weg muss nun beschritten werden, wenn ich mein Ich *in der Wirklichkeit als Ganzes* erfahren und erkennen will? Wenn ich das Ich im All finden will?

Das reine Ich ist hier durchaus in einer Gefahr. Es ist die Gefahr der Selbstüberschätzung und Selbstüberhöhung. Johann Gottlieb Fichte ist dieser Gefahr insofern erlegen, als er gegen Ende seines Lebens zunehmend zu der Auffassung gelangte, nur das sich selbst erkennende Ich sei wirklich. Alles andere – die Welt – gehe aus diesem sich selbst setzenden Ich hervor. Fichte hat das Ich in der Selbsterkenntnis errungen – aber darüber hinaus die Welt im Wahrnehmen verloren; eine große Tragik.

8 Ebenda.

Die Wahrnehmung, das Für-wahr-Nehmen der Sinneseindrücke ist dasjenige Element, was an dieser Erkenntnisgrenze weiterführt, ja uns gewissermaßen wieder in die Demut der Weltzuwendung bringt. Ich bin nicht nur ein denkendes und kraftendes Ich an der Spitze einer Pyramide (quasi der Pharao meines Selbst), sondern ich bin auch ein Wesen, das in einem konkreten Lebens- und Ereignisstrom darinnen steht. Mit anderen Worten: Ich habe ein Schicksal. Und dieses Schicksal bringt ständig Neues, Unvorhergesehenes, Beglückendes, aber auch Schmerzhaftes an mich heran. Ständig schicken mir die Schickals-Nornen diejenigen Geschicke, die mich zu dem gemacht haben, der ich bin: mein *Schick-sal.* Man kann hier auch aus dem Geist der deutschen Sprache heraus hören: Das Schicksal ist «das Salz (sal) der Ereignisse, die mir geschickt werden».

Schicksal wird durchlebt und erlitten; Schicksal ereilt mich, aus dem Umkreis auf mich zukommend. Die Summe meiner (bisherigen) Schicksalsereignisse kann ich als Ausdruck meiner Biografie, ja meines Karmas verstehen. Nun zeigt die Lebenserfahrung, dass die Schicksale der Menschen verschieden sind. Keine zwei Menschen – und seien es auch eineiige Zwillinge, die genetisch identisch sind – haben das gleiche Schicksal. Jedem Menschen fällt anderes zu. Hier kommen wir auf das Geheimnis des Zufalls zu sprechen. Der Sprachgeist wirkt auch bei diesem Wort sehr anregend. Der Zufall, das ist das, was mir zufällt. Dieses erscheint zunächst oft «zufällig» im Sinne von beliebig, willkürlich, ohne tieferen Sinn. Ich kann aber auch auf die Zu-Fälle in meinem Leben blicken und realisieren: Das ist dasjenige, was dir zugefallen ist, was zu dir gekommen ist, ja, was dich heimgesucht hat und dich zu dem gemacht hat, der du bist. Die Zufälle meines Lebens konstituieren – im Großen wie im Kleinen – mein Schicksal. Ohne all diese Zufälle wäre ich nicht ich. Ich wäre ein anderer – zumindest in meiner Geschichte, in meinem Gewordensein, in meinem Karma.

Nun stellt sich die große Frage: Gehört mein Schicksal, gehört mein Karma, nicht genauso zu meinem Ich-Wesen, wie auf der anderen Seite der reine Ich-Wille dazugehört? Wäre der reine Ich-Wille ohne das Schicksalswalten nicht eben nur ein «halbes» Ich? Und umgekehrt gilt sicherlich auch: Ohne das reine Ich hätte alles Schicksalswirken letztlich keinen Sinn, da es niemanden gäbe, der sich dem Schicksal erlebend gegenüberstellen könnte.

Rudolf Steiner schreibt in den *Anthroposophischen Leitsätzen* am Ende seines Lebens, dass es ein Schicksals-Erleben gibt, in dem man das eigene (höhere) Ich im Schicksalswirken, das heißt in den von außen kommenden Zufällen, erleben kann. Das setze allerdings ein unegoistisches Betrachten des eigenen Schicksals voraus. «Anthroposophie zeigt im Weiteren: Es gibt ein Erleben des Schicksals, in dem man nicht das Selbst verliert. Man kann auch im Schicksal noch sich selbst als *wirksam erleben*. Sie gibt in dem unegoistischen Betrachten des Menschenschicksals ein Erleben an, in dem man nicht nur das eigene Dasein, sondern die Welt lieben lernt. Statt in die Welt hineinzustarren, die in Glück und Unglück das Ich auf ihren Wellen trägt, findet man das Ich, das wollend das eigene Schicksal gestaltet. Statt an die Welt zu stoßen, an der das Ich zerschellt, dringt man in das Selbst ein, das sich mit dem Weltgeschehen verbunden fühlt.»[9]

Es ergibt sich von hier aus eine völlige Umstülpung der Perspektive. Jetzt blicke ich auf meine Umwelt, auf den Strom der

9 Rudolf Steiner, *Anthroposophische Leitsätze,* GA 26, Dornach 1989, S. 44.

Ereignisse, der beständig an mich heranbrandet, und gewahre, dass darin mein Ich-Wesen tätig ist. Es gibt einen Ich-Willen im Schicksal. Dieser ist mir zunächst genauso verborgen wie das reine Ich an der Spitze der Pyramide. So wie ich mich denkend auf die Spitze der Pyramide zuarbeiten kann, so muss ich mich erlebend im Schicksalsstrom neu finden. Die Verhaftung des Ich-Erlebens an das Ego muss dabei einmal gänzlich sterben. Die Hingabe an die Ereignisse des eigenen Lebens – unabhängig von Antipathie und Sympathie – muss erübt werden.

Wiederholte Rückschau-Übungen sind dabei hilfreich, um der Signatur von Ereignissen und Ereignisfolgen im eigenen Leben wahrnehmend und empfindend auf die Spur zu kommen. Dies kann eine Tagesrückschau sein, mit der Frage verbunden, was war heute das Wunder des Tages? Es kann ein Wochenrückblick sein, bei dem ich mir Entwicklungsprozesse durch die Wochentage qualitativ bewusst mache. Es kann ein Jahresrückblick sein, bei dem ein Erinnerungstableau entsteht, wo im inneren und äußeren Abstand neue Zusammenhänge der Zufälle deutlich werden. In dem Buch *Wie erlangt man Erkenntnisse der höheren Welten?* gibt Rudolf Steiner die Anregung, zu lernen, auf sich selbst wie auf einen Fremden zu blicken.

Darüber hinaus hat Rudolf Steiner verschiedene Karma-Übungen gegeben, die noch konkreter zum Ich-Willen im Schicksal führen können. Zum Beispiel die sogenannte «Ziegelstein-Übung». Ich blicke dabei auf ein ungewolltes schmerzhaftes Ereignis in meinem Leben zurück. Dann stelle ich mir einen «zweiten» Menschen vor, der genau dieses Ereignis planmäßig herbeigeführt hat. Eine ungewöhnliche, aber äußerst wirksame Übung.

Am 25. Februar 1912 hat Rudolf Steiner diese Übung in München ausführlich beschrieben: «Nun können wir ein wenig Umschau halten in unserem Leben. Da gibt es ein Experiment, das jedem Menschen nützlich ist, das in Folgendem besteht. Wir könnten uns alle diejenigen Dinge zusammenstellen, für die wir die Ursachen im Leben nicht einsehen, also Dinge, die uns gelungen sind und bei denen wir uns sagen müssen: Da hat wieder einmal ein blindes Huhn ein Korn gefunden – bei denen wir uns also für das Gelingen durchaus kein Verdienst zuschreiben. Aber auch Fälle des Misslingens, an die wir uns erinnern, fassen wir so zusammen. Dann fassen wir äußere Ereignisse ins Auge, die uns wie Zufall getroffen haben, bei denen wir nichts wissen von irgendeiner Motivierung. Und nun machen wir folgendes Experiment: Wir konstruieren gewissermaßen einen künstlichen Menschen, der gerade so geartet ist, dass er all das, von dem wir nicht wissen, warum es uns gelungen ist, durch seine eigenen Fähigkeiten herbeigeführt hat. Wenn uns also einmal etwas gelungen ist, wozu Weisheit notwendig ist, während wir da gerade dumm sind, so konstruieren wir uns einen Menschen, der auf diesem Gebiet besonders weise ist und dem die Sache hat gelingen müssen. Oder für ein äußeres Ereignis machen wir es so: Sagen wir, uns fällt ein Ziegelstein auf den Kopf. Wir können zunächst die Ursachen nicht einsehen, aber wir stellen uns einen Menschen vor, der dieses Ziegel-auf-den-Kopf-Fallen in folgender Weise hervorruft: Er läuft zunächst auf das Dach und zieht dort den Ziegelstein so weit los, dass er nur ein klein wenig zu warten hat, bis er herunterfällt; dann läuft er rasch hinunter, und der Ziegelstein trifft ihn. Und so machen wir es mit bestimmten Ereignissen, von denen wir durchaus wissen, dass wir sie nicht selber herbeigeführt haben nach unserem gewöhnlichen Bewusstsein, die uns sogar sehr gegen unseren Willen kommen.»[10]

Es handelt sich im Grunde um eine Übungsanregung in drei Variationen. Ich kann Ereignisse zum Ausgangspunkt nehmen, die mir im Positiven zugestoßen sind, wo ich gewissermaßen unverdientes Glück gehabt habe. Dann Ereignisse des Misslingens eigener Intentionen. Und schließlich Unglücksfälle, die mich völlig unvorhergesehen treffen, quasi aus «heiterem Himmel». In all diesen Fällen geht es um die Energie und die Fantasie, mit der ich mir jenen «künstlichen Menschen» vorstelle, «konstruiere» sagt Steiner, der all diese Ereignisse planmäßig herbeigeführt beziehungsweise verursacht hat. Dabei sind nicht die einzelnen Hilfsvorstellungen und Konstruktionen das Entscheidende, sondern der mit der Zeit sich einstellende (gefühlsmäßige) Gesamteindruck, was allerdings voraussetzt, dass das Experiment wirklich innerlich durchgeführt wird, am besten mehrfach. «Sie kommen von diesem künstlichen Menschen nicht wieder los; der lebt in Ihnen. Und sonderbarerweise: Er lebt nicht nur in uns, sondern verwandelt sich in unserem Inneren und verwandelt sich sehr stark, sodass er zuletzt eigentlich etwas ganz anderes wird, als er vorher gewesen war. Etwas wird er, von dem wir gar nicht anders können, als uns zu sagen: Es ist doch etwas, was in uns steckt.»[11]

Durch wiederholtes Üben in dieser Art gelangt man schließlich zu einem tieferen Gefühl für das eigene Schicksal. Diese Übungen wirken organbildend für die Karmaerkenntnis. «Man erhält auf diese Art ein Gefühl seines Zusammenhanges

10 Rudolf Steiner, *Erfahrungen des Übersinnlichen,* GA 143, Dornach 1994, S. 85.

11 Ebenda, S. 86.

mit seinem Schicksal, mit dem, was man Karma nennt. Durch dieses Seelenexperiment ist ein realer Weg gegeben, um das Karma in sich in einer gewissen Weise zu erleben.»[12]

Ein solcher Umgang mit dem eigenen Schicksal führt immer mehr zu einer tiefen Gelassenheit den Schicksalsschlägen gegenüber. Wir entwickeln aus dem Ich heraus Ergebenheit in das Schicksal. Ruhe im Ertragen von Widerständen entspringt daraus. Diese Übung dient interessanterweise in der Geisteswissenschaft nicht der Befriedigung persönlicher Neugier, etwas über frühere Erdenleben zu erfahren, sondern sie schult dafür, das Wahre von dem Falschen unterscheiden zu können. Rudolf Steiner führt weiter aus: «Und wenn wir noch dazu kommen, unserem gesamten Schicksal gegenüber uns so zu stellen, dass wir es in Gelassenheit auf uns nehmen, dass wir uns von dem, wogegen wir gewöhnlich murren und uns empören, denken: Wir nehmen es gerne auf uns, denn wir haben es selbst über uns verhängt –, dann bildet sich eine Gemütsverfassung heraus, die so ist, dass wir, wenn es sich darum handelt, bei dem Hinabdringen in die verborgenen Seelentiefen das Wahre vom Falschen zu unterscheiden, mit absoluter Sicherheit das Wahre vom Falschen unterscheiden können.»[13]

Man könnte auch sagen, im Schicksalswirken stoßen wir auf einen Willen, der uns von außen ergreift und prägt. In diesem Schicksals-Willen wirkt das eigene (höhere) Ich, das Ausdruck ist von Gedanken und Taten früherer Erdenleben. Unser Karma sind wir in einer gewissen Weise selbst. Und ich kann lernen aufzuwachen für das Wirken des Ich in meinem Schicksal.

Um noch einmal das Bild der Pyramide aufzugreifen: Auf

12 Ebenda, S. 87.

13 Ebenda.

dem Weg zum reinen Ich, auf der Spitze der Pyramide, bedarf es einer großen inneren Anstrengung. Ich kann das reine Ich nicht vorstellen, geschweige denn festhalten, ich kann es nur im Vollzug seines Sich-selber-Setzens gewahren. «*Ich bin ein Ich-bin*» nennen wir diesen Vollzug. Und nun öffnet sich eine Aussicht auf die andere Seite. Man kann sagen, die untere Pyramide geht über in eine obere Pyramide, die sich nach oben öffnet, nachdem wir durch den Punkt der Icherkenntnis hindurchgeschritten sind.

Dieses Hindurchschreiten begreifen wir als die Hingabe an das Leben, Hinwendung zu den Zu-Fällen des eigenen Lebens, Bejahung des eigenen Schicksals. Hier wirkt ein okkultes oder geistiges Gesetz: Man kann nur das erkennen, was man bejaht. Was ich ablehne, negiere oder von mir weise, das entzieht sich einem tieferen Erkennen. Daher bedarf die Schicksalserkenntnis einer Schicksalsannahme und Schicksalsbejahung. Diese will geübt sein.

«Dein Wille geschehe» ist die Grundgeste der «oberen Pyramide», das heißt der Schicksalsannahme. Wir geben aber die Wachheit und Klarheit und Selbstbestimmtheit des reinen Ich nicht einfach auf. Diese Qualitäten stülpen sich auf dem Schicksalsweg zum Ich gewissermaßen um. Mit Wachheit und Klarheit blicke ich nun auf die Ereignisse meines Lebens, indem ich die oben beschriebenen Karma-Übungen praktiziere – das Gefühl des Selbst, die Selbstbestimmtheit, verlagert sich dabei zunehmend vom Zentrum in die Peripherie. Der Fokus auf das reine Ich – ein in sich bewegter Quellpunkt – «weitet» sich zu einem Aufwachen in der Schicksalssphäre.

In diesem Aufwachprozess bekomme ich zunehmend ein Gespür für meinen Schutzengel oder auch Schicksalsengel. Ein Wesen, das in der Gesamtheit meines Schicksals waltet. Der

Schicksalsengel komponiert gewissermaßen mein Schicksal in Gemäßheit meines Wesens. Er kennt all meine früheren Lebens- und Erdenwege, weil er immer schon begleitend, schützend und stützend dabei war. Mit «Engelsgeduld» ist er der tragende Grund all meiner Schicksalsfäden. Er knüpft mich beständig, meine weitere Entwicklung befördernd, an die Kette der Dinge und Wesen. Das kann der Schicksalsengel allerdings nur, weil er mit zahllosen anderen Schicksalsengeln und Wesen höherer Hierarchien zusammenwirkt, zusammenklingt, gestaltend zusammenschwingt.

«Dein Wille geschehe» – diese Worte aus dem Vaterunser verstehen wir nicht fatalistisch, als Ausdruck von Passivität. Im Gegenteil, vor dem Hintergrund höchster Ich-Aktivität artikulieren sie einen «sanften Willen», einen Willen, der sich bejahend in den Schicksals-Umkreis einschwingt und gerade aus dieser Geste neue Kräfte gebiert. –

Das menschliche Ich und sein Schicksal ist ein Kunstwerk der Götter. Wie dieses Kunstwerk im Laufe der Äonen geworden ist, was ihm auf den verschiedenen Entwicklungsstufen der Evolution «einverleibt» wurde, das zeichnen wir in dem nun folgenden Kapitel nach und vor.

III. Die Evolution des Menschen-Ich

> «Dem Menschen muss ein Wesen zugestanden werden, dass außer und über der Welt ist; denn wie könnte er allein von allen Geschöpfen den langen Weg der Entwicklungen von der Gegenwart bis in die tiefste Nacht der Vergangenheit zurückverfolgen, er allein bis zum Anfang der Dinge aufsteigen, wenn in ihm nicht ein Wesen von Anfang der Zeiten wäre? Aus der Quelle der Dinge geschöpft und ihr gleich hat das Ewige der Seele eine Mit-Wissenschaft der Schöpfung.»[14]
>
> *Friedrich Wilhelm Joseph Schelling*

In diesem Buch wird auf das Ich des Menschen geschaut, auf seine Besonderheit in der gesamten Schöpfung unseres Kosmos. Ich-Stufen durchlaufen auch andere Geschöpfe, vor allem Wesen hierarchischer Natur. Viele von ihnen sind dem Menschen in ihrer Entwicklung vorangeschritten, stehen – wie es dann heißt – über ihm. Andere sind noch nicht so weit, werden in späteren Entwicklungszyklen eine Ich-Stufe ausbilden und durchschreiten. Noch stehen sie «unter» ihm. Doch ist keine solcher vielfältigen Ich-Stufen dem Menschen-Ich vergleichbar, gar identisch. Dieses ist einzigartig und zugleich Ausdruck des Schöpferwillens, also ein Glied dieser umfassenden Schöpfung.

Das Menschen-Ich ist ein Geheimnis, es verbirgt sich, doch will es sich zugleich offenbaren. Goethe hat für eine solche Pa-

14 Friedrich Wilhelm Joseph Schelling, *Die Weltalter, Fragmente,* Urfassung von 1813, München 1946, S. 112.

radoxie das Wort «offenbares Geheimnis» gewählt. Ein Kerngedanke des Menschen-Ich, das nun der Vereinfachung halber nur noch «das Ich» genannt werden wird, ist: sein Wesen ist ein unteilbares Ganzes, doch es offenbart sich in vielen Gestalten oder Aspekten, und in ihnen waltet Gegensätzlichkeit, Paradoxie. Das Ich erscheint im *Sowohl-als-auch*, nicht im *Entweder-oder*. In ihm sind Licht und Finsternis eins, sind nicht geschieden; es ist männlich-weiblich, auch Tag und Nacht sind in ihm eins. Es gibt keine zeitliche Trennung, in ihm waltet Gleichzeitigkeit; es schaut auf Vergangenheit und Zukunft zugleich in seiner Gegenwart, Präsenz oder auch Geistesgegenwart. Die deutsche Sprache hat dafür das sprechende Wort «Augenblick» geschaffen, ein Zeitmaß, das sich nicht messen lässt, erneut eine Paradoxie.

Das Ich ist ein unteilbares Ganzes, und es ist urgesund. «Und dieses ‹Ich› ist der Mensch selbst.» So ein Kernsatz Rudolf Steiners in seinem grundlegenden Werk einer geisteswissenschaftlichen Menschenkunde, das er 1904 erstmals veröffentlichte und dieser Wirkensphase gemäß *Theosophie* nannte. Er verfasste es als *Einführung in übersinnliche Welterkenntnis und Menschenbestimmung*, wie es im Untertitel des Buchs heißt. «Übersinnlich» meint hier nicht außerhalb sinnlicher Erfahrung, gleichsam getrennt von ihr, sondern diese als Fundament geistig-forschend übergreifend, eine wahre Synthese von Natur- und Geisteswissenschaft bildend. Mit einem ganzheitlichen Blick auf den Menschen. Und Steiner setzt den zitierten Satz fort, der das Ich als wahre Wesenheit des Menschen anspricht, indem er Leib und Seele als die «Hüllen» bezeichnet, innerhalb derer das Ich lebt und durch die es wirkt. Es folgt sogar das Bild, dass das Ich Leib und Seele als Diener gebraucht. Wobei für dieses Dienen der englische «Butler» ein vorzügliches Bild ist, sind doch der Leib und in Aspekten auch die Seele dem «Herrn», dem Ich, in ihrer Weisheit und auch Lebenspraxis oft weit voraus.

Das Wort «Hüllen» beschreibt exakt, wozu sie dienen: das Ich verhüllt sich mit ihnen. Denn es ist als Ich unsichtbar, das verborgene Allerheiligste – im Altertum war dieses hinter sieben Schleiern verborgen. Selbst dem Geistesforscher bleibt es unsichtbar. Das Versteckspielen kleiner Kinder erinnert an diese Tatsache, verbunden mit einer Qualität, die heute kaum noch Verständnis findet: der Keuschheit. Und wieder das Paradoxe: Es verhüllt sich, lebt im Verborgenen, und will doch gesehen werden, offenbart oder «äußert» sich! Rudolf Steiner hat nach Jahrzehnten intensiver Forschung eine Sinneslehre dargestellt, die zwölf Sinne, ihre Funktionen und Organe beschreibt. In ihr ist der höchste und zugleich jüngste Sinn der Ich-Sinn, der der Wahrnehmung des Ichs im anderen Menschen dient, nicht unmittelbar der des eigenen Ichs.

Die Evolution oder Entwicklung des Menschen-Ichs soll im Folgenden dargestellt werden, denn es ist nicht ein einmal Geschaffenes und Fertiges, sondern wurde keimhaft veranlagt. Wie der Pflanzensame, aus dem eine kleine, einjährige Pflanze werden kann, aber auch über Jahrhunderte entstehend ein Baum. Der Mensch ist eben nur zu begreifen, wenn man ihn als Werdenden versteht. Das Ich des Menschen stammt als Keim aus urferner Vergangenheit, hat vor sich eine in unvorstellbare Weiten reichende Zukunft, und lebt zugleich im Augenblick der Gegenwart. Alle folgenden Schilderungen blicken auf das Ich, die Werdegeschichte von Leib und Seele, den Hüllen des Ichs, wird hier nicht dargestellt.

Vom Menschheits-Ich zum Individual-Ich

«Im Urbeginne war das Wort», so eröffnet der Schreiber des Johannes-Evangeliums seine Schilderungen des Lebens und Wirkens Jesu Christi. Dieses Evangelium ist aus Ich-Erfahrung geschrieben und birgt in sich sieben Worte des Ich-Bin, auf die später noch geschaut werden wird. Johannes schreibt als einziger der Evangelisten als Augenzeuge, er steht mit den Frauen unter dem Kreuz, er ruhte am Herzen Christi und wurde von IHM aus seinem Todesschlaf als Lazarus erweckt, ähnlich wie Jahrtausende zuvor ausgewählte Menschen in den Mysterien, nun jedoch zum ersten Mal in aller Öffentlichkeit. Deshalb lebte in ihm das Wort der Urbeginne aller Schöpfung. Dieses Wort repräsentiert die All-Einheit der göttlichen Trinität, unteilbar und doch gegliedert, der Schöpfergott in der mosaischen Schöpfungsgeschichte. Aus diesem Urbeginn stammt der Keim des Menschen-Ich, im Bild der Genesis am sechsten Tage der Schöpfung, als Gott den Menschen schuf. Der Urbeginn ist also nicht der Anfang schlechthin, ihm gingen andere «Zeitenräume» voraus. Mit dem Urbeginn fängt das Menschsein an, und dieser erste Keim des Menschseins ist das Ich, eben «der Mensch selbst».

In seiner Schöpfungsgeschichte, der *Geheimwissenschaft im Umriss*, beschreibt Rudolf Steiner diesen frühesten Zustand unserer Erde als alten Saturn, die erste Stufe der Erdenevolution, die bis zu ihrer Vollendung sieben große Zyklen durchlaufen wird. Unsere heutige Erde ist die vierte Entwicklungsstufe, ihr werden drei weitere folgen.

Den Keim zum Menschen-Ich schufen hohe hierarchische Wesen, die Geister des Willens, in der christlichen Namensgebung auch Throne genannt. Sie sondern einen Teil ihrer eigenen Wesenssubstanz ab und reichen diesen den eine Stufe höherstehenden Geistern der Harmonie, den Cherubim. Rudolf Steiner nennt dieses Geschehen ein Opfer, ein für den heutigen Menschen eher schwieriger Begriff. Wichtig für sein Verstehen: Opfer leitet sich ab von dem lateinischen Wort «operari», was «handeln» heißt. Es sind die Geister des Willens, die opfern. In der Willensopferkraft lebt substanziell die Wärme, hierin hat diese ihren Ursprung.

Erhellend in diesem Zusammenhang ist, dass eine moderne Wissenschaft des gesunden Menschen, die Physiologie, herausgefunden hat, dass jeder Muskelaktion als Bewegung, die Ausdruck eines Willensimpulses ist, ein Wärmeimpuls vorausgeht. Wärme und Wille sind so engstens verbunden, und aus der Sicht des Geistes ist alle physische Wärme, alles Feuer zuletzt immer Ausdruck eines waltenden Willens. *Opfer* kann dann so empfunden werden, dass ein Wille von sich und seiner Intention, seelisch gesprochen seinem Begehren, ganz absieht, und sich einem anderen, in der Entstehung des Menschen-Ich einem Höheren, ganz und ohne Bedingungen zur Verfügung stellt. Die Entstehung des Menschen-Ich hängt also innigst mit der Opferhaltung zusammen. Innerst durchlebt kann diese Einsicht entdecken lassen, dass damit die Kraft des Dienens veranlagt wurde und verbunden ist. In dem Urbeginn des Menschen-Ich finden wir *Wille*, das meint die Intention zum Handeln, *Opferbereitschaft* und *Dienen* als usprünglichste Ich-Substanzen, als Keim des Menschen-Ich.

In diesem Urbeginn entsteht ein Menschheits-Ich. In ihm ist die Vielfalt differenzierter Iche enthalten, die in viel späteren Entwicklungsschritten einmal Individualität oder gar Persönlichkeiten entstehen lassen. Jedes Ich hat seinen Ursprung aus dieser Einheit aller Iche, das begründet die Geschwisterlichkeit aller Menschen. In dem Sohnesprinzip der Trinität, das auch Christus genannt wird, ist dieses Menschheits-Ich bewahrt worden, über alle späteren Vereinzelungen hinaus.

Parallel zu diesem ersten Schritt der Ich-Werdung des Menschen als Opferung hoher geistiger Wesen vollzogen sich weitere Evolutionsgeschehnisse. Auf das Entstehen der Wärme wurde schon verwiesen. Es entstand aber auch die Zeit, ein andauernder Strom des Entstehens und Vergehens, als zentralem Impuls aller Entwicklung. Die ja gerade nicht die Fortsetzung des immer Gleichen ist – wie es zum Beispiel die Krebszelle will –, sondern das Entstehen von immer Neuem, aus dem bereits Geschaffenen. In diesem Urbeginn wurde mit der Zeit für das Ich auch sein Werden, sein Verwandeln veranlagt, Ausdruck der Willenshaftigkeit des Ich, auf ein Ziel hin zu existieren. Ein Ziel, das im Alten Testament als Ebenbildlichkeit mit Gott, als dessen Schöpfungsimpuls beschrieben wird.

Im ersten Schritt entsteht also das Menschheits-Ich, geschaffen aus der Opferkraft der Geister des Willens, aus ihrem substanziellen Wesen, zum Dienen veranlagt, mit der Zeit im Werden, das heißt Entstehen und Vergehen, verbunden. Auch die Zeit wird durch hierarchische Wesen gebildet, ist kein Abstraktum, sondern wesenhaft. Das Zusammenwirken der opfernden Throne mit den empfangenden Cherubim gebiert die ganz aus der Zeit bestehenden Geister der Persönlichkeit, die Archai, höchste Wesen der dritten Hierarchie. Sie werden auch Zeitgeister genannt. Und Rudolf Steiner nennt sie einmal die Kinder des Zusammenwirkens von Thronen und Cherubim.[15]

Alte Sonne

Nach einer schöpferischen Pause, in der sich alles Entstandene wieder auflöst, beginnt ein zweiter Schritt der Erdenentwicklung. Die alte Sonne entsteht. Nachdem das schon Entstandene sich neu bildet:

– Throne den Cherubim ihre Willenssubstanz opfernd,
– durch das Opfer Weltenwärme zeugend,
– aus dem Zusammenwirken die Zeitgeister gebärend,

treten nun weitere Wesenheiten aktiv handelnd in den Fortgang ein, diesen erzeugend.

Es sind die Geister der Weisheit, Kyriotetes, die in der hierarchischen Ordnung eine Stufe unter den Thronen stehen. Sie sind ganz hingebungsvoll in den Anblick des Geschehens zwischen Thronen und Cherubim versunken und strömen nun ihr Wesen aus dem Inneren der alten Sonne aus. Dadurch entsteht die Luft als zunächst feinstoffliches Element, viel feiner als unsere heutige Luft, auch feiner noch als unsere edlen Gase wie Helium oder Wasserstoff. Diese Sonnen-Luft wirkt zusammen mit der auf der Vorstufe entstandenen Wärme und bildet so den Körper der alten Sonne, in der die Luft nach außen strömt und dort eine Wolkenbildung entstehen lässt, die die Sonne wie ein Ringgebilde umgibt.

Die Geister der Weisheit schenken sich der Welt, geben sich

15 Rudolf Steiner, *Die Evolution vom Gesichtspunkte des Wahrhaftigen,* GA 132, Vortrag vom 7.11.1911.

ihr hin, und aus diesem hingebenden Schenken gebiert sich eine weitere hierarchische Gemeinschaft, die Erzengel oder Archangeloi, auch Feuergeister genannt. In ihrem Entstehen bilden sie das Licht, das von ihnen zu den Geistern der Weisheit zurückgestrahlt wird, sodass die Sonne von innen leuchtet. Es entsteht jetzt ein Innen und ein Außen, der Raum wird geboren, zunächst aber nur zweidimensional. Wie es sinnlos war, vor der Entstehung des alten Saturns von Zeit zu sprechen, weil sie doch erst mit seiner Entwicklung geboren wurde, so wäre es sinnlos, vor der Entwicklung der alten Sonne von Raum zu sprechen, den es so auch noch nicht auf dem alten Saturn gegeben hat.

Lenken wir nun den Blick auf die Entwicklung des Menschen-Ich, so ist es ganz in die geschilderten Geschehnisse einbezogen, wird von ihnen geprägt. Seine Willenssubstanz nimmt nun die *Weisheit* auf, die die Kyriotetes verströmen. Im Ich entsteht die Anlage zum Denken, welches Auffassungsorgan der Weisheit im Menschen werden wird. Wieder brauchen wir das Bild des Samens, denn noch ist dem Ich ein Denken nicht möglich. Dass es dieses in späterer Entwicklungsstufe eigenständig kann, wird in der alten Sonne veranlagt. Dazu braucht es auch das von den Erzengeln ausströmende Licht. Dieses schafft den Keim eines später voll entwickelten Wahrnehmens. Immer muss bewusst bleiben, dass die geschilderten Vorgänge das Menschheits-Ich betreffen, nicht schon einzelne Iche. Es wird dadurch deutlich, welche Gemeinschaft aller Einzelmenschen in diesem Menschheits-Ich geborgen ist, wie sehr uns das bis in unsere Jetztzeit im göttlichen Sinne verbindet, verbinden sollte.

So wie wir das Dienen als eine Ich-Fähigkeit im alten Saturn aufnahmen, bildet uns das hingebungsvolle Schenken der Geister der Weisheit eine weitere Kraft der göttlichen Welt ein: die *Gnade*. So wie schon für das Opfer, gilt wohl auch für das

Wort Gnade überwiegend, dass heutige Menschen damit wenig anfangen können. Es taucht im Religiösen auf, auch im Rechtsleben, doch ist es ein alles Leben durchziehendes Element, das mit der Haltung des Schenkens zu tun hat. Andere tun etwas für mich, ohne Dank zu verlangen, gar Lohn. Es reicht ein Blick auf das Leben im Leib: Was von allen zusammenklingenden Vorgängen in unserem komplexen Organismus tun wir denn aus eigenem Antrieb, Wissen, Überblicken? Können wir aus unserem Wachbewusstsein alles steuern, was die Leber oder die Niere über den Tag leisten müssen, wie die chemischen Reaktionen ablaufen, die Abstimmung der Organe untereinander und alles andere mehr, die tausend und abertausend Vorgänge in unserem Organismus? Es ist nur die moderne Ignoranz oder der wissenschaftliche Hochmut unserer Zeit, hier für das eigene Unverständnis den Hilfsbegriff des Automaten zu setzen, der gut programmiert schon alles regelt, sich selber steuernd. Und der Programmierer ist der genetische Apparat. Die Wirklichkeit ist jedoch ein «gnädig» von vielen Helfern elementarer und hierarchischer Art getragenes Ich, das Lernendes ist und ganz der schenkenden Hilfe, die auch Gnade genannt werden kann, bedarf. Diese Gnade hat sich dem Ich verbunden, ist ihm einverwoben, aus dieser Kraft leben wir auch heute als scheinbar selbstständig-autarke Menschen, ohne es zu wissen, zumeist ohne diesem Schenken täglich zu danken.

Alter Mond

Haben sich die ersten beiden Entwicklungszyklen der Erde und des Menschen in großer, andächtiger Ruhe vollzogen, so kommt nun in einem dritten Schritt Bewegung, Dynamik in die weitere Entwicklung von Erde und Mensch. Denn nun greifen die Geister der Bewegung, die Dynamis, in das Geschehen ein. Sie stehen wieder eine Stufe unter den Geistern der Weisheit, in der Mitte der zweiten Hierarchie. Sie impulsieren die *Begegnungsfähigkeit* der Wesen untereinander. Alle Begegnung entspringt innerer und äußerer Bewegung. Was wir heute Kommunikation nennen, hat hierin seine Wurzeln. Und diesen Begegnungsimpuls pflanzen die Geister der Bewegung dem Menschen-Ich ein. «Es ist nicht gut, dass der Mensch allein sei», heißt dieses Geschehen in der mosaischen Schöpfungsgeschichte. Und ist verbunden mit einer Seelenkraft, die wir die *Sehnsucht* nennen. Wieder ein Wort, das sich schwer erschließen lässt, das als Seelenelement jedoch wohl jeder Mensch kennt. Rudolf Steiner verbindet dieses Aufkommen der Sehnsucht mit dem Verzicht. Schon in allerersten Zügen wurde bereits im alten Saturn veranlagt, dass ein Teil der Geister der Harmonie, der Cherubim, die aufsteigende Opfersubstanz der Throne nicht annimmt, auf sie verzichtet. Das setzt sich auf der alten Sonne fort, bewirkt ein erstes Zweisein der ursprünglichen Einheit, im Beispiel von innen und außen. In der dritten Entwicklungsstufe, die alter Mond genannt wird, wird dieses Geschehen endgültig. So kommt es zu einer Differenzierung der Geister der Harmonie in solche, die das Opfer angenommen haben, es mit ihrem Wesen verbunden haben und so den Keim des Menschen-Ich schufen, und solchen, die auf die Opfergabe verzichten, wobei sie dadurch eine ganz wesentliche kosmische Tatsache begründen: die Ewigkeit. Vom alten Saturn an war das Element der Zeit wirksam, galt das Gesetz vom Entstehen und Vergehen, vom Verwandeln. Nun wird durch den Verzicht der Cherubim auf das Opfer ihr Wesen von der Zeit abgetrennt, die ja mit dieser Opferdynamik verbunden ist, nur in ihr entstehen konnte. Durch den Verzicht auf das Opfer erhalten die Cherubim Ewigkeit, Dauer außerhalb der Zeit, auch *Unsterblichkeit*. Und pflanzen diese als weiteren Keim dem werdenden Menschheits-Ich ein. Dieser aus kosmischer Perspektive gesehen dramatische Vorgang hat große Auswirkungen: der Einheit wird Zweiheit eingeboren und damit das Gegenüber, der Widerstand. Und zugleich die alle Schöpfung durchziehende Sehnsucht, die Einheit wieder ganz sein zu lassen, ungeteilt. Es sind ja die Geister der Harmonie, die die Teilung bewirken, und so mischt sich, musikalisch gesprochen, in die Harmonie die Dissonanz, die interessanterweise immer die Sehnsucht nach Auflösung, ja Erlösung in sich trägt. Dieses ganze Geschehen färbt auch das werdende Ich, auch in ihm wird nun die Zweiheit von Ich und Du erlebbar und die damit verbundene Sehnsucht zum Wir.

Und noch ein Weiteres entsteht: das *Böse*. War, wie es so anrührend in der mosaischen Schöpfungsgeschichte heißt, alles Geschaffene «gut» («und Gott sah, dass es gut war»), so bekommt das einheitlich Gute nun ein Gegenüber, das traditionell das Böse genannt wird, aber – das ist entscheidend – eine kosmische Notwendigkeit ist im Zusammenhang mit der Ich-Entwicklung. Denn das sogenannte Böse ist aus dem einheitlich Guten hervorgegangen, nicht aus sich selbst. Und es wohnt allem Bösen daher auch eine tiefe Sehnsucht inne, wieder zum Guten erlöst zu werden. Goethe hat einen Zipfel davon erfasst, wenn er Mephistopheles, die Gestalt des Bösen in seinem *Faust*, sich selbst so charakterisieren lässt: «Ich bin ein Teil von jener Kraft, die stets das Böse will und stets das Gute schafft.» Was sind solche Widersprüche, die aus dem Bösen Gutes bewirken?

Zum Beispiel die Differenzierung. Die Fortsetzung des immer Gleichen wird durchbrochen und es entstehen Verschiedenheiten, man denke als ein einziges Beispiel an die gestaltliche und farbliche Vielfalt der Blätter eines Baumes. Welche unfassbare Gestaltungsvielfalt, und doch erlebbare Einheit. Denn ein Buchenblatt ist ein Buchenblatt, anders als beim Ahorn oder der Eiche. Typus und Metamorphose nennt Goethe dieses Geschehen, musikalisch können wir auch Thema und Variationen anführen. Dem liegt zugrunde die Kraft der Differenzierung, die aus der Trennung des Bösen aus dem Guten stammt. Und als die bedeutsamste Frucht dieser Entwicklung entsteht für den Menschen, für sein Ich, die Anlage zur *Freiheit.* Auch seine Zweigeschlechtlichkeit wird so veranlagt, wie es die Bilder der mosaischen Schöpfungsgeschichte erzählen: der männlich-weibliche Mensch («Hermaphrodit») wird geteilt in Mann und Frau. Schaut man auf dieses Geteilt- oder Getrenntsein des Menschen, wird schnell erlebbar, wie in jedem Menschen die tiefe Sehnsucht lebt, sich mit seiner anderen, oft «bessere» genannten Hälfte wieder zu einer Einheit verschmelzen zu können, die in weiter Zukunft als neue Eingeschlechtlichkeit auch zurückkehren wird.

Und noch eine große kosmische Kraft entsteht aus der Trennung der das Opfer annehmenden und der auf sie verzichtenden Geister: das *Schicksalsgesetz*, mit dem orientalischen Wort auch Karma genannt. In ihm wirkt die Weltentatsache, dass alles, was aus einem Willensentschluss entsteht, zu einem späteren Zeitpunkt wieder zu seinem Erzeuger zurückkehrt, um einen *Ausgleich* zu schaffen – wieder «Gleiches» zu schaffen. Die aus der Einheit entstehende Zweiheit oder auch Vielfalt kehrt in die ursprüngliche Einheit zurück, wie es beispielhaft in der Pflanzenwelt in jeder Samenbildung anschaulich wird.

Das Menschen-Ich erfährt auf der Evolutionsstufe des alten Mondes bedeutende Impulsierungen, Wesenhaftes, das ihm eingepflanzt wird: seine Einheit erfährt Zweiheit durch

Trennung und damit verbundene Sehnsucht, die Einheit wiederherzustellen. Es ist die Kraft der Differenzierung und auch des Unterscheidungsvermögens. Im Alten Testament wird dies als die Unterscheidung von Gut und Böse ausgedrückt, im Zusammenhang mit der Frucht des Baumes der Erkenntnis und – nicht zu vergessen – der Schlange und der notwendigen Vertreibung aus dem Paradies.

Dem Ich wird der Impuls zur Freiheit, die auch Unabhängigkeit ermöglicht, eingeprägt, wodurch der Mensch sich in der kosmischen Gesamtevolution zu einem besonderen, von allen anderen unterscheidbaren Wesen entwickeln wird, zu einer weiteren Hierarchie. Und mit allem verknüpft nimmt das Ich das Karmagesetz in sich auf, durch welches es ein sich-verantwortendes Wesen im Willensbereich wird.

Durch die geschilderten Entwicklungsschritte beginnen weitere Veränderungen für das Ich. Es bildet ein ganz anfängliches Bewusstsein von der Zweiheit, die sein Selbst von allem anderen, der «Welt» trennt. Es ist dies noch ein reines Bilderbewusstsein, welches das Ich durchflutet, traumhaft, und es doch ein Gegenüber, ein «Außer-ihm» erleben lässt. Und damit verbunden beginnen sich in dem großen Menschheits-Ich erste Teilungsimpulse zu zeigen. Die einzelnen Menschen-Iche, die einstmals Individualität und Persönlichkeit sein werden, werden hier als Samen gebildet. So birgt gegen Ende des alten Mondes das Menschheits-Ich die Fülle zukünftiger Einzel-Iche in sich.

Es kann tief berühren, dass es davon im heutigen Menschen ein Nachbild gibt. Im Knochenmark gibt es riesige Zellen, die Megakaryozyten genannt werden, im wörtlichen Verständnis «Riesenzellen», die in sich Kern-(Keim-)zellen tragen. Zu einem bestimmten Zeitpunkt «platzen» diese Riesenzellen und ergießen abertausende kleinster Einzelelemente in das Blut, die Blutplättchen oder Thrombozyten, welche Vermittler der Gerinnungsfähigkeit des Blutes sind. Das Blut wiederum ist der organische Träger unseres Ichs, «ein ganz besonderer Saft». Wir können auch sagen, in dem Organismus des heutigen Menschen geschehen fortwährend unbewusst im Knochenmark Alte-Mond-Prozesse. Ausreifungs-Prozesse des Menschen-Ich vom Ende des alten Mondes ereignen sich wie im Nachklang im Zellgeschehen der Blutbildung. Wir werden in der nächsten Entwicklungsstufe, der «Erde», diesem Bildgeschehen wieder begegnen.

So wie auf dem alten Saturn die Wärme, auf der alten Sonne Luft und Licht entstanden, entsteht auf dem alten Mond das Element des Wassers, das für alles steht, was flüssig ist. Und zugleich die Kräfte des Chemismus, des Trennens und Wiederverbindens der Substanzen, die noch keine festen Stoffe sind. Das Feste, Mineralische entsteht erst auf der Erde. Gesundes Wasser ist immer in Bewegung, was seinen Ursprung aus der Kraft der Geister der Bewegung, der Dynamis erleben lässt. Und ein wesentliches Element ist seine Fähigkeit zu losen, was den schon erwähnten Begriff der Erlösung von einer ganz anderen Seite erleben lässt. Und ein Drittes ist dem Wasser verbunden: der Klang. Die Welt beginnt auf dem alten Mond zu tönen, der Keim zu allem Musikalischen ist gelegt. Vielleicht entdeckt die eine oder der andere hier auch den Ursprung des Dursts, nicht nur den, der durch Trinken gestillt wird, sondern auch als Wissensdurst des Erkennenden, den Durst in aller Sehnsucht, der auch erhofft, gestillt oder gar gelöscht zu werden. Wie viel schneller verdurstet ein Lebewesen als zu verhungern!

Erneut bildet sich alles Erstandene zurück und geht in eine

Art Schlafzustand über, kommt zur Ruhe, einer schöpferischen Ruhe, um dann zu einem vierten Schritt der Evolution zu erwachen, der eigentlichen Erde.

Zwischengedanken – oder Evolution der Hüllen

Dieses Buch zielt auf ein Ich-Verständnis. Deshalb steht das Ich als der Kern des Menschseins, der «eigentliche Mensch», ganz im Mittelpunkt aller Darstellungen. Doch das Ich umgibt sich mit Elementen, die es für seine Existenz braucht, so wie die Pflanze zum Beispiel Licht und Wasser. Aus langer Tradition, die einmal erlebte Anschauung war, nennt man diese Elemente Leib, Seele und Geist. Jedes von ihnen ist dreifach gegliedert und bildet die zentrale Schöpfungskraft der göttlichen Trinität ab. Der Leib gliedert sich in einen Stoffträger (physischer Leib), in einen Lebensträger (Äther- oder Lebensleib) und in ein die Seele in sich aufnehmendes Glied (Empfindungsleib, Seelenleib oder Astralleib). Die Seele wiederum gliedert sich in Empfindungsseele, Verstandes- oder Gemütsseele und Bewusstseinsseele. Schließlich ist auch der geistige Mensch gegliedert in Geistselbst, Lebensgeist und Geistesmensch. Dieses Wissen und weitgehend auch die Namensgebung verdanken wir Rudolf Steiner und seinem Werk, der Anthroposophie.

Die Leibesglieder wurden in den drei Vorstufen der heutigen Erde veranlagt und weiter ausgestaltet: der physische Leib im alten Saturn, der Lebensleib während der alten Sonne, und auf dem alten Mond der Empfindungsleib. Der physische Leib erlebt auf der Entwicklungsstufe der Erde seine Vervollkommnung in einem vierten Schritt seiner Bildung. Der Lebensleib befindet sich auf der dritten Stufe seiner Entwicklung, der Empfindungsleib durchläuft erst seine zweite. Der physische Leib ist voller gesättigter Weisheit, der Empfindungsleib noch sehr jugendlich-unvollkommen, wir brauchen nur auf die Emotionalität zu schauen und wie wenig sie im Allgemeinen schon vom Ich durchdrungen («beherrscht») ist.

Die Seelenglieder wurden als Empfindungs- und Verstandesseele erst in der jüngeren Vergangenheit von etwa 5.000 Jahren entwickelt, in der Ausgestaltung der Bewusstseinsseele, die auch Selbstbewusstseinsseele heißen könnte, befindet sich die Menschheit erst seit Beginn des 15. Jahrhunderts n. Chr., sie wird noch mindestens bis in die Mitte des 4. Jahrtausends andauern. Vorher war die Seele ein ungegliedertes Ganzes und vom Ich noch nicht ergriffen. Ihre Gliederung begann also erst auf der vierten Stufe der Evolution unseres Kosmos, der Erde.

Die drei Geistglieder sind heute nur als Keime veranlagt, ihre volle Ausgestaltung erfahren sie erst in zukünftigen Entwicklungszyklen. Ihre Anlagen können aber schon in der Gegenwart so gepflegt werden, dass sie zur rechten für ihre Entwicklung vorgesehenen Zeit auch aufblühen. Auf eine umfassende Darstellung dieser neun Elemente oder Glieder wird hier verzichtet, um ganz und gar das Menschen-Ich zu beschreiben. Doch werden die «Hüllen» von Leib und Seele in den folgenden Darstellungen immer wieder zusammen mit der Ich-Entwicklung angesprochen werden, weshalb hier einmal kurz gesondert auf sie geschaut wurde. Betont soll werden, dass das Ich kein Wesensglied, sondern der *Wesenskern* ist, gewissermaßen das zehnte Element!

Die Erde und die Geburt des Ich

Wieder geht der Planet der Menschheit, die Erde, in einen kosmischen Schlafzustand über, um nach langer Zeitendauer neu zu erwachen und einen vierten Entwicklungszyklus zu beginnen. Dieser wird nun in der Geisteswissenschaft als eigentliche Erde bezeichnet. Sie ging durch die Stufen von altem Saturn, alter Sonne und altem Mond; und sie wird noch drei weitere Entwicklungsschritte vollziehen, die die Namen Jupiter, Venus und Vulkan tragen. Hört man diese Namen zum ersten Mal, wird auffallen, dass die Erdentwicklungsstufen Namen der heute existierenden sieben Hauptplaneten unseres Sonnensystems tragen, wobei zwei – Mars und Merkur – zunächst nicht genannt werden. Sie sind aber da, denn die vierte Stufe der Erdentwicklung, die «Erde», birgt in sich den Doppelnamen Mars-Merkur. Diese Doppelnatur der Erde trägt einen zweifachen Impuls in sich, deren Mitte einen Wendepunkt bildet. Bis zu ihm kann die Entwicklung als Richtung von geistigen Höhen bis in irdische Tiefen beschrieben werden, die Erde und mit ihr der Mensch «mineralisiert». Das ist die Marszeit der Erde. Bliebe es bei dieser Dynamik, würde totale Verfestigung eintreten und ein Endpunkt erreicht, von dem aus keine weitere Entwicklung möglich wäre. Der Kreis wäre geschlossen. Die Erdentwicklung und mit ihr die des Menschen-Ich hat aber die Dynamik eines großen U. Und so wendet sich die «nach unten» gerichtete Bewegung und strebt «nach oben», wo sie in urferner Zukunft in die Weltenschöpfungsmächte einmünden wird, von denen sie in den Urbeginnen ihren Ausgang genommen hat. Diesen Wendepunkt markiert ein einmaliges kosmisch-irdisches Ereignis. Ein höchstes, trinitarisches Geistwesen vollzieht den

Weg aus seinen Höhen zur Erde, wohnt für drei Jahre einem Menschen ein, wird *der* Mensch («Ecce homo»), durchlebt Sterben und Tod, überwindet diesen und aufersteht, der Erde noch menschlich verbunden für 40 Tage bis zu seiner Himmelfahrt. Dieses Christusgeschehen im Menschen Jesus von Nazareth hat Rudolf Steiner mit einem alles umfassenden Begriff das *Mysterium von Golgatha* genannt. Und verbindet mit diesem Geschehen die Geburt des Ich als individuelles und zugleich menschheitlich übergreifendes Geschehen. Nun beginnt die Merkurphase der Erde.

Dabei kann in den rhythmischen Abläufen, wie Rudolf Steiner sie in seinem so umfangreichen Werk beschreibt, auffallen, dass dieser Wendepunkt nicht in der «rechnerischen Mitte» des Erdenzyklus liegt, sondern etwas danach. Vier kleinere Zyklen gehen voraus: Polaris, Hyperboräa, Lemurien, Atlantis, und erst in dem fünften Zyklus, der Nachatlantis, vollzieht sich der Wendepunkt, das Mysterium von Golgatha. Nun wieder mittig, in der vierten der wiederum sieben Untergliederungen, der griechisch-lateinischen Kulturepoche, der die urindische, die urpersische und die chaldäische-ägyptische vorausgingen. Jetzt sind wir bereits in der fünften nachatlantischen Kulturepoche, der angelsächsisch-germanischen.

Für die vier großen Zyklen bis zur Atlantis galt weiterhin der absteigende Weg der Menschen- und Ich-Entwicklung. Ihre Besonderheiten beschreibt Rudolf Steiner in seinen *Anthroposophischen Leitsätzen*, die eine kristallisiert-kondensierte Zusammenfassung seiner Anthroposophie sind. Es heißt dort im 112. Leitsatz:

«Das Göttlich-Geistige kommt im Kosmos in den folgenden Etappen auf verschiedene Art zur Geltung:

1. durch seine ureigene *Wesenheit;*
2. durch die *Offenbarung* dieser Wesenheit;
3. durch die *Wirksamkeit*, wenn die Wesenheit sich aus der Offenbarung zurückzieht;
4. durch das *Werk*, wenn in dem erscheinenden Weltall das Göttliche nicht mehr ist, sondern nur dessen Formen.»[16]

Die Vierheit von Stufungen – Wesenheit, Offenbarung, Wirksamkeit und Werk – zeigt zentrale Bausteine zur Darstellung der Ich-Entwicklung und ihrem Wendepunkt, der zugleich die Ich-Geburt bedeutet. Diesen Zeitpunkt als Geburt zu denken, mag überraschen. Wurde das Ich nicht schon in dem Opfer der Throne auf dem alten Saturn geboren? Und erlebte seither seine Ausgestaltung, so wie jeder Mensch nach seiner Geburt in Kindheit, Jugend, Erwachsenenzeit und so weiter? Doch geht dieser Geburt des Einzelmenschen eine Embryonalzeit voraus, und diese bekommt ihren Anstoß durch die Konzeption, die Vereinigung des weiblichen und männlichen Prinzips in Eizelle und Samenzelle. Das alles beschreibt allerdings mikrokosmisch lediglich die Entwicklung der «Hüllen» des Ichs, den Anteil des Leibes. In einer heute ganz auf das sinnlich Erfassbare, das physisch Erscheinende gerichteten Naturwissenschaft und durch ihre Dominanz hat der Großteil der Menschen keine Vorstellung oder gar ein Wissen davon, dass jeder Mensch vor der Geburt und leiblichen Konzeption eine große Zeiträume umfassende vorgeburtliche Vorbereitung auf das zukünftige Erdenleben durchläuft. Wie in einer Spiegelung der Entwicklung der Erde und mit ihr verbunden dem eigenen Wesen steigt das Ich aus Sternenwelten, begleitet

16 Rudolf Steiner, *Anthroposophische Leitsätze,* GA 26, Dornach [12]2020, S. 99.

von hierarchischen Wesen, zur Erde hernieder, bildet keimhaft Leibeshüllen und die Seele als Ganzheit, um sie dann nach der irdischen Konzeption dem Ich und seinen Willensimpulsen gemäß auszugestalten, zu differenzieren. Das konzentriert Rudolf Steiner in seiner schon zitierten *Theosophie* mit dem einprägsamen Satz: «Der Menschenleib hat einen dem *Denken* entsprechenden Bau.» Mit diesem Denken will das Ich sich selbst und die Welt in und außer ihm erfassen. In diesem Denken erfährt es als Erstes das Wesen, den Impuls der Freiheit.

Es ist eine allerdings notwendig erscheinende Hinführung auf das eigentliche Thema geworden: Wie entwickelt sich das Menschen-Ich weiter, in Fortsetzung dreier vorausgegangener großer Entwicklungszyklen, nun auf und in dem vierten, der Erde? Und was bedeutet dann seine «Geburt» am Wendepunkt der Erdenentwicklung, verbunden mit dem Mysterium von Golgatha?

Das Ich durchläuft in den ersten Erdenzyklen von Polaris, Hyperboräa und Lemurien die Wiederholungen seiner Gestaltung der vorausgegangenen Stufen von altem Saturn, alter Sonne und altem Mond. Und diese wiederholenden Neugestaltungen bergen in sich auch Steigerung des Gewordenen. Denn das Ich trägt als Wille das Werden in sich. In Lemurien beginnt dann ein neuer Impuls. Das Ich verbindet sich ganz zart und wie vorläufig den leiblichen Hüllen, die parallel zu seiner Entwicklung – wie angesprochen – entstanden sind. Für das Ich beginnt so seine Embryonalzeit, vergleichbar der zu Beginn eines Erdenlebens im Mutterleib.

In der ersten Zeit dieser dritten Stufe des Erdenzyklus wird in gedrängter Form alles wiederholt, neu gestaltet und gesteigert, was im alten Mond geschaffen wurde. Es bilden sich die Elemente Wärme, Luft und Wasser, in denen Mineralpflanzen, Pflanzentiere und Tiermenschen leben. Ihre Gestaltung ist noch ganz wässrig weich, nebel- oder auch wolkenartig. Das Bewegen ist mehr ein Bewegtwerden, wie wir es heute noch von Pflanzen im Meer beziehungsweise in fließenden Gewässern kennen. Nun tritt in der zweiten Hälfte, mehr gegen Ende der Epoche Lemuriens, ein Impuls ein, der vielfache Trennung impulsiert. Was wir für den alten Mond als Entstehung des «Bösen» geschildert haben, was der göttlichen Ordnung eine Unordnung einfügt, Widerstand leistet, ist die Kraft des Trennens. Die Einheit wird in Zweiheit gespalten. Die Geschichte vom Paradies, dem Einschleichen der Schlange, ihrer Verführung des Menschenpaares, der daraus folgenden Vertreibung, alles das sind Bilder einer großen Imagination, was damals geschah, und was sich mit heutigen Worten kaum beschreiben lässt. Der Mensch trennt sich vom Tiersein, mit dem er bisher innig verbunden war. Sein Ich ergreift die Astralität und prägt sie ichgemäß, das heißt auch menschengemäß. Und die eigenständige Welt der Tiere entsteht, vom Menschen zurückgelassen oder gar ausgesondert. Der Mensch verschuldet sich mit diesem Schritt einer eigenen Entwicklung gegenüber dem Tierreich.

Hatte das Ich im alten Mond ein erstes, anfängliches Bildbewusstsein erhalten, wird es nun empfindungsfähig. Im Bilde der Paradiesgeschichte wird das als Unterscheidung von Gut und Böse ausgedrückt, doch es bilden sich auch Freude und

Leid, Lust und Unlust, als Kernelemente der Empfindungen Sympathie und Antipathie. Das Ich wird beseelt, allerdings, nur mit dem ursprünglichsten Seelenelement, das wir heute Empfindungsseele nennen. Noch nicht als Einzelerlebnis, sondern als Gemeinschaft der Iche, der Menschheit. Das Einzel-Ich lebt mit den anderen Ichen in einem wogenden Meer der Empfindungen, die es als von außen kommend erlebt.

Das Trennende, dessen Impulsator seit alten Zeiten Luzifer ist, trennt auch Mineralpflanzen und Pflanzentiere in Mineral, Pflanze und Tier. Noch heute sind die Übergänge zu erkennen, zum Beispiel an den Korallen (Pflanzentiere) oder auch Bakterien und Viren (Mineralpflanzen). Doch im Großen und Ganzen gibt es nun außer dem Menschen drei Naturreiche, mit ihm sind es vier. Doch unterscheiden sich die Formen und das Belebtsein aller vier Reiche – Mineral, Pflanze, Tier und Mensch – noch erheblich von ihrer heutigen Erscheinungswelt. Noch gibt es das Feste nicht, noch ist alles nur warm-luftig-wässrig.

Atlantis

In der nun folgenden Entwicklungsstufe, der atlantischen, verbindet sich das Ich im Zusammenwirken mit seiner beseelten Empfindungsfähigkeit mit der Welt des Ätherischen. Der auf der alten Sonne im Zusammenwirken der Geister der Weisheit (Kyriotetes) mit den nächsthöheren hierarchischen Wesen (Thronen und Cherubim) und den mittleren Wesen der dritten Hierarchie, den Erzengeln (Archangeloi), veranlagte Ätherleib wird nun vom Ich durchdrungen und in langen Zeiträumen ausgestaltet, um einst dem Einzel-Ich entsprechen zu können. Immer noch werden die Entwicklungsschritte der Ichheit, des allgemeinen Menschseins gegangen, noch ist die Vereinzelung, die zur Individualität führt, nicht vollzogen. Auch die anderen Naturreiche entwickeln sich fort, werden vom Leben ergriffen. Das erzeugt *Rhythmus*, den Wechsel von Entstehen und Vergehen, erste Ansätze von Jahreszeiten.

Weiter wirken neben den göttlich-hierarchischen Mächten auch die der Widerstände, neben Luzifer nun auch der große Verfestiger mit der Kraft der Schwere, den Finsterniskräften. Aus der urpersischen Kulturepoche hat er den Namen Ahriman. Luzifer hat in das Ich, besser die Ichheit, den Samen der Freiheit gesät, und es keimt dieser Same auf und wird zur Seelenkraft des Egoismus.[17] Dieser wiederum ist die treibende Kraft zur Vereinzelung, die aus einem Zusammenwirken Lu-

17 Rudolf Steiner beschreibt den luziferischen Einschlag in die Menschen-Evolution mit ergreifenden Worten: «So erhielt der Mensch durch die luziferischen Wesenheiten vor der Zeit, die ihm zugedacht war, gewisse geistige Fähigkeiten und wurde so auf eine gewisse geistige Stufe hinaufgehoben. Das ist nichts Schlimmes, sondern so sonderbar es auch erscheinen mag, sogar etwas, was im höheren Sinne eine unendlich weise Führung in der Fortentwickelung der Menschheit bedeutet. ... Der Mensch wäre bis zur Mitte der atlantischen Zeit am Gängelbande geführt worden, wenn diese zurückgebliebenen Wesenheiten nicht eingegriffen hätten. Wie müssen wir daher ihr Zurückbleiben auffassen? ... Aber jene Geister sind nicht zurückgeblieben wegen ihrer Trägheit, sondern der Grund ihres Zurückbleibens war Opferwilligkeit. Um dem Menschen die Möglichkeit zu geben, die Gabe der Geister der Form in einer höheren, freieren Weise zu empfangen, opferten sie sich. ... Ohne das Eingreifen der luziferischen Wesenheiten wäre er nie dem Guten und Bösen ausgesetzt worden, aber es wäre auch um seine Freiheit geschehen gewesen. ... Wir alle tragen in uns den Samen der Wirksamkeit dieser luziferischen Geister.» Vortrag vom 10.8.1908, in: *Welt, Erde und Mensch,* GA 105.

zifers und Ahrimans stammt. Gegen Ende der Atlantis, in der auch erste Ansätze der getrennten Bildung von festem Land und Meeren erfolgt, gebären sich mehr und mehr Einzel-Iche als Samen einer Individualität, wie sie heute stark erlebbar wird, wenn auch noch lange nicht zur Vollkommenheit ausgebildet. In Erinnerung an das von uns genutzte Bild der Megakaryozyten (Riesenzellen) als Menschheits-Ich kann man nun sagen. Dieses opfert sich, im Bilde es «platzt», und die Fülle der in ihm geborgenen Einzel-Iche ergießt sich – vergleichbar den Blutplättchen – in die Welt der Atlantis.

Am Ende dieser vierten Erdenzeit sehen wir die Menschen als Einzel-Iche, durchdrungen vom Keim der Freiheit, aber auch des Egoismus, umhüllt von einer Astralorganisation, die empfindet, und mit dem Leben verbunden durch eine Ätherorganisation, die schon mehr als das Astrale eine leibartige, das heißt sich abgrenzende Form hat. Das eigentlich Physische ist dieser dreifachen Menschenbildung noch nicht direkt verbunden, es bildet eine Art Gefäß, das die dreifache Menschenbildung umhüllt und trägt. Dies alles und natürlich alle sonstige Bildung der atlantischen Zeit geht in der großen Flut zugrunde und bildet den Samen für den nächsten Entwicklungsschritt eines fünften Zyklus: die nachatlantische Zeit. Geschaffenes verschwindet, um Neuem zum Entstehen zu verhelfen, ein Grundprinzip des Lebens und aller Entwicklung.

Nachatlantische Zeiten

Das bisher Geschilderte einer Weltentwicklung mit dem ständigen Blick auf die Entwicklung der Menschheit, des Menschheits-Ich, ist einer heutigen Wissenschaft so nicht bekannt.

Rudolf Steiner hat es aus seiner Methode geistiger Forschung, als die Naturwissenschaft ergänzende Geisteswissenschaft, herausgearbeitet, vorgetragen und schriftlich festgehalten. Sein ganzes Lebenswerk ist von dieser Frage einer übersinnlichen, das heißt geistigen oder spirituellen Forschung einer «Welterkenntnis und Menschenbestimmung», wie es im Untertitel seines Buchs *Theosophie* heißt, durchdrungen. Da ist kein spekulativer Urknall als Anfang dieser Schöpfung, kein Deus ex machina, der als Weltenautomat das Geschaffene hervorbrachte. Da sind viele, sehr differenzierte Wesen, hierarchisch geordnet, die dem Schöpferwillen der göttlichen Trinität dienend folgen und die Ausgestaltung bis in unseren heutigen Kosmos hinein zu ihrer Aufgabe machen, dazu berufen, als Teil dieser Schöpfung. Und diese Tätigkeit dauert an, wird die Welt weiter verwandeln und in eine weite Zukunft führen.

Es ist ein entscheidender Fehler heutiger Wissenschaft und damit auch des Denkens der meisten Menschen, in der Vorstellung zu verharren, die Erde, der Kosmos, die Natur und der Mensch seien weitgehend immer so gewesen wie in der Gegenwart, natürlich mit kleinen Abweichungen wie zum Beispiel dem Neandertaler. Es fehlt der konkrete Evolutionsgedanke als Ausdruck eines Schöpferwillens, dem bewusst ist, dass er einem Samen nicht befehlen kann, sofort und auf der Stelle ein ausgewachsener Baum zu sein, sondern dass dieses nur Schritt um Schritt mit ständigem Wechsel von Entstehen und Vergehen möglich ist, und mit dem Schöpfungsimpuls eines Ziels, das jeder Entwicklung ihren Sinn gibt, im Kleinen wie auch im Großen.

Mit der Nachatlantis beginnt eine Epoche, in deren Ausgestaltung auch eine Wissenschaft Einblicke nehmen kann, die wir Geschichte nennen. Die frühen Zeiten sind noch weitgehend verborgen, sie tauchen als Mythos oder Sagenwelt auf.

Doch allmählich bleiben Spuren so erhalten, dass sie Grundlage wissenschaftlicher Auslegung werden. Alle Evolution birgt in sich das Gesetz der Sieben: siebenfach sind die großen Schritte der Erdenentwicklung vom Urbeginn des alten Saturns bis zu ihrem Endziel Vulkan. In jeder der Erdstufen wiederholt sich in kleineren Runden die siebenfache Gliederung, wieder jeweils siebenfach untergliedert. So beschreibt Rudolf Steiner die Unterteilung der Nachatlantis in sieben Kulturepochen. Sie heißen urindische, urpersische, babylonisch-chaldäisch-ägyptische, griechisch-römische und in unserer Gegenwart germanisch-angelsächsische Kulturepoche, denen noch eine russisch(-kaukasische) und eine amerikanische als sechste und siebte folgen werden.

Jede dieser Kulturepochen ermöglicht Schritte der Ich-Entwicklung bis zu seiner eigentlichen Geburt in der Wendezeit des Mysteriums von Golgatha. Jetzt erst wird dem Menschen-Ich durch die Orientierung auf das Menschen-Welten-Ich, den Christus, durch dessen Vorbild, ermöglicht, als Geistkern Mensch sich ganz mit einer leiblichen Physis zu verbinden, die für das Ich durch die angesprochenen unendlichen Zeiträume vom Urbeginn an zubereitet wurde. Erst jetzt, am Wendepunkt des Wiederaufstiegs, kann das Ich bis zu der ins Mineralisch gehenden Stofflichkeit des physischen Leibes vordringen und sich mit ihr verbinden. In der *urindischen* Epoche, vor etwa zehntausend Jahren, wirkten nach dem Untergang der Atlantis weise Menschheitslehrer, die heiligen Rishis, als Erzieher der Menschen. Sie wirkten durch Eingeweihte aus der ätherisch-elementarischen Welt heraus, die unmittelbar an die sinnlich-wahrnehmbare Welt angrenzt. Doch auch die Menschen, die nun schon als Einzelwesen lebten, hatten noch eine sehr lose Verbindung zu ihrem Stoffleib, das Ich hatte sich ihm noch nicht wirklich verbunden, die heute so wachen Sinnesorgane konnten nur wie träumend genutzt werden. Die Außenwelt war noch schemenhaft, dagegen war das Erleben der geistigen Wesen, auch der Naturwesen, unmittelbar und real. Der Mensch lebte mit seinem Ich in dieser schöpferischen Welt, die er in vielfältigen «Göttern» wahrnahm. Das reichte bis in die Frühzeit der vierten nachatlantischen Kulturepoche hinein.

Aus solchen Zusammenhängen lehrten die heiligen Rishis, sie führten das Ich durch dessen bis zum Urbeginn reichende Entwicklung in die Gegenwart und bereiteten es vor, allmählich zu einem Bewusstsein vorzurücken, das das Göttliche als ein Gegenüber wahrnahm, als etwas, von dem der Mensch sich getrennt hatte, obwohl er selbst aus demselben einst geschaffen wurde. Der Keim zum Egoismus wurde zu diesem nächsten Entwicklungsschritt genutzt, nicht im heute negativen Sinne, sondern als Kraft, sich als Selbst wahrzunehmen und sich von allem Fremden zu unterscheiden. Doch das Gefühl der Zusammengehörigkeit mit dem Schöpferkosmos überwog noch stark das Aufglimmen eines Selbsterlebens.

Das änderte sich in der nächsten Kulturepoche, der *urpersischen*. Die göttliche Anwesenheit zog sich zurück und wurde vom Menschen nur noch als deren Offenbarung erlebt. Diese zweite Kulturepoche der Nachatlantis wird von einem Menschenwesen geprägt, das wir als Zarathustra oder auch Zoroaster kennen. Der Name lässt die Verbindung zur Sternenwelt erahnen, aus der sich die Götter nun den Menschen offenbaren. Wir dürfen in Zarathustra nicht einen Einzelmenschen wie die anderen denken. Der Name ist Ausdruck eines Mysterienwesens, das jetzt entsteht. Ausgewählte Menschen, die sich dazu lange vorbereitet haben, werden durch die bereits Eingeweihten zurück zu dem unmittelbaren Erleben der Wesenheit des

Göttlichen geführt, die sich den nicht eingeweihten Menschen nur noch als Offenbarung ihres Wesens zu erkennen gab. So wie auch später im Judentum die Erzväter über Jahrhunderte wirkten, so auch Zarathustra. Er musste nicht selber verkörpert sein, um durch die Priestermenschen der Einweihungsstätten, der Mysterien, gestaltend und inspirierend zu wirken. Er hielt das Bewusstsein wach für das Vergangene der Weltevolution, wirkte jedoch auch mit Zukunftskräften durch sein Ich, das solche bereits in sich aufgenommen hatte. Das Zarathustra-Ich war ein über die zweite Kulturepoche weit hinausragendes Ich, wie es für die Menschheit und den Einzelmenschen erst in der vierten und fünften nachatlantischen Kulturepoche erreicht werden konnte.

Das Einzel-Ich der Menschen begann in dieser Zeit des Zarathustra so in die vorbereiteten, noch träumenden Sinnesorgane einzutauchen, dass ihm die Welt außer ihm, im Besonderen die Natur, immer deutlicher und konturierter erfassbar wurde. Seine Willensqualität erwachte zur Arbeit an dieser Natur, sie gab ihr Impulse zur Veränderung. Ein kulturelles Leben entstand, in allerersten Anfängen auch ein wissenschaftliches, ein Bestreben, die Welt des Geschaffenen zu verstehen und sie der Menschenentwicklung anzupassen, sie in ihren Dienst zu stellen, zum Beispiel durch Getreidezüchtung und Ackerbau.

Eine besondere Ich-Erfahrung der urpersischen Kulturepoche war das Erleben der Weltenmächte von Licht und Finsternis, die aus den Mysterien als Ahura Mazdao und Ahriman vor die Menschen hingestellt wurden. In dem Lichtträger wurde die Christuswesenheit erlebt, die sich aus ihren geistig-kosmischen Höhen auf den Weg zur Erde machte, um sich mit ihr und den Menschen an dem Wendepunkt aller Evolution, dem Mysterium von Golgatha, innigst zu verbinden. Ihr gegenüber wirkte der finstere Ahriman, der seine Aufgabe darin sah, den Menschen für alle Zeiten, auch über den Tod hinaus, an die Erde zu fesseln. Ein Gegengewicht wurde für die Menschen dadurch geschaffen, dass sich das Menschen-Ich nicht kontinuierlich an die leiblichen Hüllen oder Werkzeuge seines Tuns band, sondern im rhythmischen Wechsel sich diesen verband und sich wieder löste. Der Mensch begann Wachen und Schlafen zu unterscheiden. Bis dahin hatte das Ich ein durchgehendes, dem heutigen Träumen vergleichbares Bewusstsein. Nun wurde dieses durch das Ergreifen der Sinne «wach». Im Schlaf blieb der Mensch in seiner aus der Vergangenheit gewohnten unmittelbaren Verbundenheit mit den geistig-hierarchischen Wesen, die sich am Tage und für sein waches Bewusstsein zunehmend verbargen. Für die Erde selbst entstanden durch diesen Entwicklungsschritt des Ich Tag und Nacht. Zuvor hatte es keinen Wechsel gegeben, es war kontinuierlich der gleiche Zustand gewesen, den wir heute als Übergangszeit der Dämmerung kennen.

Diese Evolutionsschritte, die sich auf der Erde (Mars-Merkur) bis einschließlich der vierten Stufe, der Atlantis, vollziehen und deren Fortgang in der Nachatlantis weiter beschrieben werden soll, stehen unter der Leitung der Geister der Form, der Exusiai. Sie sind die eigentlichen Gestalter des Menschen-Ich in seiner Verbindung zu Leib und Seele, sie prägen das so Besondere dieses Miteinanders in der *Gestalt* des Menschen aus. War er bis in die Atlantis ein beweglich-fließendes, sich im Aussehen ständig veränderndes Wesen, wie es in der griechischen Mythologie noch im Proteus versinnbildlicht wurde, bekommt er nun eine Form und Gestalt, die noch Veränderung ermöglicht, jedoch viel stärker Kontinuität und Dauer zeigt. Sie wird dem heutigen Aussehen der Menschen immer ähnlicher.

Auch wenn das Ich nun als Einzelmensch lebt, kann sein

Zustand überhaupt noch nicht der heutigen Zeit einer Individualisierung verglichen werden. Nach wie vor erlebt sich der Mensch als Teil einer Gemeinschaft, also im Zusammenklang mit vielen anderen Menschen als Einheit. Er ist noch nicht selbstbestimmt, selbst die Angehörigen der Mysterien und die Eingeweihten fühlten sich von höheren Wesen geführt und von ihnen zu ihrem Tun beauftragt. Auch wenn er die Natur und das Weltall als etwas von sich Getrenntes erlebte, sah sich der Mensch als Teil des Ganzen und in dessen Gesetzmäßigkeiten eingebettet.

Ein großer Schritt erfolgte dann in der dritten Kulturepoche, der babylonisch-chaldäisch-ägyptischen. War der Mensch immerhin schon in zwei Bewusstseinsformen durch Wachen und Schlafen rhythmisch geschieden, traten nun im eigentlichen Sinne Geburt und Tod hinzu, so wie wir sie bis heute kennen. Der besondere Totenkult der Ägypter ist ein Ausdruck dafür, wie einschneidend diese Veränderung für die Menschen war, wie sehr sie den Verstorbenen in ihrer Welt behalten wollten. Und so beginnt auch erst in dieser Epoche im heute verstandenen Sinne der Wechsel von Erdenleben und Leben in der geistigen Welt, so auch der Impuls der Reinkarnation. Und zugleich beginnt das keimhaft im Ich schon auf dem alten Mond veranlagte Karma, das Schicksalsgesetz, zu wirken.

Urbildlich kommt das im ältesten Epos der Menschheit zum Ausdruck: dem *Gilgamesch-Epos.* Der sagenumwobene König von Uruk, Gilgamesch, findet in dem Menschen aus der Wildnis, Enkidu, seinen Widerpart, seine Schicksalsergänzung – einen Freund. Beide zusammen bestehen Prüfungen und Abenteuer, bis Enkidu stirbt und Gilgamesch erschauernd vor dem Rätsel des Todes steht. Tief erschüttert ist er von dem Sterben seines Freundes. Ein Ringen mit den Schicksalsmächten verbunden mit der Frage nach der individuellen Unsterblichkeit erleben wir an Gilgamesch. Urbilder des Menschseins treten uns hier entgegen. Gilgamesch war wohl einer der ersten Menschen überhaupt, der sich als sterbliche Eigenperson erlebte.[18]

In dieser *dritten nachatlantischen Kulturepoche* lebt das Ich schon eigenständiger, ohne allerdings selbstständig zu sein. Der Mensch ist geborgen in seinem Volkszusammenhang, in den nun beginnenden Aufgabenbereichen, aus denen sich später die Berufe entwickeln. Wir können den verborgenen Sinn dieses Begriffs entdecken, denn damals wurde ein Mensch zu einer Aufgabe im Rahmen der Volksgemeinschaft «berufen», durch die führenden Menschen des Volkes, die wiederum aus den Mysterien ihre Impulse erhielten. Das Einzel-Ich erlebte seine Zusammengehörigkeit mit vielen anderen Menschen als einen Organismus, in dem jeder Einzelne seine Aufgaben hatte. Freiheit war noch gar nicht bewusst, auch nicht angestrebt. Der Mensch war dankbar, vom Ganzen getragen zu sein.

Der physische Leib war nun schon stärker vom Ich durchdrungen, aber immer noch in viel loserer Form, als es in der Gegenwart der Fall ist. Dadurch war auch der Lebensbereich nicht so eng mit der Physis verbunden, wodurch die Menschen noch Kräfte entfalten konnten, die heute unvorstellbar sind und sich in den Mythen und Sagen als Bild der Riesen erhalten haben. In der griechischen Mythologie denken wir an Herkules. Auch der Bau der Pyramiden ist nur so zu erklären. Die Empfindungswelt war viel weniger vom Ich kontrolliert, was

18 Siehe Steffen Hartmann, *Gilgamesch und Enkidu – eine weltgeschichtliche Freundschaft*, Stuttgart 2021.

sich in den ständigen Kämpfen zwischen den vielfältigen Volksgruppen spiegelte, aber auch viel unmittelbarer emotional zwischen den einzelnen Menschen zu Konflikten führte. Erst in der Spätzeit dieser Kulturepoche taucht durch die mosaischen Gesetze, die zehn Gebote, ein Bewusstsein auf, zu lernen, die Empfindungswelt durch Ich-Hoheit zu beherrschen. Freiwillig konnte die dafür notwendige Einsicht noch nicht entstehen, zuerst musste ein «du sollst nicht» Voraussetzungen schaffen, aus eigenem Verständnis die Empfindungswelt vom Ich aus zu führen. Ein erstes moralisches Bewusstsein wurde geboren.

In dieser Zeit war die Beziehung des Göttlich-Geistigen zu den Menschen, der Menschen zu dem Göttlich-Geistigen weiter auseinandergegangen. Das Göttlich-Geistige offenbarte sich nur noch in den Einweihungsstätten, den Mysterien. Die Menschen in der Welt erlebten nur noch dessen *Wirksamkeit*. In der mit Sinnen zu ergreifenden Welt, in der Natur und ihren Reichen, im Sternenkosmos, im Wetter und vielem mehr sah der Mensch das Erschaffene des Schöpfers. Eine Vielfalt von Göttern existierte für die Menschen, doch sie wurden nun Bilder, Statuen. Man wusste von ihnen, erlebte sie jedoch nicht mehr unmittelbar. Nur im Schlaf lebte jetzt der Mensch in den geistigen Welten und mit ihren elementaren und hierarchischen Wesen, hatte aber im Erwachen kein Bewusstsein mehr davon.

Mit all diesen geschilderten Veränderungen der Menschen in der dritten nachatlantischen Kulturepoche ging eine Verfestigung des physischen Leibs einher, wodurch das Sinnesleben wacher, «kristalliner» wurde, jedoch eine Tendenz entstand, die es dem Ich schwerer machen würde, in späteren Entwicklungsstadien der Stoffeswelt im Leibe so zu begegnen, dass es an ihr sich als Selbst spiegeln, ja erleben konnte. Dieses übermäßige Verhärten des Leibes war eine Wirkung Ahrimans, der durch den Tod eine gewisse Macht über den menschlichen Leib erlangt hatte. Sein Wille, den Menschen, gerade auch sein Ich, ganz fest an den Leib und damit an den Stoff zu binden, fand hier seinen Zugriff auf die menschliche Entwicklung. Das gelang ihm besonders gut in dieser Zeit, weil die Aufmerksamkeit ganz auf sein Gegenüber, auf Luzifer gerichtet war. Dieser hatte etwa 3.000 Jahre vor der Zeitenwende im fernen Asien seine Inkarnation vollzogen und prägte seither das Geistesleben des Orients. Er hatte sich des Lichts bemächtigt, das die Urperser in Ahura Mazdao verehrten und in der Sonne erlebten. Der Sonnengeist, der als Christus im Jesus von Nazareth von sich sagt: «Ich bin das Licht der Welt», war von der Sonne fortgegangen und näher an die Erde herangerückt. In diese Verlassenheit der Sonne schlich sich Luzifer ein. Die Menschen der dritten Kulturepoche konnten die Veränderungen des Lichts nicht erfassen, bemerkten das Blendende, Gleißende nicht. Luzifer aber will den Erdenmenschen nicht, er will den Menschen und sein Ich in seinen *außer-irdischen* Reichen halten, will ihn zu seinem Geschöpf machen. Und überlässt Ahriman den Leib, der seinen Sinn nur auf der Erde hat. Die Auseinandersetzung um den Menschen, ja der andauernde Kampf, ihn zu besitzen, hat begonnen und begleitet nun den weiteren Entwicklungsgang des Menschen, wirkt aber auch auf den ganzen Kosmos.

In der *vierten nachatlantischen Kulturepoche*, der griechisch-römischen, verbindet sich das Menschen-Ich immer intensiver mit Leib und Seele. Seine Willensrichtung zeigt ganz zur Erde, fort von dem kosmischen Ursprung. Es erlebt die geistig-lebendige Schöpferwelt mehr und mehr nur noch als Schatten, als Nachklang. Die mit den Sinnen wahrnehmbare dingliche Welt ist für das Ich nur noch *Werk* des Schöpferwillens, der in dieser Werkwelt nicht mehr gefunden wird. Das bewirkt zugleich ein Ersterben des Kosmos selbst. Das ist die Stimmung der Menschen, sie nennen es im Griechentum den Orkus oder die Unterwelt, im Altgermanischen Hel, woraus dann später die Hölle wird. Der Tod bekommt zunehmend Gewalt über das Leben. Aus dieser Stimmung entsteht der Ausspruch Homers: «Lieber ein Bettler in der Oberwelt als ein König in der Unterwelt.»

Noch existieren große Mysterienstätten. Sie versuchen das Bewusstsein für die Götter wachzuhalten. Doch diese sind keine Realität mehr für die Menschen, sie werden zu Bildern, stärker noch als zum Ende der ägyptischen Kulturepoche. Das Schauspiel entsteht als eine Bilderwelt, welche von der göttlich-geistigen Wirklichkeit erzählt. Der Mensch wird Zuschauer derselben, sie ist Schauspiel, die Kostüme werden wieder ausgezogen, die Kulissen abgebaut.

Das sich bis in diese Zeit offenbarende Götterdenken schattet sich zunehmend ab, wird mehr und mehr nur noch Spiegelbild, es entsteht die *Philosophie*. Griechenland ist das Land der Philosophie, hier wird eine neue Art des Denkens geboren, das nicht mehr die Offenbarung einer kosmischen Intelligenz ist, sondern deren Spiegelung am menschlichen Leib. Die Aktivität dieses Spiegelns vollzieht das nun erwachende Ich.

In dem gemeinschaftlichen Wirken von Aristoteles und Alexander erlebte das Griechentum seinen Höhepunkt. Aristoteles – der größte Philosoph der Antike – wurde der Lehrer von Alexander, den man später den Großen nannte. Aristoteles hat das Wesen des Denkens, die Gesetze der Logik, von Grund auf erforscht. Er tat dies so nachhaltig, dass Kant und Hegel im 18. Jahrhundert nur feststellen konnten, dass die Logik seit den Tagen des Aristoteles keinen Schritt weitergekommen ist. Der andere Pol des Aristotelismus ist die Sinneserfahrung. Aristoteles entwickelte eine umfassende naturwissenschaftliche Empirie, praktisch auf allen Feldern des Lebens. Sein Schüler Alexander begann mit 23 Jahren den großen Feldzug nach Osten. Innerhalb von zehn Jahren entstand das größte bisher bekannte Weltreich. Überall wurden Schulen und Theater begründet, und so verbreitete sich der Kulturimpuls der Griechen, insbesondere der Aristotelismus, fast über ganz Asien. Erst vor Indien zwang das eigene Heer Alexander zum Rückzug. Das Alexanderreich zerfällt rasch nach seinem frühen und überraschenden Tod in Babylon. Die Kulturimpulse des Alexandrinismus wirken hingegen vielfältig und fruchtbringend weiter, im Grunde bis in unsere Zeit hinein.

Es ist wichtig, sich klarzumachen, dass der Wendepunkt der Erdentwicklung am Übergang des ersten zum zweiten Drittel der griechisch-römischen Kulturepoche liegt, diese also weit in die nachchristliche Zeit hineinragt, über das sogenannte Mittelalter hinaus. Was am Beispiel der intensiven Beschäftigung der Dominikaner um Thomas von Aquin mit dem Werk des Aristoteles nachvollzogen werden kann. Waren die Anfänge ganz vom Griechentum und dessen Kultur geprägt, so dominierte mehr und mehr in der zweiten Hälfte das Römertum. Dieses wirkte nun nicht so sehr im Ergreifen des Denkens, sondern schuf ein Rechtsleben, das dem Zusammenleben der Menschen ein Gerüst durch Gesetze gab und ein Staatsleben etablierte, das als zunehmende Weltmacht ein Bewusstsein von Menschheit zeugte, sich aber zugleich mit der Macht verband. Das Ich ergriff den leibgebundenen Willen, wie es in ersten Anfängen schon durch Alexander den Großen im 4. Jahrhundert v. Chr. aus dem Griechentum heraus geschah. Kämpfe und Kriege der Völker wurden nicht mehr aus der Empfindungswelt, der Emotionalität, geführt, sondern als

Ausdruck der Unterwerfung, der Eroberung. Darin drückt sich das Ego, der Egoismus im Ich, als wesentliche Entwicklungskraft aus.

War in der dritten Kulturepoche im Besonderen die Empfindungswelt vom Ich ergriffen und zu dem selbstständigen Glied einer Empfindungsseele gestaltet worden – erinnert sei an die zehn Gebote durch Moses für das hebräische Volk – , so wird nun das mittlere Seelenglied, die Verstandes- oder Gemütsseele vom Ich geschaffen und durchdrungen. Die Werkzeuge des Leibes, Stoff-, Lebens- und Empfindungsleib, sind ichgeprägt, nun kommen die Seelenglieder hinzu, um dem Ich zu seiner Selbstgestaltung instrumental zu dienen. Die Seele bildet das Bindeglied für das Ich zwischen Leib und Geist, sie übernimmt Mittler- und Ausgleichfunktion der Gegensätze oder Polaritäten, die in der griechischen Mythologie Dionysos und Apollo abbilden. Wieder ist es Goethe, der Faust dieses Geschehen so exakt aussprechen lässt:

«Zwei Seelen wohnen, ach! in meiner Brust,
Die eine will sich von der andern trennen;
Die eine halt, in derber Liebeslust,
Sich an die Welt mit klammernden Organen;
Die andre hebt gewaltsam sich vom Dust
Zu den Gefilden hoher Ahnen.»[19]

Diese Seelengestaltung, der noch ein drittes Seelenglied, die Bewusstseinsseele folgen wird, ist noch kleinkindhaft anfänglich, mehr menschheitlich als schon individuell. Doch ist das Menschen-Ich in der dritten, vierten und dann fünften Kul-

19 *Faust*, 1. Teil, «Vor dem Tor».

turepoche schwerpunktmäßig mit dieser Gliederung der zuvor ungegliederten Seele befasst. Diese Zeiten sind deshalb solche, in denen mit besonderer Kraft die luziferischen Geister an das Ich herantreten, um es von seinem Drang, sich mehr und mehr mit der Erde und damit dem Physischen zu verbinden, abzuhalten. Auf der anderen Seite zerren die ahrimanischen Geister, um das Ich schneller und dauerhafter an das Irdische zu binden. Dazu dient ihnen die Intelligenz, die mehr und mehr aus ihrer kosmischen Schöpfungswelt zur Erde und zum Menschen strömt, um in ihm Teil seines Denkens, eines eigenständigen Denkens zu werden. Das findet eine besondere Konzentration am Hofe Harun al Raschids (763–809 n.Chr.) in Gondhishapur. Hier wird alle Gelehrsamkeit der Zeit zusammengetragen und gefördert, während in Mitteleuropa zum Beispiel Karl der Große (768–814 n.Chr.) noch Analphabet war und mühsam Lesen und Schreiben lernte.

Im Kosmisch-Geistigen erfolgte in dieser Zeit ein dramatisches Geschehen. Es zeigte sich ein drittes Böses, ein Sonnendämon, der nun direkt gegen das Ich seine zerstörend-verhindernden Kräfte richtete. Rudolf Steiner nennt für dieses Geschehen das Jahr 666 nach Christus. In den Offenbarungen des Evangelisten Johannes, seiner Apokalypse, der größten denkbaren Zukunftsvision, wird die Zahl 666 mit dem zweihörnigen Tier verbunden, das aus der Erde aufsteigt, um sich mit dem aus dem Meer aufsteigenden Tier mit der tödlichen Wunde und dem Drachen zu einer Trinität des Bösen zu vereinen. Der okkulte Name dieses dritten Bösen heißt Sorat.

Wir erahnen ein dramatisches Weltgeschehen: Das immer eigenständigere Ich wird über die für seine Erdenexistenz notwendigen «Hüllen» Leib und Seele von zwei Seiten angegriffen und am Fortschreiten gehindert. Und nun erfolgt ein dritter, direkter Angriff auf das Ich selbst durch den Sonnendämon, der nicht nur hindern will, wie die beiden anderen Wesen, sondern der zerstören will. Zugleich ist nicht der Mensch allein, sondern die ganze Erde als Kosmos unter den Bann des Todes geraten, droht zu ersterben. Dem hat die vorausschauende, «weise» Weltenlenkung schon eine Gegenkraft gebildet. Der Sonnengeist, die Sohnesgottheit, das schöpferische Wort vollendete seinen schon vor langen Zeiträumen begonnenen Weg aus den kosmischen Höhen zur Erde und inkarnierte sich in einem Menschen, der einen einmaligen Weg der Leibes- und Seelengestaltung durch das Zarathustra-Ich gegangen war, um fähig zu sein, den Gottesgeist in sich aufzunehmen und mit ihm drei Jahre innigst verbunden zu bleiben. Mit diesem einmaligen und nicht wiederholbaren Geschehen wurde der Keim der Zukunftsfähigkeit von Erde und Mensch gezeugt, ein Same, der alle Heilkräfte in sich birgt, um den göttlich veranlagten Weg der Hierarchie Mensch und mit ihm der «Erde» weiter beschreitbar zu halten. Und das in aller Offenheit, sodass auch das so zentrale Element der Menschenentwicklung, die Freiheit, unangetastet blieb.

Mit Blick auf die von Goethe dichterisch geschilderte Zweiheit, ja Zerrissenheit der Seele, trat nun die Kraft der ausgleichenden und auch heilenden Mitte hinzu, weshalb aus der alten frommen, mit dem Herzen erfassten Erkenntnis der Christus Jesus auch der Heiland genannt wurde. Mit dieser Mitte, durch den Sonnengeist Christus, wurde in das Ich ein neues, fur sein Werden, seine Zukunft ausschlaggebendes Element gepflanzt: die *Wahrheit*. Sie ist ein Teil des lichten Sonnenwesens Christus, Er ist die Wahrheit, wie es die Evangelien schildern. Im Johannes-Evangelium ist die Wahrheit Teil eines der sieben Ich-bin-Worte: «Ich bin der Weg und die Wahrheit und das Leben» (Joh. 14,6). Sie taucht in den Abschiedsreden an die Jünger immer wieder auf, auch als eine Kraft des Vatergottes, und in der Verbindung zur Freiheit: «Denn die Wahrheit wird euch frei machen.» (Joh. 8,32) Schließlich bildet sie einen wesentlichen Inhalt des Gesprächs des Christus mit dem Römer Pilatus, einem Vertreter der Verstandesseele: «Da spricht Pilatus zu ihm: du bist also ein König? Jesus antwortete: Du sprichst aus, dass ich ein König bin; ich bin dazu geboren und dazu in die Welt gekommen, dass ich für die Wahrheit zeuge; wer aus der Wahrheit ist, hört meine Stimme. Da spricht Pilatus zu ihm: Was ist Wahrheit?» (Joh. 18,37-38). Und will ihn nicht richten, weil er keine Schuld an ihm findet.

Welche großartige und zugleich tragische Begegnung! Das Wesen der Wahrheit trifft auf einen Menschen der Verstandesseelenkultur, der nach der Wahrheit fragt, sie aber nicht erkennen kann, weil sie sich im einzelnen Menschen erst durch die Bewusstseinsseele offenbaren wird. Doch er ist in seiner Seele davon berührt und erfährt das Unschuldigsein desjenigen, mit dem er spricht, und den er später dann doch zum Tode verurteilen wird, weil das Weltenschicksal es will. Eine ungeheute Tragik waltet hier.

Und noch ein geistiges Element verbindet sich mit dem Ich in dieser vierten nachatlantischen Kulturepoche, schon in der griechischen Tragödienwelt veranlagt: das *Gewissen*. Es ist ganz eng mit der Wahrheit verbunden, was jeder gesundempfindende Mensch weiß und erlebt, wenn er zum Beispiel gelogen hat.

Das zur Erde gerichtete Ich verliert immer mehr das Erleben der wirkenden Götter, ja im 8. und 9. nachchristlichen Jahrhundert kommen erste Erkenntnisbemühungen eines

Gottesbeweises auf, gesteigert zum Beispiel durch Anselm von Canterbury (1033–1109). Man muss geradezu von einer Verfinsterung der geistigen Welt für die Menschen sprechen, die so intensiv wird, dass im 13. Jahrhundert selbst Eingeweihten der Blick in diese unmöglich wird (dies ereignete sich nach den Forschungen Rudolf Steiners in dem Jahr 1250). Die Menschheit befindet sich im Höhepunkt des mehr als 5 000 Jahre währenden finsteren Zeitalters (Kali Yuga). Doch ist seit dem Mysterium von Golgatha ein neues Licht der Erde und damit auch dem Menschen-Ich eingepflanzt worden, das Licht der Welt, das Sonnen-Christuslicht, dass auch die Erde einst Sonne werde. Dieses Licht, zunächst kaum sichtbar, flammt in dem nun folgenden Zeitalter der Entwicklung der Bewusstseinsseele zunehmend kräftig auf. Eine neue, nun vom Ich, vom Menschen ausgehende Verbindung zur göttlich-geistigen Welt, ein neues Hellsehen, bahnt sich an. In der Mythologie der Edda kehrt der Lichtesgott Baldur aus Hels Reich zurück, betritt wieder die «Oberwelt», nachdem sein Bruder Widar den Fenriswolf bezwungen hat und ihn unter seinem Fuß hält. Das Maul steht noch weit offen, doch der Wolf kann nicht mehr zubeißen und verschlingen. Eine Zukunftsvision, die in unsere Gegenwart hereinleuchtet. Die sich jedoch nur realisieren wird, wenn Menschen das wollen, Menschen, die eines guten Willens sind, wie es in der Weihnachtsbotschaft von den Engeln den Hirtenherzen verkündet wird. Diese Worte klingen aus der Welten-Bewusstseinsseele zu uns, wenn wir Ohren haben, die sie hören wollen. Sie begründen eine neue Zeit, die Merkurzeit der Erde, die von heilenden Kräften durchdrungen ist und wieder nach «oben» führen wird, aus den Finsternissen und der Schwere des «Unten», der Erde, hinauf in das Geisteslicht der Höhen, aus denen das Halleluja der Engelchöre tönt: «Ehre sei Gott in den Höhen, und Friede auf Erden, den Menschen, die eines guten Willens sind.»[20]

Die fünfte nachatlantische Kulturepoche – Jetztzeit

Unser Weg der Evolution des Menschen-Ich führt nun in die Neuzeit bis in unsere Gegenwart. Diese fünfte nachatlantische Kulturepoche, die stark von den europäischen und angelsächsischen Menschen geprägt ist, beginnt mit dem 15. Jahrhundert. Rudolf Steiner hat einige Male eine exakte Jahreszahl mit 1413 genannt, was auch mit der anderen Jahreszahl 747 vor Christus korrespondiert. Denn die Kulturepochen der Nachatlantis dauern nach Steiners Aussagen jeweils 2.160 Jahre. So wird die fünfte Epoche also bis in das vierte Jahrtausend reichen, bis 3573 n. Chr. Hier muss wieder eine grundsätzliche Seite solcher Rhythmen angeführt werden: Selbst wenn solche exakten Schnittpunkte für das Ende einer und den Anfang der ihr folgenden Epoche angegeben werden können, überschneiden sie sich. Die ausklingende Epoche klingt weit in das erste Drittel der nächsten hinein, so wie diese auch schon in dem letzten Drittel der vorausgehenden mitwirkt. Wirklich «rein» sind solche Entwicklungszeiten nur in ihrem mittleren Teil, die fünfte Kulturepoche also beispielhaft vom Anfang des zweiten Jahrhunderts dieses Jahrtausends an (ca. 2133). Schon ab dessen Ende (ca. 2900) schwingt die sechste Kulturepoche mit. Und ein weiteres Entwicklungsgesetz muss erwähnt werden, um das Zeitgeschehen gründlich verstehen

20 Siehe Volker Fintelmann / Steffen Hartmann, *Mit Widar Zukunft schaffen,* Stuttgart [2]2022.

zu können: die Spiegelung der Zeitabschnitte um ihre Mitte herum. So spiegelt sich in der jetzigen fünften Epoche die dritte, die babylonisch-ägyptische, und in die sechste wird die zweite, in die siebente die erste gespiegelt. Das erscheint überaus kompliziert und ist es auch. Doch wie könnte ein solcher komplexer Vorgang wie die Weltenevolution «einfach» sein? Können wir sie doch durchaus mit dem menschlichen Organismus vergleichen, wie es das Mittelalter mit dem Blick auf den Menschen als einen Mikrokosmos des alles umfassenden Makrokosmos tat. Im Verständnis der folgenden Darstellungen mit dem Schwerpunkt der Ich-Entwicklung werden solche Durchdringungen immer wieder auftauchen. Schließlich ist auch die Zeitenwende mit dem Mysterium von Golgatha, die Ablösung der Marsimpulse durch jene des Merkurs, kein Geschehen des Augenblicks oder der Tage und Wochen, in denen sich das äußere Geschehen vollzog. Es ist über sehr große Zeiträume vorbereitet worden und braucht ebensolche, um sich zu verwirklichen.

Wir haben auf die *Wahrheit* als Christuskraft geschaut, auch in der besonderen Begegnung mit Pontius Pilatus, einem herausragenden Träger der Verstandesseelenkultur, und seine Frage gehört: «Was ist Wahrheit?» Nun ist die zentrale Entwicklungsaufgabe dieser fünften, «unserer» Kulturepoche die vom Ich bewirkte Ausbildung des dritten Seelengliedes, der Bewusstseinsseele. Da erst mit ihr dem Ich möglich werden wird, Bewusstsein von sich als Selbst zu bilden, kann sie auch – wie durch Rudolf Steiner gelegentlich geschehen – die *Selbstbewusstseinsseele* genannt werden. In seinem Buch *Theosophie* charakterisiert Steiner dieses Seelenglied mit den Sätzen: «Die Wahrheit ist wahr, auch wenn sich alle persönlichen Gefühle gegen sie auflehnen. Derjenige Teil der Seele, in dem *diese* Wahrheit lebt, soll Bewusstseinsseele genannt werden.»[21]

Die Bewusstseinsseele macht sich frei von aller Sympathie und Antipathie, sie lässt sich von der reinen, durch sich selbst bestehenden Wahrheit leiten. Und verbindet sich mit der angesprochenen, für die griechische Kulturepoche schon erwähnten Kraft des Gewissens. Das Ich empfängt aus dieser Gewissenskraft zwei für die Neuzeit ganz wesentliche Elemente: Pflicht und Verantwortung. So wenig es in den Weltgesetzen Beliebigkeit gibt, sondern strenge Gesetzmäßigkeit herrscht, ebenso wenig kann das in der Wahrheit lebende und von einem Gewissen durchwirkte Ich sich diesen Gesetzen der Schöpferwelt entziehen. Die luziferischen Wesen wollen ihm vorgaukeln, dass gerade darin seine Freiheit gegenüber dem göttlich-geistigen Willen bestehe, dass es sich selbst seine eigenen Gesetze gibt, denen es folgt. Was aber in eine völlige Unordnung, zu Willkür und Chaos führen würde, wovon heute viel erlebbar ist.

Pflicht ist in der Gegenwart für viele Menschen ein unbeliebtes Wort. Sie war aber vor gar nicht so langer Zeit eine edle Tugend. Schaut man auf das Tätigkeitswort «sich verpflichten», wird rasch klar, welch unverzichtbare Seelenkraft die Pflicht zum Beispiel für das soziale Leben ist. Um ein Beispiel zu wählen – ein Lokführer beschließt willkürlich, an einem Bahnhof auszusteigen und eine Ruhepause einzulegen, vielleicht Essen zu gehen. Der Zug bleibt solange stehen und die Reisenden verpassen ihre Anschlusszüge, für sie wichtige Termine, Chaos bricht aus. Die ganze Berufswelt, unser Miteinander im Verkehr und vieles mehr lebt von der Verpflichtung zu einer übernommenen Aufgabe, sie schafft Ordnung im Zusammenleben der Menschen.

21 Rudolf Steiner, *Theosophie,* GA 9, Dornach 1994, S. 47.

Verantwortung wird als Begriff nicht so negativ bewertet wie die Pflicht. Doch wird sie praktisch gelebt? Weiß der Mensch von ihrer tiefen Bedeutung im Miteinander von Menschen und anderen ihn begleitenden geistigen Wesen? Das Wort Verantwortung spricht aus, wofür es steht: wir müssen antworten auf Fragen, warum wir etwas getan oder gelassen haben; weshalb bestimmte Gefühle oder Gedanken im Laufe des Tages unsere Seele durchzogen. Und in einem tieferen Sinne, ob wir unserem Lebensplan, unserer Bestimmung folgen, unsere Vorsätze ausführen, uns dem Guten verbinden und nicht dem Bösen, in der Wahrheit leben oder in der Lüge. Das Sittlich-Moralische der Welt begegnet dem Menschen, und er wird von den Geistern der ihm nächsten dritten Hierarchie, den Engeln, Erzengeln und Urkräften (Archai) befragt. Und er muss Antwort geben! Das geschieht jede Nacht, wenn sich das Ich aus dem Leibe löst und in der Welt lebt, die seine Heimat ist, in der es im Verkehr mit den dort wirkenden hierarchischen Wesen steht.

Ein kurzer Blick in die Jetztzeit macht deutlich, wie hart jeder einzelne Mensch um die Seelenelemente, die Anteil seines Ichs sind, kämpfen muss, um ihnen Geltung zu verschaffen. Es ist wirklich ein täglicher Kampf, weil die Kräfte der Widersacher jeden Augenblick mangelnder Ich-Präsenz nutzen, um das Ich im Egoismus zu verblenden oder es im kalten Intellekt zu lähmen. Statt Wahrheit herrscht dann die Lüge, statt Pflicht die Beliebigkeit, statt Verantwortung die wortreiche Ausrede. Und da, wo das Ich als Selbst in seiner Einzigartigkeit Individualität bilden will, wird es in die Uniformität geholt mit dem Versprechen, dass es so Mode sei. Obwohl doch viele Zeichen der Individualisierung heute schon gesehen werden können. Wie schon ganz kleine Kinder heute sagen «Ich will», oder auch ein klares Nein aussprechen. Wie eine Wissenschaft des

Selbstes, der Individualität, entstanden ist, die Immunologie heißt und deren wissenschaftliches Credo lautet: «Das Selbst erkennt alles Nicht-Selbst!» Darin ist das Tätigkeitswort *erkennt* bedeutsam, denn das will das Ich mit der Bewusstseinsseele als seinem Instrument nun lernen und immer mehr zu seiner Kraft und Tätigkeit gestalten: sich selbst und die Welt außer ihm in größter Klarheit zu erkennen. Dazu braucht es das *Licht*. In der deutschen Sprache wird diese Notwendigkeit anschaulich, wenn einem etwas *einleuchtet*.

Wieder treffen wir auf die den Menschen umgebenden, ihn in ihre Reiche entführenden Widerkräfte, die ihn mit gleißendem Licht blenden oder mit der Finsternis der Schwerkräfte das Licht übertönen. Der Mensch steht zwischen ihnen und kann entdecken, dass in ihm eine Kraft lebt, in seiner Mitte zwischen Luzifer und Ahriman, die von sich sagt: «Ich bin das Licht der Welt» (Joh. 8,12). In einer Welt voll elektrischen Kunstlichts, das die Lichtstrahlkraft des Sternenhimmels in großen Städten übertönt, muss jeder Mensch für sich entdecken, welches die Quelle wirklichen Lichts ist, und dass er selbst ein Lichterzeugender ist. Dieses selbst erzeugte, originäre und vor allem individuelle Licht hat seine Quelle im Menschen.

Ein genialischer Mensch, Schriftsteller und Dichter, hat dieses Licht in sich erfahren, es im Laufe seines Lebens eingebüßt und ist schließlich in die Finsternis des Wahnsinns geraten. Friedrich Nietzsche schreibt in seiner *Fröhlichen Wissenschaft* dieses unglaubliche Bekenntnis in Gedichtform, und gibt ihm die Überschrift «Ecce homo»:

«Ja! Ich weiß, woher ich stamme!
Ungesättigt gleich der Flamme
Glühe und verzehr' ich mich.

Licht wird alles, was ich fasse,
Kohle alles, was ich lasse:
Flamme bin ich sicherlich.»

Wir stoßen nach den angesprochenen Ich-Elementen Wahrheit, Pflicht, Verantwortung und Licht auf ein weiteres: den *Mut*. Der Welten-Mut begleitet die Menschheit schon lange, inspirierte die Menschen zu Entdeckungen und Erfindungen, und kann nun mehr und mehr zu einem Element des Ichs werden, verbunden mit der Entwicklung der Bewusstseinsseele. Die den Menschenkeim schaffenden Geister des Willens, die Throne, «schwimmen» – dieses Bild gibt uns Rudolf Steiner – in einem Meer des Mutes. Mut ist substanziell mit der Schöpferwillenskraft verbunden. Auch wenn das sicher ungewohnt zu denken ist: Es brauchte göttlichen Mut, den Menschen zu schaffen, ein zur Freiheit veranlagtes Wesen. Es macht tief betroffen, im Alten Testament auf die Aussage zu stoßen: «Da reute es Gott, dass er den Menschen geschaffen hatte!» (1. Buch Moses 6,6)

Reut es ihn in unserer Zeit erneut, wo der Großteil der Menschen sich ganz von ihm abgewandt hat, um sich anderen Kräften zu verbinden? Er hat vor langen Zeiten entschieden, einen Anteil seiner Kraft, ein Sohnes-Element, zu den Menschen zu senden, um ihnen Helfer und Begleiter zu sein auf dem immer schwieriger sich gestaltenden Weg zur individuell-persönlichen Freiheit. Diesem Sohnes-Prinzip der göttlichen Trinität, das als Christus in unserem Bewusstsein lebt, hat sich schon seit langen Zeiten eine Wesenheit verbunden, um an diesem umkämpften Evolutionsgeschehen «Mensch» teilzuhaben: der Sonnen-Erzengel Michael. Ihn beschreibt Rudolf Steiner als den «eigentlichen Held der Freiheit». Er ist zugleich der kosmische Träger des Muts.

In dem von der Selbsterkenntnis getragenen Entwicklungsschritt zur ureigenen Individualität, verbunden mit dem immer freieren Selbstständigsein, haben wir Helfer, an vorderster Stelle Christus und den ihm dienend verbundenen Michael. Es gehört zur Selbsterkenntnis, beide um und in uns zu wissen, in unserem Mittelpunktsorgan, dem Herzen. Davon wird in einem folgenden Kapitel ausführlicher gesprochen. Denn ihr Beistand kann zwar für die Menschheit grundsätzlich wirksam werden, wenn zum Beispiel Michael den Drachen unter seinen Füßen hält, ihn bändigt. Doch für den besonderen Einzelmenschen und seinen persönlichen Weg ist Voraussetzung, dass ihm nur dann geholfen werden kann, er Unterstützung findet, wenn *er selbst es will.* Darauf verweist die immer wieder in den Evangelien auftauchende Frage Christi an die Kranken: «Willst du gesund werden?» Es ist die Voraussetzung zum Befähigtsein der Freiheit, dass der Mensch die Bitte um Hilfe aktiv äußert. Er findet dann Begleitung, Stütze, doch immer nur im Zusammenklang mit der eigenen Aktivität. Wenn das Wort heute nicht so unverstanden wäre, könnten wir auch von dem Respekt sprechen, den sowohl Michael als auch Christus vor der freien Entwicklung des Menschen haben.

Ein weiteres Element, welches unser Ich für sein Fortkommen mit der Bewusstseinsseele braucht, ist die *Andacht.* Diesen Zusammenhang zeigte Rudolf Steiner in Berliner Vorträgen im Jahre 1909, als er über «Metamorphosen des Seelenlebens» sprach. Er verband bestimmte Seeleneigenschaften mit den drei Hauptseelengliedern: den Zorn mit der Empfindungsseele, die Wahrheit mit der Verstandesseele, die Andacht mit der Bewusstseinsseele.

Es ist schon erstaunlich, wie gerade die wesentlichen Ich-Elemente für das Fortschreiten seiner Entwicklung in der Gegenwart so zugedeckt werden, dass sie unverständlich oder gar als unsinnig erlebt werden. *Andacht* ist eine Seelenstimmung, die stark mit dem Religiösen verbunden wird. Soweit damit nicht Konfessionen gemeint sind, sondern die Sehnsucht von Ich und Seele, sich ihrem Ursprung, ihrer Geistesheimat verbunden zu halten, ja diese Verbundenheit aktiv zu suchen, ist es gerechtfertigt, die Andacht dem religiösen Leben zuzuordnen. Ich kann sie auch in der Natur entfalten oder in meiner Vertiefung in ein Kunstwerk, das Geistiges in eine sinnliche Erscheinung bringt. Ich kann sie auf den Menschen anwenden, zum Beispiel auf die Augenblicke von Geburt und Tod. Wird man auf die Andacht als Seelenkraft aufmerksam, begegnet man ihr als ein Tor zu der Welt, die wir übersinnlich nennen und aus der wir selbst in unserem wahren Wesen als Mensch stammen. Der Andacht verbunden ist die Demut oder Ergebenheit. Wieder ist es Rudolf Steiner, der in *Wie erlangt man Erkenntnisse der höheren Welten?* einen Satz formuliert, der über dem Tor eines geistigen Tempels jedem Eintrittswilligen begegnet, so wie früher in den Apollotempeln das «Erkenne dich selbst»: «Höhe des Geistes kann nur erklommen werden, wenn durch das Tor der Demut geschritten wird.»[22]

Es taucht auch das aus dem Lateinischen stammende Wort Devotion auf, das mit Frömmigkeit übersetzt wird, auch mit Unterwerfung. Frommsein wurzelt in der Seelenkraft der Andacht, und auch die Fähigkeit, sein eigenes Selbst einem anderen zu schenken, sich ihm dienend zuzuwenden, hat eine ganz andere Bedeutung als dem Unterwerfen heute zukommt. Alle sozialen Berufe wirken aus dieser Kraft, alles «Dienen» ent-

22 Rudolf Steiner, *Wie erlangt man Erkenntnisse der höheren Welten?*, GA 10, Dornach 1990, S. 20.

springt dieser Wurzel. In den Evangelien steht hierfür das Bild der Fußwaschung am Gründonnerstagabend. Das höchste Ich-Wesen, der Christus «unterwirft» sich den viel unvollkommeneren Jüngern und wäscht ihnen die Füße. Man lese diesen Text aus dem Johannes-Evangelium (13,1-20), lächle vielleicht über die Empörung und dann eifrige Zustimmung von Petrus, und entdecke eine Weltengesetzmäßigkeit: Das Höhere, das in seiner Entwicklung anderen Vorangeschrittene, ist zum Dienst, wir können auch sagen zur Förderung des «Niederen», das heißt des in seiner Entwicklung noch nicht so weit Fortgeschrittenen, berufen. Mit Blick auf die Seelenkraft der Pflicht könnte es auch heißen: dazu verpflichtet. Auch hier kann ein Blick in die Gegenwartssituation deutlich machen, wie umkämpft das Menschwerden ist, wie sehr ein Darwinismus die Gewalt preist, die der sich Höherstellende gegenüber den ihm Unterstellten auszuüben berechtigt erscheint. Spürt man aktiv in seine Seele hinein und trifft dort auf die Andacht, wird erlebbar, wie sehr sie Schale ist, in die sich anderes ergießen darf und dort liebend empfangen wird. Wieder in der Bildsprache der Evangelien birgt die Andacht in sich die einzigartige Kraft der Nächstenliebe. Denn ich soll meinen Nächsten lieben so wie mich selbst! Ich darf, ja soll in der Liebe zu mir, als Geschöpf der Weltenmächte verbleiben und diese an mir geschulte Liebe einem Nächsten schenken.

Wir stehen in diesen Darstellungen an einer Stelle, an der das Ich erlebt werden kann in beginnender Selbstständigkeit, immer gesättigter mit den Tätigkeitselementen, die die Wesen der Hierarchien in das Ich hineingeopfert und geschenkt haben. Es schaut auf einen langen Zeitenstrom seiner vorgeburtlich-vorkonzeptionellen Entwicklung zurück, hat seine Geburt in der Zeitenwende, dem Mysterium von Golgatha erlebt und ist in seine – auf die Zeit von Geburt bis zum Tod als Gleichnis geschaut – Kleinkindphase der ersten drei Lebensjahre eingetreten. Mit dem Erringen der Bewusstseinsseele vollzieht es im vierten Jahrtausend n. Chr. die Vollendung seines dritten Lebensjahres, wird ich zu sich sagen, sich als Ich, als Selbst erkennen. Es ist – an unserem heutigen Zeitverständnis gemessen – noch ein weiter Weg dorthin. In der Wirklichkeit der kosmischen Zeit, die Platon mit 25 900 Jahren als ein Weltenjahr bezeichnete, erreicht der Mensch dieses Ziel in «naher» Zukunft. Alles bisher Geschilderte, die ganze Schöpfungsgeschichte hat zum Ziel, ein kosmisches Geschöpf zu bilden, das wir Mensch nennen, das es noch nicht wirklich gibt, weil er erst im Entstehen begriffen ist, ein andauernd Werdender. Der in diese Wirklichkeit hinein ein Weltenelement ausbilden wird, das eine Verbindung von Freiheit mit der Liebe in sich trägt. Der dann eine weitere, eine zehnte hierarchische Ordnung begründen wird, in welcher er die drei von ihm abgesonderten Naturreiche, Tier, Pflanze und Stein (Mineral) wieder mit sich vereinen wird.

Hatte Pontius Pilatus als Vertreter der Verstandesseelenkultur gefragt «Was ist Wahrheit?», fragt das Ich vermittels der Bewusstseinsseele «Was ist Freiheit?» Das Christuswort, auf das wir schon trafen, verbindet beide: «Und die Wahrheit wird euch frei machen.» Die Wahrheit schafft den seelisch-geistigen Boden, in welchen sich der Same der Freiheit einsenken kann, aus der sie erblüht und in ferner Zukunft zu einem mächtigen Baum wachsen wird. In der Sprache der Geisteswissenschaft heißt dieser Baum *Geistselbst*; das sich als Selbst erkennende Ich.

Was ist nun Freiheit, wie können wir sie beschreibend erfassen? Aus der bloßen Logik lässt sich diese Frage nicht beantworten, schon gar nicht aus der Klugheit des Intellekts. Vom Denken aus wird die Frage beantwortbar, wenn wir ein Herzdenken erbildet haben, das nicht mehr an das Gehirn gebunden ist. In der Entwicklung der Bewusstseinsseele will ja erst die mit Bildung der Verstandesseele veranlagte Wahrheit eine solche selbstverständliche Seeleneigenschaft werden, wie es heute Hunger und Durst oder Freude und Leid sind. Und erst dann kann diese «wahre» Wahrheit uns zum Erfassen des großen Wesens *Freiheit* führen. Das wird für die Menschheit am Ende der Bewusstseinsseelenepoche möglich sein, für einzelne Menschen ist es auch heute schon geschehen. Ein in unsere Zeit und über sie hinaus leuchtendes Beispiel ist der Apostel Paulus, ein als Saulus im jüdischen Mysterienwesen Eingeweihter, der dann als erster Mensch den irdisch-kosmisch Auferstandenen, den Christus, in seiner neuen Gestalt wahrnehmen durfte. Er lebte nach dem Damaskuserlebnis mit voll ausgebildeter Bewusstseinsseele, in die das Geistselbst hineinstrahlte. So konnte er die bedeutenden, von Rudolf Steiner immer wieder angeführten Worte an die Galater schreiben: «Mein Ich ist durch das Gesetz für das Gesetz gestorben, um für Gott zu leben. Mit Christus bin ich gekreuzigt. Ich lebe, doch nicht mehr ich, sondern der Christus in mir.» (Galater 2,19-20).

Das ist eine erste und tiefsinnige Charakterisierung des Wesens Freiheit. Zu dieser Erkenntnis kann vorgedrungen werden, wenn diese Gedanken zum Lebensgeleit geworden sind, immer neu aus der Seele gesprochen und meditativ intensiviert. Steiner spricht von einer Illusion der Freiheit, die Luzifer in uns erzeugt. Diese durchzieht heute weitgehend die Welt, aus ihr entstammen Revolutionen, sie äußert sich kostbar durch einzelne Menschen, die wir als mutvolle Freiheitskämpfer erleben. Sie ist Illusion nicht im Sinne einer Täuschung, sie ist Ahnung dessen, was Freiheit ist und für den einzelnen Menschen werden kann. Denn Luzifer hatte die kosmische Aufgabe, die Freiheit zum Menschen zu tragen. Die damit geschehene Abspaltung vom Göttlichen, der damit verbundene Widerspruch, der Luzifer zum Widersacher werden lässt, ist im tiefsten Sinne Opfer, eine Weltenmission. Weshalb Luzifer in ferner Zukunft auch in seinen göttlichen Ursprung zurückkehren wird, erlöst werden wird.

Wir können gegenwärtig Freiheit in ihrer umfassenden Größe nur erahnen. Wir können sie als Christussubstanz erleben, verbunden mit der Kraft des Heiligen Geistes. In der Konfiguration des Menschen können wir auch auf das Geistselbst schauen, in welchem sich Freiheit realisieren wird. Für den gegenwärtigen Menschen ist sie immer wieder neu zu erringen, auch wenn sie ihre Fühler uns entgegenstreckt, wie es beispielhaft in Rudolf Steiners *Philosophie der Freiheit* erlebbar wird. Die Freiheit wird Anteil des Menschen-Ich werden, wenn er wie Paulus sagen kann: Nicht ich lebe, sondern Christus in mir, in meinem Ich als erwachendes Geistselbst. Und es gibt eine himmlische Versprechung an den Menschen aus Goethes *Faust*, eines der zentralen Motive dieses Dramas des modernen Menschen: «Wer immer strebend sich bemüht, den können wir erlösen.»

Ein Gedanke von Aristoteles schließt hier an: «Wer Sicherheit der Freiheit vorzieht, bleibt zu Recht ein Sklave.» Ergänzt durch einen Satz Rudolf Steiners, der ebenso lebensprägend werden kann: «... wir sind die Sklaven der Vergangenheit, aber die Herren der Zukunft.»[23] Freiheit wirkt aus der Zukunft,

23 Rudolf Steiner, *Die Theosophie des Rosenkreuzers,* GA 99, Vortrag vom 31.5.1907.

ihr strebt unser Ich zu, will sie zu einem Element von sich machen, hat Sehnsucht nach ihr. Doch sie will errungen werden, sie wird sich uns nicht einfach schenken. Das führt uns zu einem Dreischritt, den Anton Kimpfler wie folgt formulierte: «Wer Sklave einer persönlichen Vergangenheit ist oder Herr über die Gegenwart sein möchte, kann nicht Diener der Zukunft werden.»[24]

Wir kommen zum Ende dieses Kapitels, das den Evolutionsweg des Menschen-Ich von seiner Zeugung bis zu seiner Geburt beschreibt und ein wenig darüber hinaus, vergleichbar den ersten drei Jahren des Erdenlebens. Noch ist das Ich in seinem Kleinkindalter, ein Säugling oder Baby, wie es Rudolf Steiner öfter nennt. Wir haben andeutend erlebt, wie das Ich von höchsten hierarchischen Wesen als ein Opfer der eigenen Willenssubstanz geschaffen wurde, durch lange Zeiträume als gemeinsames Menschheits-Ich, sich ganz allmählich vereinzelnd, schließlich die «Hüllen» von Leib und Seele mehr und mehr ergreifend, um sie zu Werkzeugen und Instrumenten des eigenen Ausbildungsweges zu nutzen. Wir haben erfahren, wie die ganze kosmische Entwicklung bis zu unserer heutigen Erde, die Naturreiche, die Hierarchien mit dieser Ich-Entwicklung verbunden sind und sich gegenseitig bedingen. Wie ein Weg des Abstiegs seinen Wendepunkt erfuhr und nun wieder aufsteigende Tendenz zeigt, und wie Kräfte des Widerstands, das Böse, zum Begleiter und Widersacher dieses Ich-Weges wurden. Wir erfuhren, wie das Ich in seine Schöpfungssubstanz, den Willen, und Schritt für Schritt erweiternde Elemente aufnahm: die Weis-

24 Zitiert nach Steffen Hartmann, *Wege zum Geist. Zum Lebenswerk von Anton Kimpfler,* Hamburg 2016, S. 5.

heit, die Begegnungsfähigkeit durch Bewegung, wie Zeit und Raum ihm erlebbar wurden, die Keime der Seelenfähigkeiten Denken, Fühlen und Wollen gelegt wurden, die Leibesglieder ihre stufenweise Entwicklung und Ausgestaltung fanden, wie Sterben und Tod an es herantraten und vieles mehr. Und wie nun auf der vierten großen Entwicklungsrunde unseres Planeten immer neue Elemente aufgenommen wurden, welche die Voraussetzung sind, dass das Ich zum Träger der Freiheit in Verbundenheit mit der Liebe im gesamten Schöpfungskosmos werden wird. Wir erleben trotz aller Schreck- und Hindernisse der Gegenwart die Zuversicht, dass unser Ich diesen Weg sicher weiterverfolgen wird, weil ihm starke Helfer zur Seite stehen, die immer dann helfen werden und können, wenn der Mensch eines guten Willens ist, was nichts anderes heißt, als sich seines Selbstes wach und klar bewusst zu sein, volle Ich-Präsenz, Geistesgegenwart. So äußert sich auch der Seelenmut, einer Zukunft zu folgen, die ihre Arme weit ausgebreitet hält, um uns zu empfangen. Um «Diener» der Zukunft zu werden.

IV. Das Ich auf dem Weg von der Philosophie zur Anthroposophie

Platon und Aristoteles

Wir gehen hier von den beiden Ursäulen der Philosophie aus: Platon und Aristoteles. Zwar wurde auch schon vor Platon und Aristoteles über den Ursprung der Dinge und insbesondere des Menschen nachgedacht und das Wesen der Seele beschrieben, aber man kann doch mit einem gewissen Recht sagen, dass alle früheren Anschauungen in die Philosophien dieser beiden Männer eingeflossen sind, zumindest an ihrem Zustandekommen mitgewirkt haben. Und es ist eine gewaltige Urpolarität, die uns entgegentritt, wenn wir mit Platon und Aristoteles nach dem Wesen der menschlichen Seele und dem Kern dieser Seele – dem Ich – fragen.

Im berühmten *Timaios* zeichnet Platon die Weltschöpfung nach. Es ist dieser Dialog gewissermaßen seine Genesis, sein Buch vom Ursprung aller Dinge. Es kommt dort auch zur Sprache, was denn der Grund sei für die Erschaffung der Welt. Warum ist und wurde *etwas* und nicht vielmehr *nichts*? Eine Urfrage der Philosophie.

Es ist die Güte Gottes, es ist das *Walten des Guten* schlechthin, was zur Entstehung des Kosmos führte. Bei Platon heißt es: «Geben wir denn an, aus welchem Grund der Schöpfer das Entstehen und dieses Weltall schuf. Er war gut.»[25] In dem

25 Platon, *Timaios,* 29 e, Übersetzung Hieronymus Müller und Friedrich Schleiermacher, Darmstadt 1972, S. 37.

Guten lebt keinerlei Missgunst; in ihm erwacht das Bestreben, dass alles, was ist und wird, das Wirkliche und das Mögliche, gut sei beziehungsweise gut werde. Der Schöpfergott ist gut.

Eindrücklich wird dann die Erschaffung der Seelen beschrieben. Wie da eben so viele Seelen waren wie Sterne. Und der Schopfer «teilte jedem Stern je eine zu, und nachdem er sie gleichsam auf ein Fahrzeug gesetzt hatte, zeigte er ihnen die Natur des Alls und verkündete ihnen die vom Schicksal verhängten Gesetze: Das erste Entstehen werde, damit keine von ihm hintangesetzt werde, für alle einheitlich bestimmt sein. Sie müssten nach ihrer Aussaat in die jeder einzelnen jeweils angemessenen Werkzeuge der Zeit geboren werden als das gottesfürchtigste der Lebewesen.»[26]

Der Ursprung der Seele wird bei Platon also *kosmologisch* begründet. Die menschliche Seele hat einen Sternenursprung. Dies ist ihre göttliche Heimat – jede Seele hat einen Stern. Von dort beginnt die Reise, und das Geborenwerden ist ein Eintauchen in ein «Werkzeug der Zeit», das Leben in einem Körper auf der Erde. Platonische Philosophie ist immer auch ein Sich-Erinnern und damit ein Sich-Wiederverbinden mit den kosmischen Ursprüngen der Seele. Platon blickt stets «nach oben» und zugleich «nach hinten», könnte man sagen, und so reicht sein geistiges Verstehen bis zum Weltenanfang zurück. Es holt sich von dort seinen Weisheit liebenden (philosophischen) Grund und seine geistige Tragekraft.

In der *Politeia* – zu deutsch *Der Staat* – ist die Seele und das Wesen des Menschen auch Gegenstand lebendiger Betrachtungen, stets im Gespräch einer Gruppe von Wahrheitssuchern, deren Zentrum die Gestalt des Sokrates bildet, werden höchs-

26 Ebenda, 41 e, S. 67.

te Wahrheiten entwickelt. Ein konturierter Ich-Begriff ist hier noch nicht zu finden, aber die *Seele* im Spannungsfeld mit ihrem *Daimon* wird beschrieben und erkundet. Die Gesprächsteilnehmer kommen zu der Einsicht, dass die Seele zwar unzählige Ereignisse und Schicksalsschläge erleiden kann, von außen kommende und selbst verursachte, dass sie aber durch nichts zugrunde gerichtet werden könne. «Wenn also die Seele überhaupt durch kein Übel zugrunde gerichtet wird, weder durch ein eigenes noch durch ein fremdes, so ist doch klar, dass sie notwendig etwas immer Seiendes ist; wenn aber etwas immer Seiendes, dann auch etwas Unsterbliches.»[27]

Die Unsterblichkeit der Seele ist für Platon offensichtlich. Es wird dann am Ende dieses wohl berühmtesten und bedeutsamsten Dialoges der platonischen Philosophie erzählt, wie die Seelen *vorgeburtlich* ihren eigenen Daimon aussuchen. Dieser Daimon kann als Genius der Seele verstanden werden. Man könnte auch sagen, es handelt sich um den geistigen Wesensanteil der Seele, der bei Platon noch als von außen kommend und auch eigenständig handelnd erlebt wurde, wohingegen er bei Aristoteles dann ganz einzieht in den tätigen Geist der Seele, ihre Ich-Form konstituierend.

Bei Platon lesen wir: «Das ist das Wort der Jungfrau Lachesis, der Tochter der Notwendigkeit! Ihr Eintagsseelen! Es beginnt ein neuer todbringender Umlauf des sterblichen Geschlechtes. Nicht wird ein Daimon euch erlosen, sondern ihr werdet euch einen Daimon wählen. Wer das erste Los gezogen hat, der soll sich als erster den Lebenslauf wählen, mit dem er dann notwendig verbunden bleibt. Die Tüchtigkeit aber ist keinem Herrn zu

27 Platon, *Der Staat,* 610 e, übersetzt von Rudolf Rufener, München 1991, S. 450f.

eigen; je nachdem ein jeder sie ehrt oder gering achtet, erhält er mehr oder weniger von ihr. Schuld hat, wer gewählt hat; Gott ist schuldlos.»[28]

Aus vorgeburtlicher Perspektive wählen hier die Seelen nach eigenem Vermögen ihre zukünftigen Lebensläufe. Sie tun dies – bei Platon – aufgrund ihrer Erfahrungen in früheren Seelenwanderungen auf der Erde. Es leuchtet am Ende der *Politeia* der Gedanke der Reinkarnation auf, verbunden mit einem selbstbestimmten Schicksal, oder indisch ausgedrückt mit dem «Karma». Unerhört neuartig erscheint für das antike Selbstverständnis die *Möglichkeit der freien Wahl* des eigenen Daimons.

Sokrates spricht zu Glaukon, einem Bruder Platons, im geradezu hymnischen Ausklang der *Politeia* von einem «Mythos», was auch so verstanden werden kann, dass hier Mysterienweisheit im Gewande philosophischer Überlegung mitgeteilt wird: «Wenn wir uns von mir überzeugen lassen und daran glauben, dass die Seele unsterblich ist und dass sie die Kraft besitzt, alles Schlechte, aber auch alles Gute zu ertragen, dann werden wir uns allezeit an den Weg nach oben halten und auf jede Weise Gerechtigkeit und Besinnung üben, damit wir uns selbst und den Göttern befreundet sind, solange wir hier auf Erden weilen, und auch nachher, wenn wir die Kampfpreise dafür davongetragen haben, die wir wie Sieger ringsum für uns einsammeln, und damit es uns hier und auf der tausendjährigen Wanderung, von der wir erzählt haben, wohl ergeht.»[29]

Platon lässt hier Sokrates von einer Selbst-Befreundung sowie einer Götter-Befreundung sprechen, die darin besteht, den

28 Ebenda, 617 d, S. 461.

29 Ebenda, 621 d, S. 466.

Weg «nach oben» zu gehen, Gerechtigkeit und Besinnung zu üben – was dazu führen wird, dass es der Seele auch auf der tausendjährigen nachtodlichen Wanderung bis zur nächsten Erdeninkarnation wohlergeht.

Platon weiß demnach sowohl vom Sternenursprung der Seele, er kennt ihr vorgeburtliches Herkommen, bis hin zur freien Erwählung eines Daimons, und er begreift auch ihr nachtodliches Weiterschreiten im Zusammenhang mit den schon auf Erden geübten Fertigkeiten und Tugenden, allen voran der Gerechtigkeit und der wahren Besinnung.

An dieser Stelle sei bemerkt, dass uns in vorchristlicher Zeit ein konturierter, ausgestalteter Ich-Begriff noch nicht begegnet. Bei Platon erleben wir ein Hin- und Herschwingen zwischen Sternenursprung der Seele, ihrem Daimon und der Erdenpersönlichkeit, die in einer Welt des Scheins der Dinge und der Meinungen lebt – mithin eine Art Umkreisen dessen, was erst in nachchristlicher Zeit als «Ich bin» erlebt und erfasst wurde. Und bei Aristoteles finden wir scharf ausziselierte Begriffe, die den Geist in der Seele des Menschen denkend erfassen – wie wir im Folgenden zeigen werden –, aber auch bei ihm bleibt noch offen, was es mit dem individuellen Menschen-Ich auf sich hat. Dies zu ergreifen, war erst in nachchristlicher Zeit möglich – nachdem der Christus in Jesus ganz Mensch geworden war –, wie der Blick in die Geistesgeschichte der Menschheit zeigt. –

Ganz anders als Platon denkt sein Schüler Aristoteles. Viel nüchterner und irdischer wird bei Aristoteles das Denken über die Seele. Man kann den Eindruck gewinnen, dass das alte Mysterienwesen, das bei Platon noch mitklingt und mitspricht, bei Aristoteles wie umgeschmolzen wird in reine, trockene Begriffe, die durchaus auch als abstrakt empfunden werden können – abstrakt in seinem Wortsinne gemeint, als «abgezogen von», abgezogen vom ursprünglichen Leben. Dadurch werden sie aber in der Eigentätigkeit der Seele wahrnehmbar, einsehbar, verstehbar. Es ereignet sich bei Aristoteles gewissermaßen eine Einweihung der Seele in das Wesen des Denkens.

Im Beginn des zweiten Buchs *Über die Seele* heißt es: «Wir betrachten als eine Gattung des Seienden die *Substanz,* das selbständig für sich Bestehende, und an dieser die eine Seite als *Materie,* die an sich noch keinerlei Bestimmtheit hat, die andere als Gestalt und *Form,* vermöge deren erst von einem bestimmten Gegenstand gesprochen wird, und dazu ein drittes, das aus der *Verbindung* beider Hervorgegangene.»[30]

Ein für die aristotelische Philosophie wesentlicher Dreischritt klingt hier an: *Materie* und *Form* sowie das aus beiden *Zusammengesetzte.* Materie ist dabei das Formbare, sie ist bloße Potenz oder Möglichkeit. Form hingegen ist das Formende, das Bestimmende, allerdings auch noch mal in einer Differenzierung: «... die Form dagegen Aktualität, Entelechie, und zwar dies in doppelter Weise, einerseits wie das Wissen als ruhender Zustand, das andere Mal wie das Überdenken des Gewussten als tätige Ausübung.»[31]

Form ist also zum einen die formgebende Tätigkeit, zum Beispiel beim Harfespielen – dabei wird die Harfe als Instrument und das Musikstück, das erklingt, geformt, ausgestaltet, zur Erscheinung gebracht. Form im ruhenden Zustand hingegen wäre das spezifische Wissen um das Musikstück ohne ein aktuales Tun, man könnte sagen, ein konkretes (aber ruhendes) Vermögen, etwas Bestimmtes zu tun.

30 Aristoteles, *Über die Seele,* B 1, 412 a, Übersetzung von Adolf Lasson, Jena 1924, S. 25.

31 Ebenda.

Mit diesen scheinbar abstrakten Begriffen bestimmt Aristoteles nun das Wesen der Seele: «Demnach ergibt sich für die Seele notwendig, dass sie Substanz ist im Sinne der Form eines natürlichen Körpers, der potentiell Leben besitzt. Substanz als Form aber ist *Entelechie*, und die Seele ist also Entelechie eines Körpers von der bezeichneten Art.»[32]

Schon hier kann man deutlich den Kontrapunkt zu Platon empfinden: Aristoteles verankert die Entelechie des Menschen im Körper, die Seele wird als das Formbildende des Körpers verstanden. Vorgeburtliche und auch nachtodliche Prozesse der Seele sind nicht im Fokus seines Philosophierens. Bei Platon hingegen liegt der Ursprung der Seele in der Sternenwelt. In einer Art Lebensvorschau wählt die Seele vorgeburtlich ihren Daimon. Platon hat den Seelenanker gewissermaßen im Himmel, Aristoteles findet ihn auf der Erde. Bei Aristoteles individualisiert sich die Entelechie durch ihr Erscheinen und Leben in einem bestimmten Körper.

Im dritten Buch *Über die Seele* unterscheidet Aristoteles den möglichen und den wirklichen Geist. Das heißt, einerseits ein geistiges Vermögen, das sich denkend *allem* anverwandeln kann, aber im Status der Potenzialität sich befindet. Und andererseits ein geistiges Tun, was in der konkreten Betätigung des Denkens besteht – ich denke *dieses*, ich denke *jenes*. Von dem wirklichen Geist, wir können auch sagen von der tätigen Vernunft heißt es dann: «Die Vernunft in letzterem Sinne nun ist das, was abgetrennt für sich, jedem äußeren Eindruck unzulänglich, ungemischt, von Wesen reiner Wirksamkeit ist. Denn immer steht das, was wirkt höher, als das was leidet, und der gestaltende Grund höher als die Materie. Die wirklich gewor-

32 Ebenda.

dene Erkenntnis aber ist mit dem Objekt identisch. ... Ist sie aber losgetrennt, rein für sich, so ist sie nur noch das, was sie in Wahrheit ist, und dies allein ist in uns das Unsterbliche und Ewige.»[33]

Wir berühren hier den Geist-Begriff im Menschen, dasjenige, was ewig ist in uns, wie Aristoteles sagt. Dieser Geist-Begriff geht bei Aristoteles auf eine nicht leicht zu fassende Weise in den Gottes-Begriff über. Denn das, was der Mensch von Zeit zu Zeit tut – sich in den Zustand geistiger Einsicht und damit denkerischer Wirksamkeit zu erheben –, das tut Gott fortwährend. Aristoteles berührt gewissermaßen den Gott im Menschen, indem er den tätigen Geist erkundet und beschreibt.

In seiner *Metaphysik* heißt es in diesem Sinne: «Wenn sich nun so gut, wie wir zuweilen, der Gott immer verhält, so ist er bewundernswert, wenn aber noch besser, dann noch bewundernswerter. So verhält er sich aber. Und Leben wohnt in ihm; denn der Vernunft Wirklichkeit (wirkliche Tätigkeit) ist Leben, jener aber ist die Wirklichkeit (Tätigkeit), seine Wirklichkeit (Tätigkeit) an sich ist bestes und ewiges Leben.»[34]

Drei Eigenschaften Gottes werden hier von Aristoteles herausgearbeitet:
– er ist urtätig, das heißt schöpferisch,
– er ist Leben, das Leben in allen Dingen und Wesen,
– und er ist ewig, bestes und ewiges Leben.

33 Ebenda, S. 68.

34 Aristoteles, *Metaphysik,* 1072 b, Übersetzung von Hermann Bonitz, Hamburg 1995, S. 258.

In dem einige Jahrhunderte später in Ephesus verfassten Evangelium des Johannes begegnet uns ein verwandter Gottesbegriff. In dem Prolog des Johannes-Evangeliums heißt es: «Im Anfange war das Wort (der Logos).» Johannes knüpft mit dem Logos-Begriff sowohl an die ephesischen Mysterien als auch an die Philosophie des Heraklit an, der im 6. Jahrhundert vor Christus in Ephesus lebte und lehrte. «Durch es – das Wort – sind alle Dinge geworden», heißt es dann bei Johannes. Auch dieser Gedanke leuchtet schon bei Aristoteles auf, wie wir gesehen haben. Und Johannes fährt fort: «In ihm – dem Logos – war das Leben.» Er ist bestes und ewiges Leben, wie Aristoteles sagt.

Durch Paulus ist vielleicht am eindrücklichsten bezeugt, wie die Menschwerdung Christi das Ich-bin-Erleben der Menschheit und der dafür empfänglichen Menschen von Grund auf verändert hat. Indem er sich vom Saulus zum Paulus wandelt und vor Damaskus dem auferstandenen Christus begegnet, kann er der Urzeuge des Christus im eigenen Ich-bin-Erleben werden. «Nicht ich, sondern der Christus in mir», heißt es bei Paulus. Ein Wort, das Rudolf Steiner immer und immer wieder aufgegriffen hat – vielleicht ist es das meist zitierte Wort bei Steiner. Platon und Aristoteles haben Fundamente des Denkens ausgehoben und Grundsteine der Einsicht gelegt, auf denen in der weiteren Geistesgeschichte mannigfache Gebäude der Erkenntnis errichtet wurden. Einige dieser Erkenntnisgebäude wollen wir im Hinblick auf die Ich-Frage im Weiteren betrachten und erkunden.

Augustinus und seine «Bekenntnisse»

Mit einem Anruf Gottes hebt Aurelius Augustinus sein berühmtestes Buch die *Bekenntnisse* («Konfessionen») an. Es ist eine Lobpreisung Gottes durch einen Menschen, «der doch nur ein Stücklein ist deiner Kreatur.»[35] «Bekenntnisse» meint bei Augustinus soviel wie: offen sich aussprechen, verkünden, und auch bezeugen, was sich dem Ringen mit sich selbst und mit Gott ergeben hat. «Ich könnte nicht sein, mein Gott, ganz und gar nicht, wärst du nicht in mir. Oder ist's nicht vielmehr so: ich könnte nicht sein, wäre ich nicht in dir, ‹aus dem alles, durch den alles, in dem alles ist›?»[36]

Verglichen mit Platon und Aristoteles denkt und spricht Augustinus viel *persönlicher.* Er spricht von sich; die eigene Seele wird ihm ein Gegenüber; zugleich spricht er mit Gott als ein Ringender und Suchender, als ein Leidender sowie ein die eigenen Sünden Bekennender. Dabei meditiert Augustinus beständig über die zwei Grundgesten «Ich bin in Gott» und «Gott ist in mir». Das Berührende an den *Bekenntnissen,* ja das aufregend Moderne scheint uns zu sein, dass die Kontemplation bei Augustinus sich ganz verbindet mit dem *persönlichen Ich.* So sind seine Gedanken mitunter Ausruf und Klage, steigern sich zum Gebet, und sind immer wieder Unterredung mit seinem Gott: «Wer hilft mir, dass ich ruhe in dir? Wer hilft, dass du einkehrst in mein Herz und es trunken machst, dass ich vergesse mein Elend und dich umfasse, mein einziges Gut?»[37]

35 Aurelius Augustinus, *Bekenntnisse,* Übersetzung Wilhelm Thimme, Zürich 1970, S. 31.

36 Ebenda, S. 32.

37 Ebenda, S. 34.

Augustinus denkt *existenziell* aus der Geworfenheit seines Ich in die Welt. Auch die menschliche Ur-Erfahrung «Ich weiß es nicht» – der antike Sokrates sprach es noch weise und gelassen aus: «Ich weiß, dass ich nichts weiß» – wird bei ihm ein intimes und zugleich erschütterndes Ich-Erlebnis. «Denn was soll ich dir anderes sagen, Herr, als dass ich nicht weiß, von wo ich hierher gekommen bin, in dies – soll ich sagen – dahinsterbende Leben oder dahinlebende Sterben? Ich weiß es nicht.»[38]

Augustinus staunt, zutiefst menschlich, darüber, dass unser Sein auf Erden im Dunkel früher Kindheitstage beginnt, an die wir uns nicht erinnern können. Abhängig waren wir damals von den ernährenden Brüsten der Mutter, von dem schützenden Wohlwollen der Eltern. Aus einem Dunkel der Abhängigkeiten stammen wir, das keine persönliche Erinnerung durchdringt. «Oder gäbe es einen Werkmeister, der sich selbst fertigen könnte?»[39], so ruft er fragend aus.

Im Fortgang der *Bekenntnisse* entsteht eine Art seelisch-geistige sowie auch irdische Biografie vor uns: Stufen des Lernens, des Sich-Entwickelns und des Sündigens, wie Augustinus es seinem Gott inbrünstig offenbart. Augustinus erlebt Gott gleichsam als die ordnende, weisheitsvolle und liebende Kraft in der Gestaltung seines Lebensganges. Er ist wohl einer der ersten Menschen, die mit dem Bewusstsein einer persönlichen Biografie ihr Ich erleben. Und Dankbarkeit darüber erwacht in ihm – stets ausgerichtet auf ein göttliches Du. «Denn siehe, du, Herr, bist ‹mein König und mein Gott›, dir diene, was ich als Knabe Nützliches lernte, dir diene, was ich rede, schreibe, lese, rechne.»[40]

38 Ebenda, S. 35.

39 Ebenda, S. 37.

40 Ebenda, S. 49.

Am Ende des ersten Buchs seiner *Bekenntnisse* kommt die Selbsterkenntnis des Augustinus auf die Lüge, den Diebstahl und seinen Ehrgeiz zu sprechen. Er erkennt, dass er in seiner Jugend gelogen hat (Unwahrheit im Sprechen), dass er Dinge gestohlen hat um seines Vorteiles willen (fehlgeleitetes Wollen) und dass er durchdrungen war von Hochmut und Ehrgeiz (egoistisches Fühlen). Im Leiden an den *eigenen Erfahrungen* und *Taten* gehen seinem Ich die Ideale seines zukünftigen Strebens auf. Und zugleich erlebt er sein Ich immer ausgerichtet auf Gott, getragen von Gott. Das Ich des Augustinus entspringt einem Gnadenakt Gottes. «Hab Dank, du meiner Seele Wonne, Ehre und Zuversicht, hab Dank, mein Gott, für deine Gaben und bewahre sie mir. So wirst du auch mich bewahren, gemehrt und vollendet wird werden, was du mir gegeben, und ich werde sein, wo du bist. Denn auch dass ich bin, ist deine Gnade.»[41]

Karl Jaspers hat darauf aufmerksam gemacht, dass nie vorher ein Mensch so vor seiner eigenen Seele gestanden habe wie Augustinus. Und dass er all sein *Betroffensein* in den Satz gefasst hat: «Ich bin mir selbst zur Frage geworden.»[42]

Das Ich erlebt sich bei Augustinus im Fragen. Das unausgesetzte Zweifeln wird Augustinus letztlich zu einer Gewissheit seines Selbst. Er erlebt im existenziellen Zweifel geradezu die Grundfesten seines Wesens, den eigenen Wesenskern. Augustinus ist damit auch ein Vorläufer von Descartes und dessen berühmtem Diktum: «Ich denke, also bin ich.»

Wie ein philosophisches Tagebuch liest es sich bei Augustinus, den Leser und die Leserin zu eigener Einsicht aufrufend:

41 Ebenda, S. 55.

42 Karl Jaspers, *Die großen Philosophen,* Band 1, Erftstadt & Freiburg 2007, S. 327f.

«Wer möchte jedoch zweifeln, dass er lebe, sich erinnere, einsehe, wolle, denke, wisse und urteile? Auch wenn man nämlich zweifelt, sieht man ein, dass man zweifelt ... Wenn also jemand an allem andern zweifelt, an all diesem darf er nicht zweifeln. Wenn es das nicht gäbe, könnte er überhaupt über nichts zweifeln. Der Zweifel also beweist durch sich selbst die Wahrheit: ich bin, wenn ich zweifle. Denn der Zweifel selber ist nur möglich, wenn ich bin.»[43] – Ich zweifle, also bin ich.

Als ein herausragender Vertreter der Verstandes- und Gemütsseelenzeit (nach Rudolf Steiner dauerte diese von 747 v. Chr. bis 1413 n. Chr.) erscheint uns Augustinus. Er lebte von 354 bis 430 n. Chr. und damit ziemlich genau in der Mitte seines Zeitalters. Man kann in diesem Zeitalter und seiner Gedankenentwicklung einen Dreischritt gewahren: Am Beginn der Philosophiegeschichte steht das Entfalten der Verstandeskräfte, die aus dem Staunen geboren werden. Das Ich staunt über die Welt – ihre Größe, Schönheit und Rätselhaftigkeit – und entdeckt an sich die Fähigkeit, Fragen zu stellen. Dies findet seinen ersten Höhepunkt bei Aristoteles, der das sinnliche Wahrnehmen sowie Verstand und Vernunft als sachbezogene und nüchterne Erkenntniswerkzeuge der Seele ausbildet und beschreibt. Bei Augustinus kommt dann, in Verbindung mit dem Christentum, das innere Feuer des Gemüts hinzu, eine unendliche Vertiefung des Ich-bin-Erlebens im Erkunden der eigenen Seelenlandschaft. Oder mit anderen Worten: Das Ich lernt nun gemüthaft, sinnend und leidend, die eigene Seele zu erkunden. Der dritte Entwicklungsschritt wird dann das Zusammenführen beider Elemente sein, das Verbinden von trockenem Verstand mit feurigem Gemüt, eine Synthese von rei-

43 Ebenda, S. 329.

nem Denken mit individueller Selbst-Erfassung, eine Synthese auch von philosophischer Wissenschaft und christlichem Glauben. Dies ereignet sich im Wirken und Schaffen von Albertus Magnus und Thomas von Aquin.

Albertus Magnus und Thomas von Aquin

Als herausragende Vertreter der Scholastik ringen Albertus Magnus und Thomas von Aquin ein Leben lang darum, die antike Philosophie, insbesondere Platon und Aristoteles, mit dem Christentum zu verbinden. Die große Frage im 13. Jahrhundert war: Kann man Christ sein und zugleich mit Platon und Aristoteles denken? Sind die christliche Offenbarung und die griechische Philosophie sowie deren arabische Rezeption und Weiterführung miteinander zu vereinbaren? Dabei steht das Ringen um die Unsterblichkeit des individuellen Menschengeistes bei Albertus und Thomas im Mittelpunkt ihres geistigen Strebens. Gibt es eine individuelle Unsterblichkeit? Und somit ein geistiges Weiterexistieren des Menschen nach dem Tode? Das war eine der brennenden Fragen im Hochmittelalter.

Albertus Magnus hat sich in verschiedenen Schriften mit diesen Problemen auseinandergesetzt. In dem von Aristoteles überlieferten Textkorpus blieb letztlich die Frage nach dem individuellen Menschengeist und dessen Unsterblichkeit offen; ein paar «dunkle Stellen» bei Aristoteles hatten dazu geführt, dass die arabischen Philosophen, allen voran *der Kommentator* Averroes (arabisch: Ibn Raschd, 1126–1198 n. Chr., er hatte alle Werke des Aristoteles Satz für Satz kommentiert), die Auffassung vertraten, es gäbe nur *einen* Allgeist in allen denkenden

Menschen, mithin keine einzelne menschliche unsterbliche Geistseele.

In seiner Schrift *De unitate intellectus* – «Über die Einzigkeit des Geistes» – greift Albertus um das Jahr 1263 mit großem geistigem Schwung diese Diskussion auf. Im Vorwort erläutert er Inhalt und Methode seiner Schrift: «Weil bei manchen, die Philosophie lehren, ein Zweifel über die Trennung der Seele vom Körper besteht, und was von ihr bleibt, wenn sie getrennt ist; und wenn zugestanden wird, dass sie dem Intellekt nach bleibt: wie sich der Intellekt, der aus einer Seele bleibt, zu einem Intellekt verhält, der aus einer anderen Seele bleibt – ob er dasselbe wie jener oder von ihm verschieden ist: deshalb ist es für uns notwendig, im Hinblick auf diese Zweifel durch Argumente und Schlussfolgerungen zu sehen, was zu denken und festzuhalten sei. Und deshalb übergehen wir jetzt gänzlich, was unser christliches Gesetz sagt, und nehmen nur das an, was durch philosophische Schlussfolgerungen bewiesen werden kann.»[44]

Überaus sorgfältig und modern, nicht auf die Bibel, sondern auf logische Überlegung gestützt, geht Albertus vor. 30 Argumente der Araber werden zunächst vorgebracht *für* den einen Allgeist, in den alle Denkenden nachtodlich aufgehen; dann folgen 36 Argumente *gegen* diese Ansicht; und schließlich entwickelt er in einem dritten Teil darauf aufbauend seine eigene Sicht und Lösung des Problems. Ein Kunstwerk des Denkens! Und die ganze Art und Weise, wie er vorgeht – nüchtern und energisch, auf natürliche Gegebenheiten bezogen und zugleich geistoffen –, ist auch Ausdruck seiner eigenen ringenden Indi-

44 Albertus Magnus, *De unitate intellectus, Über die Einzigkeit des Intellekts,* Stuttgart-Bad Cannstatt 2022, S. 39. Übersetzung und Kommentar von Wolf-Ulrich Klünker.

vidualität. Was vor allem ins Auge fällt, wenn man die gleichnamige Schrift seines Schülers Thomas von Aquin, *De unitate intellectus,* die ungefähr sieben Jahre später entstanden ist, vergleichend danebenhält und den so anderen Denkstil bei Thomas gewahrt: feuriger, konzentrierter und mehr auf die strenge Auslegung des Aristoteles bezogen.

Beispielhaft sei die Argumentation der arabischen Aristoteliker wiedergegeben, die von einem möglichen und tätigen Geist ausgehen, der alle denkenden Menschen durchdringt: «Und weil diese Leute sagen, ein solcher Intellekt sei in der ganzen Sphäre des Aktiven und Passiven ausgedehnt und er spende in diesen allen die Formen – so sagen sie, dass das Licht dieses Intellekts in den Menschen eintrete, den Intellekt des Menschen hervorbringe; und dieser wird in den intellektiven Formen erlangt, weil die intellektiven Formen in seinem Licht existieren. Und weil dasjenige, das der eine Mensch erlangt, identisch ist mit dem, was ein anderer erlangt, deshalb ist nach Aufhebung dessen, was den einen vom anderen unterscheidet, ein und dasselbe, was von allen bleibt. Sie sagen aber auch, es stehe fest, dass es die Intelligenz oder der Intellekt sei, der die Formen gibt, weil die erste Quelle der Formen der Intellekt sei.»[45]

An einem einfachen Beispiel sei dies verdeutlicht: Wenn die Kinder in der Schule lernen, was ein Dreieck ist, und dass die Winkelsumme desselben in allen Varianten stets 180° beträgt, so kann man sagen, der Geist aller Kinder wird von *dieser* Einsicht geformt. Das gilt aber nun für jeden Denkakt: Der Denkinhalt bestimmt den Denkenden. Doch lässt sich daraus ableiten, dass das Licht des (allgemeinen) Intellekts – die univer-

45 Ebenda, S. 45.

sellen Denkgesetze – den Intellekt des (einzelnen) Menschen hervorbringen?

Die Leserin und der Leser werden vielleicht gewahren, wie hier im 13. Jahrhundert um die Anwesenheit des individuellen Ich in der Tätigkeit des Denkens gerungen wurde. Nun ist es sehr bedeutsam, wo und wie Albertus zu seinem eigenen Ausgangspunkt gelangt. In einfachen Worten könnte man sagen: Albertus geht von der erlebten Erkenntnis aus, dass die denkende Seele ihrer Natur nach *ein* Geist ist. Er geht von der «forma ultima» aus, der letzten oder grund-gebenden Form eines Wesens. Diese konstituiert das konkrete Einzelwesen. «Was aber von der Möglichkeit in die Wirklichkeit überführt wird, wird dem Sein nach in Einzeldinge vervielfältigt, und es ist die letzte Form. Also wird die letzte Form dem Sein nach in Einzeldinge vervielfältigt. Die letzte Form im Menschen aber ist die vernünftige und intellektuelle Seele; also ist die vernünftige und intellektuelle Seele dem Sein nach der Anzahl der Individuen entsprechend vervielfältigt. Was aber dem Sein oder der Anzahl nach vervielfältigt ist, ist der Substanz nach vervielfältigt; also gibt es in der Anzahl und in der Substanz viele vernünftige Seelen, und deshalb bleiben es auch nach dem Tode viele, so dass wir ... voraussetzen, dass die vernünftige Seele unsterblich ist.»[46]

Man könnte diesen Gedanken vielleicht auch folgendermaßen formulieren: Was den Menschen zum Menschen macht, das ist das Denken, also ist das Vermögen und die Tätigkeit des Denkens in jedem einzelnen Menschen beheimatet und individualisiert. Weiter bauend an dieser Grundlage heißt es dann bei Albertus: «Wie das Leben für die Lebendigen das Sein ist

46 Ebenda, S. 89.

und das Empfinden für die Empfindenden das Sein ist, so ist das Erkennen das Sein für die Erkennenden. Was aber für diejenigen, die sind, das Sein ist, wird ihrer Anzahl entsprechend vervielfältigt, denn das Sein ist die Wirklichkeit des Wesens und ein Ausfließen in das, was ist; deshalb wird in der Anzahl dessen gezählt, was ist.»[47]

Und schließlich stellt Albertus fest, «dass allein der Intellekt die Natur des Menschen ist. Deshalb fasst der Intellekt nicht, dass diese der Anzahl nach *eine* Natur in vielen Menschen sein soll. ... Man kann auch nicht sagen, dass der Intellekt dem Akt nach oder durch Einfließen seines Lichts bewirkt, dass der Mensch in der Natur und in der Substanz ein Mensch ist. Denn es ist nichts dem Tätigsein nach der zweite Akt von irgendjemandem, was nicht dem substanziellen Sein nach sein erster Akt ist. – Diese Begründung ist meiner Einschätzung nach so überzeugend, dass nichts darauf erwidert werden kann.»[48] Wieder in einfachen Worten ausgedrückt: Zuerst muss *jemand* da sein, bevor das Licht des Denkens in ihm aufleuchten kann.

Besonders eindrücklich und sprechend ist die 19. Begründung des Albertus für den individuellen unsterblichen Menschengeist, wo er von der Hand als dem «Organ des Intellekts» spricht. Die meisten Menschen heute würden wohl selbstverständlich das Gehirn als Organ des Denkens im Menschen bezeichnen. Ja, die große Mehrheit folgt dem Paradigma «das Gehirn denkt». Nicht so Albertus. Im 13. Jahrhundert war es Ausdruck einer «Spitzenforschung» (Wolf-Ulrich Klünker), die Hand als Organ des Intellekts zu

47 Ebenda.

48 Ebenda, S. 89f.

be-greifen, im wahrsten Sinne des Wortes: «Was ein eigenes Organ im Körper besitzt, ist mit der Seele verbunden und hat kein von ihr getrenntes Sein. Der Intellekt besitzt aber ein Organ im Körper ... die Hand ist das Organ des Intellekts. Deshalb hat der Intellekt kein von der Seele getrenntes Sein. Obgleich nämlich die Hand das Organ des Intellekts und deshalb das Organ der Organe und die Spezies anderer Organe ist, ist der Intellekt dennoch keine organische Kraft, weil er nichts von der Hand aufnimmt, sondern eher die Hand bewegt, indem er ihr die Spezies der Kunst mitteilt, die sie draußen in der Materie hervorbringt. Daraus wird deutlich, dass der Intellekt kein von der Seele getrenntes Sein besitzt; und so folgt wiederum, dass er in der Anzahl der Menschen gezählt wird, und dass er nicht dasselbe Einzige sein kann, was von allen Menschen bleibt.»[49]

Hier wird das Denken über das Ich tatsächlich hand-greiflich. Durch unsere Hände prägen wir unseren Geist der Materie ein, sei es durch schreiben, plastizieren, malen, musizieren, aber auch durch kochen oder einen Garten umgraben. Die menschliche Individualität erscheint in dem, was sie tut. Und das zentrale Organ des menschlichen Handelns ist die Hand. Ja, das Wort *Hand-eln* trägt die Hand weisheitsvoll in sich. Und so wie die Handlinien bei jedem Menschen einzigartig sind, so kann auch sein Handeln immer mehr Ausdruck seiner sich entfaltenden Individualität werden. Die Hand gibt uns gleichsam das Handwerks-zeug zur Ichwerdung an die Hand ...

Thomas von Aquin erscheint in seinem Werk *De unitate intellectus* aus dem Jahre 1270 ganz an das Denken des Aristoteles hingegeben. In vielen kleinen Schritten widerlegt er die Auffas-

49 Ebenda, S. 107.

sungen des Averroes durch Zitate aus den Schriften des Aristoteles. Er rückt *den Kommentator* Averroes mithilfe *des Philosophen* Aristoteles energisch zu recht. Albertus Magnus denkt in seiner Schrift sieben Jahre zuvor mehr von der Sachlage her, unabhängig von einzelnen Autoritäten; Thomas stützt alles auf die rechte Auslegung des Aristoteles. So ergänzen sich Albertus und Thomas kongenial dem Thema gemäß: Albertus mehr den universellen Gedanken hingegeben, um die Einzigkeit der menschlichen Individualität zu erweisen; und Thomas ganz der Geistgestalt des Aristoteles hingegeben, einer bestimmten Individualität, dies aber mit den Mitteln klarster und universeller Gedankenbildung und Argumentation.

Thomas schreibt in der «Vorrede»: «Averroes bemüht sich zu erweisen, dass der Geist, den Aristoteles als ‹möglichen› Geist, er selbst aber mit dem unpassenden Namen ‹materieller› Geist bezeichnet, eine im Hinblick auf das Sein vom Leib geschiedene Wesenheit sei und auf keine Weise mit dem Leib als dessen Form vereinigt werde. Darüber hinaus behauptet Averrores, dass dieser mögliche Geist Einer für alle Menschen sei.»[50]

Zwei «Irrlehren» werden hier benannt: Der mögliche Geist existiere getrennt vom Menschen und er sei *einer* in allen Menschen. Als Auffassung des Aristoteles arbeitet Thomas sodann gründlich heraus: «Aristoteles hat also festgestellt, dass die Seele durch das Lebendige, das sinnlich Wahrnehmende, das Geistige und durch die Bewegung bestimmt ist; anschließend möchte er nachweisen, dass die Seele im Hinblick auf alle diese

50 Thomas von Aquin, *Über die Einheit des Geistes – De unitate intellectus,* Stuttgart 1987, S. 21. Übersetzung und Kommentar Wolf-Ulrich Klünker.

Teile nicht wie der Seemann mit dem Schiff mit dem Leib verbunden wird, sondern als Form.»[51]

Vier Bereiche oder Glieder der Seele werden hier unterschieden: die lebendige Seele, die sinnlich wahrnehmende Seele, die bewegende Seele und die denkende Geistseele. Nach Aristoteles ist jedoch die *ganze* Seele Form des Leibes, das heißt Gestaltendes und Wirkendes im Leib. Und diese Seele spaziert nicht einfach im Leibe umher wie ein Seemann auf einem Schiff, sondern die Seele ist wirkende Kraft *im* Leib, durch die dieser beispielsweise wächst. «Aristoteles vertritt demnach die Ansicht, dass der Geist ein Vermögen der Seele ist, die wiederum die Wirklichkeit des Leibes ist.»[52]

Diese zentrale Aussage ist ein Grundpfeiler für das ganze Werk des Thomas, auf sie kommt er immer wieder zurück. Das Folgende könnte als Widerspruch zu Albertus und seinen Ausführungen über die Hand als «Organ des Intellekts» verstanden werden, tiefer besehen ergänzen sich die beiden Aussagen jedoch. Bei Thomas heißt es nämlich: «Der Geist ist etwas der Seele Angehörendes, die wiederum die Wirklichkeit des Leibes ist – jedoch in der Weise, dass der Geist der Seele nicht irgendein leibliches Organ besitzt, wie es die übrigen Kräfte der Seele besitzen.»[53]

Zum Verständnis machen wir uns Folgendes klar: Wenn ich einen Baum erblicke, so ist mein Auge das Organ dieser Wahrnehmung, wenn ich ein Musikstück höre, ist mein Ohr Organ dieser Wahrnehmung, wenn ich einen Kuchen esse, so sind meine Geschmacksnerven Organ dieser Wahrnehmung –

51 Ebenda, S. 28.

52 Ebenda, S. 30.

53 Ebenda, S. 38.

wenn ich denke, so gibt es dem Selbstverständnis von Aristoteles und Thomas nach kein zugrunde liegendes sinnliches Organ der Denk-Wahrnehmung, das Wahrnehmende ist hier die *Denktätigkeit als Organ,* oder der sich in der Seele realisierende mögliche Geist des Menschen. Wenn Albertus von der Hand als Organ des Intellekts spricht, so meint er natürlich nicht, dass die Hand denkt, so wie das Auge sieht. Vielmehr blickt er darauf, *dass* und *wie* durch die Hand der Geist des Menschen sich in der Welt *handelnd* verwirklicht. *Insofern* ist die Hand ihm Ausdruck der jeweiligen besonderen Menschenindividualität. Thomas arbeitet plastisch heraus, dass die menschliche Seele leibzugewandte Kräfte und Vermögen hat und ebenso leibunabhängige Kräfte und Vermögen – dass es sich aber um *eine* Seele handelt, eine seelische Ganzheit, die im Leib ihre Individuation darlebt.

«Der Geist ist nämlich vom Leib getrennt, insofern er keine Tätigkeit eines Organs ist, jedoch nicht getrennt, insofern er ein Teil oder ein Vermögen der Seele ist, die ihrerseits die Wirklichkeit des Leibes ist.»[54] Es sei an dieser Stelle auf einen noch zu entdeckenden geistesgeschichtlichen Wirk-Zusammenhang aufmerksam gemacht: Im historischen Kontext handelt es sich bei *De unitate intellectus* um eine argumentative, ja scharfe Widerlegung der Lehrmeinungen des Averroes. Die geistige Energie, mit der Thomas diese Auseinandersetzung führt, kann aus heutiger Sicht zu der Frage führen: Kann es sein, dass Thomas nicht «nur» eine logische Operation durchführt, um den Kommentator zu widerlegen, sondern dass es sich vielmehr auf einer anderen Ebene um einen *realen* Kampf handelt, bei dem es darum ging, die Anschauung geistiger Individualität

54 Ebenda, S. 47.

in der menschlichen Seele für die europäische Menschheit zu erringen? Das würde heißen, dass wir hier in die Werkstatt des werdenden Ich blicken, und dass es auf dem langen Weg des Ich von der Philosophie zur Anthroposophie immer wieder «offene Stellen» gab, um nicht zusagen Abgründe, an denen einzelne Menschen neue Ich-Wirklichkeit be- und erzeugt haben. Wie eine geistige Fanfare tönt daher das Wort des Thomas, das er dem Averroes entgegenschleudert: «Denn es ist offenkundig, dass dieser einzelne Mensch denkt.»[55]

Das ist nicht nur ein logisches Argument, es ist vom Feuer des Willens durchglühtes Ich-Erleben. Ein wichtiger Zeuge und Helfer ist für Thomas von Aquin in diesem Zusammenhang Themistios (etwa 317–388 n. Chr.) und dessen Schriften über Aristoteles. Dieser nichtchristliche Philosoph, der in Konstantinopel lehrte und wirkte, hat wohl als einer der ersten Denker überhaupt einen klaren Ich-Begriff ausformuliert: «Das Ich ist aus Möglichkeit und Wirklichkeit zusammengesetzter Geist, während das Sein für mich aus dem besteht, was in Wirklichkeit ist.»[56]

Hier unterscheidet im 4. nachchristlichen Jahrhundert ein Menschengeist – vielleicht erstmalig – das «Ich-Sein» von dem «Sein für mich», das heißt die komplexe Ich-Wirklichkeit von dem im Selbstbewusstsein Erfassten. Ich-Sein umfasst mehr und anderes als das Ich-Bewusstsein, das «Sein für mich». In diesem Sinne kann Themistios deutlich artikulieren, dass wir weder bloßer Geist in der Möglichkeit noch reiner Geist in der

55 Ebenda, S. 60. «Manifestum est enim quod hic homo singularis intelligit.»

56 Thomas von Aquin, *Über die Einheit des Geistes – De unitate intellectus,* Stuttgart 1987, S. 54.

Wirklichkeit sind, sondern das Ich eben ein aus beiden zusammengesetzter Geist ist. Das macht seine Veranlagung zur Freiheit aus. Voller Anerkennung knüpft Thomas von Aquin hier an einen Denker an, der neun Jahrhunderte vor ihm Aristoteles weiterführte und gewissermaßen Averroes widerlegte, bevor es einen Averroes gab!

Fichte, Schelling und Hegel

Das große Dreigestirn des Deutschen Idealismus – Fichte, Schelling und Hegel – führte das Ich-bin-Erleben und die Ich-Erkenntnis im 18. und 19. Jahrhundert zur vollen Blüte. Johann Gottlieb Fichte (1762–1814) macht den Anfang; er bahnt den Weg, aus den Verstrickungen des Kant'schen Zeitalters, zu neuen Ufern des Denkens. Fichte ist die Willensnatur unter diesen drei Denkern. In immer neuen Anlaufen entwirft er eine «Wissenschaftslehre», in der das sich selbst ergreifende und im Ergreifen erkennende Ich im Zentrum steht. Auf das Sich-selber-Setzen des Ich begründet Fichte sein ganzes Philosophieren. Diese «Tathandlung» des Ich wird ihm der ursprünglichste Ausgangspunkt des Erkennens. Dabei fordert er seine Leser immer wieder auf, einen wirklichen Prozess der Selbsterkenntnis zu vollziehen und im Vollziehen zu beobachten.

So heißt es im *Versuch einer neuen Darstellung der Wissenschaftslehre* von 1797/98: «Denke dich, konstruiere den Begriff deiner selbst; und bemerke, wie du das machst.»[57] Dieses

57 Johann Gottlieb Fichte, *Versuch einer neuen Darstellung der Wissenschaftslehre (1797/98)*, Hamburg 1984, S. 38.

Fichte'sche Denken fordert zur Aktivität auf; wir sollen etwas tun, und zwar in einem methodischen Zweischritt: Zuerst den Begriff des eigenen Selbst konstruieren *und sodann* bemerken, *wie* wir das machen. «Jeder, der dies nur tue, behauptet der Philosoph, werde finden, dass im Denken jenes Begriffs seine Tätigkeit, als Intelligenz, in sich selbst zurückgehe, sich selbst zu ihrem Gegenstande mache.»[58]

Für Fichte ist das Denken essenziell ein Tun, und zugleich führt ihn dieses denkende Tun zu einer inneren beziehungsweise intellektuellen Anschauung. Anders gesagt: Der *Philosoph* tut etwas in dem beschriebenen Akt und er begegnet dabei unmittelbar seinem «Gegenstand», dem *beobachteten Ich*. Handelndes Ich und wahrgenommenes Ich gehen ineinander, verschmelzen miteinander, ja sind ein und dasselbe. Nun wirft Fichte die gewichtige Frage auf, ob dieses Ich vor und unabhängig von diesem Akt schon da sei, für sich sei?

Die überraschende und für das gewöhnliche Bewusstsein schwer verdaubare Antwort lautet: «Erst durch diesen Akt und lediglich durch ihn, durch ein Handeln auf ein Handeln selbst, welchem bestimmten Handeln kein Handeln überhaupt vorhergeht, wird das Ich *ursprünglich* für sich selbst.»[59] Es ist gleichsam eine Schöpfung aus dem Nichts, von der hier die Rede ist. Nur durch diesen Akt existiert das Ich als Ich.

In diesem Handeln gewahrt der Mensch seine Freiheit. Denn nur aus Freiheit kommt dieser Ich-Akt überhaupt zustande. «Jenes sich selbst konstruierende Ich, ist kein anderes als sein eigenes. Er kann den angegebenen Akt des Ich nur in

58 Ebenda.

59 Ebenda, S. 39.

sich selbst anschauen, und um ihn anschauen zu können, muss er ihn vollziehen. Er bringt ihn willkürlich und mit Freiheit in sich hervor.»[60]

Das Studium von Fichtes Schriften macht erlebbar, wie ihm die Ich-Erkenntnis nicht nur der unverrückbare Ausgangspunkt allen Erkennens ist, sondern ein geradezu moralisches Anliegen, das er dem Leser näherbringen will. «Jeder wird hoffentlich *sich selbst* denken können. Er wird hoffentlich inne werden, dass, indem er zu diesem Denken aufgefordert wird, er zu etwas von seiner Selbsttätigkeit Abhängigem, zu einem *inneren Handeln* aufgefordert werde, und, wenn er das Geforderte vollbringt, wirklich durch Selbsttätigkeit sich affiziere, also *handle.*»[61]

Das *Ich* und das *in sich zurückkehrende Handeln* werden für Fichte zu völlig identischen Begriffen. Das erinnert ein wenig an die nordische Mythologie der *Edda,* wo uns die Gestalt des Thor mit seinem Hammer Miöllnir begegnet. Thor ist der stärkste der Asen-Götter, und sein Hammer hat die besondere Eigenschaft, dass er wie ein Bumerang stets zu seinem Ausgangspunkt zurückkommt. Der Hammer des Thor ist ein solches in sich zurückkehrendes Handeln, allerdings im mythologischen Bild, während das Ganze bei Fichte zur «intellektuellen Anschauung» wird. «Dieses dem Philosophen angemutete Anschauen seiner selbst im Vollziehen des Aktes, wodurch ihm das Ich entsteht, nenne ich *intellektuelle Anschauung.* Sie ist das unmittelbare Bewusstsein; dass ich handle, und was ich handle: sie ist das, wodurch ich etwas weiß, weil ich es tue.»[62]

60 Ebenda, S. 40.

61 Ebenda, S. 42.

62 Ebenda, S. 43.

Fichte hat ein wesentliches Moment der Ich-Erkenntnis erfasst und gleichsam für die Menschheit erobert und bezeugt. Er ist mit seiner feurigen Willenskraft der Denker des Ich geworden. Er ist der Thor unter den großen Philosophen; zugleich *das* Tor zur Ich-Erkenntnis. Ein Leben lang tut er das, was schon sein Name uns sagt: f-ich-ten. In immer neuen Varianten beschreibt er diesen Ur-Akt des Ich, die Tathandlung. Und zugleich fordert er uns auf, dies auch zu tun: F-ich-te. Sein Name kann als epistemologischer Imperativ gehört und verstanden werden. Nur droht da auch ein Abgrund, das Sich-Verstricken in einer Illusion. Vor lauter Begeisterung für das Sich-selber-Setzen des Ich kann man die Welt der Sinne, die Welt der Erfahrungen, die Welt der anderen Wesen und deren Taten aus dem Blick verlieren. Ja, es kann die Anschauung, der Schein entstehen, als ob all das nur Ausdruck meines Wesens sei, gleichsam ein von meinem Ich hervorgebrachter Welten-Traum. Fichte ist dieser Versuchung im Laufe seines Lebens zunehmend erlegen. In seiner Schrift *Die Bestimmung des Menschen* aus dem Jahre 1800 wird uns ein Erkenntnisdrama vorgeführt, in dem das Ich sich so übersteigert, dass es den Weltbezug verliert: «Du siehst sonach ein, dass alles Wissen lediglich ein Wissen von dir selbst ist, dass dein Bewusstsein nie über dich selbst hinausgeht, und dass dasjenige, was du für ein Bewusstsein des Gegenstandes hältst, nichts ist als ein Bewusstsein deines *Setzens eines Gegenstandes,* welches du nach einem inneren Gesetze deines Denkens mit der Empfindung zugleich notwendig vollziehst?»[63]

Das Sich-selber-Setzen des Ich wird Fichte zum Setzen der

63 Johann Gottlieb Fichte, *Die Bestimmung des Menschen,* Leipzig 1976, S. 57.

Gegenstände der Welt; das zu sich erwachte Ich spinnt sich dadurch zunehmend ganz in sich selbst ein und verliert die Welt und den Weltzugang. Geradezu mystisch heißt es bei Fichte: «Du selbst bist dieses Ding; du selbst bist durch den innersten Grund deines Wesens, deine Endlichkeit, vor dich selbst hingestellt und aus dir selbst herausgeworfen; und alles, was du außer dir erblickst, bist immer du selbst.»[64] Am Ende des zweiten Buchs der *Bestimmung des Menschen* kulminiert dieser ganze Vorgang in den Worten: «Alle Realität verwandelt sich in einen wunderbaren Traum, ohne ein Leben, von welchem geträumt wird, und ohne einen Geist, dem da träumt; in einen Traum, der in einem Traume von sich selbst zusammenhängt. Das *Anschauen* ist der Traum; das *Denken* – die Quelle alles Seins und aller Realität, die ich mir einbilde, *meines* Seins, meiner Kraft, meiner Zwecke – ist der Traum von jenem Traume.»[65]

In der Götterdämmerung der *Edda* unterliegt der Asen-Gott Thor der Midgardschlange; diese speit im Sterben so viel Gift aus, dass Thor daran zugrunde geht. In der Bewusstseinsdämmerung der Neuzeit unterliegt der Ich-Philosoph Fichte zuletzt der Verführung, alles, die ganze Welt, als vom Ich hervorgebrachten Traum anzusehen, zu erträumen, auch dieses Ich selbst![66]

64 Ebenda, S. 63f.

65 Ebenda, S. 79.

66 Rudolf Steiner sagte am 16. Juni 1910 in Oslo: «Die Ideenwelt Hegels ist der letzte sublimierteste Ausdruck der Bewusstseinsseele und enthält in reinen Begriffen das, was der nordische Mensch noch als sinnlich-übersinnliche, göttlich-geistige Mächte gesehen hat in Verbindung mit dem Ich. Und als bei Fichte das Ich zum Ausdruck kam, da war es nichts anderes als der Niederschlag

Seine beiden Weggenossen im Geiste – im Kampf um das Menschen-Ich –, Schelling und Hegel, haben das tief mitempfunden und erkannt, und die Notwendigkeit ergriffen, diese Einseitigkeit zu korrigieren. Wenden wir uns daher nun Friedrich Wilhelm Joseph Schelling (1775–1854) zu und einigen Aspekten, die er zu dem sich selbst setzenden und erkennenden Ich des Menschen weiter ausgestaltet hat.

In einem fragmentarischen Text, der erst 1913 bei einer Auktion auftauchte, die Handschrift Hegels trägt, und 1917 von Franz Rosenzweig unter dem Titel *Das älteste Systemprogramm des deutschen Idealismus* veröffentlicht wurde, heißt es: «Die erste Idee ist natürlich die Vorstellung von mir selbst als einem absolut freien Wesen. Mit dem freien, selbstbewussten Wesen tritt zugleich eine ganze *Welt* – aus dem Nichts hervor – die einzig wahre und gedenkbare *Schöpfung aus Nichts.*»[67]

Die Fachwelt geht davon aus, dass dieser Text gemeinsam von Hölderlin, Schelling und Hegel verfasst wurde, etwa in den Jahren 1795 oder 1796. Mit genialischem Schwung wird hier das Lied des freien Menschen angestimmt. Dass auch Schelling in jungen Jahren dem Extrem des absoluten Ich zuneigte, darin Fichte verwandt, mag sein – «alles was ist, ist im Ich und außer

dessen, was der Gott Thor der menschlichen Seele gegeben hat, von Fichte nur gesehen aus der Bewusstseinsseele, in dem scheinbar ärmsten Gedanken, dem Gedanken ‹Ich bin›, von dem die fichtesche Philosophie ausgeht. Eine gerade Entwickelungslinie geht von der Begabung des alten nordischen Volkes mit dem Ich ausströmend durch den Gott Thor oder Donar aus der Geistwelt bis in diese Philosophie.» Aus: *Die Mission einzelner Volksseelen im Zusammenhang mit der germanisch-nordischen Mythologie,* GA 121, Dornach 2017, S. 186.

67 Zitiert nach Rüdiger Safranski, *Hölderlin,* München 2019, S. 135f.

dem Ich ist nichts»[68] –, aber in seiner ausgereifteren Schrift *Über das Wesen der menschlichen Freiheit* von 1809 findet er den rettenden Gegen- und Ausgleichsgedanken zu Fichte, wenn er schreibt: «… dass nicht allein die Ichheit alles, sondern umgekehrt alles Ichheit sei.»[69] Hiermit ist der Wendepunkt gefunden: Allen Wesen kommt die Ichheit zu.

So wie wir im sich selber erkennenden Ich den Urquell aller Weltbetrachtung finden können, ja den universellen Punkt des Erkennens und damit eine Schöpfung aus dem Nichts, so kann man auch gewahren, wie alles in der Welt «Ichheit sei», das heißt alle Wesen – Steine, Pflanzen und Tiere – eine Ich-Orientierung aufweisen, letztlich aus einer Ichheit entspringen. Damit weist Schelling auf die Brücke zwischen Ich und All (Welt) und festigt auch unseren Grundgedanken, der dieser Schrift zugrunde liegt: «Das Ich war von Anfang an dabei.»

Aus diesem Ich quillt die Freiheit hervor. Schelling schreibt, die Bestimmung des Menschen verkündend: «Nur wer Freiheit gekostet hat, kann das Verlangen empfinden, ihr alles analog zu machen, sie über das ganze Universum zu verbreiten.»[70] Im *Analogen* lebt der Logos, das Wort. Denn durch es sind alle Dinge geworden, wie es im Prolog des Johannes heißt. Dem Erlebnis der Freiheit entspringt das tiefe Verlangen – so Schelling –, die Früchte der Freiheit, wir können vielleicht sagen, die Befähigung zur Freiheit in die ganze Schöpfung hineinzutragen. Mit großem geistigem Schwung denkt Schelling

68 So Schelling in seiner *Ich-Schrift,* zitiert nach Klaus Vieweg, *Hegel. Der Philosoph der Freiheit,* München 2019, S. 127.

69 Friedrich Wilhelm Joseph Schelling, *Über das Wesen der menschlichen Freiheit,* Hamburg 1997, S. 24.

70 Ebenda.

über den Menschen in seinem Verhältnis zu seinem Schöpfer, Menschen-Ich und Schöpfer-Gott erscheinen existenziell aufeinander bezogen. Das in einer Ureinheit webende Göttliche braucht den freien Menschen, um sich wirklich offenbaren zu können.

«Denn jedes Wesen kann nur in seinem Gegenteil offenbar werden, Liebe nur in Hass, Einheit in Streit. Wäre keine Zertrennung der Prinzipien, so könnte die Einheit ihre Allmacht nicht erweisen; wäre nicht Zwietracht, so könnte die Liebe nicht wirklich werden. Der Mensch ist auf jenen Gipfel gestellt, wo er die Selbstbewegungsquelle zum Guten und Bösen gleicherweise in sich hat: das Band der Prinzipien in ihm ist kein notwendiges, sondern ein freies. Er steht am Scheidepunkt; was er auch wähle, es wird seine Tat sein: aber er kann nicht in der Unentschiedenheit bleiben, weil Gott notwendig sich offenbaren muss, und weil in der Schöpfung überhaupt nichts Zweideutiges bleiben kann.»[71]

Indem die Freiheit im Menschen-Ich persönlich und praktisch wird, Person und Schicksal wird, als realer Vollzug konkreter Einzelwesen erscheint – kommt notwendigerweise auch die Möglichkeit zum Bösen in Wirksamkeit, in Varianten menschlichen Tuns, situativ und durchaus tragisch. «Allein wir haben ein für allemal bewiesen, dass das Böse, als solches, nur in der Kreatur entspringen könne, indem nur in dieser Licht und Finsternis oder die beiden Prinzipien auf zertrennliche Weise vereinigt sein können. Das anfängliche Grundwesen kann nie an sich böse sein, da in ihm keine Zweiheit der Prinzipien ist.»[72]

71 Ebenda, S. 45f.

72 Ebenda, S. 46f.

In dem tragischen Schicksalsgang der Ich-Werdung, *auch* Ursprungsort des Bösen in der Evolution zu sein, kommt ein weltgeschichtlicher Moment, in dem nur durch die Menschwerdung Gottes die Wende, die Heilung und Rettung bewirkt werden kann. Tief berührend ist es, wie Schelling hier das Wesen des Jesus Christus – der das Licht der Welt ist – erfasst und beschreibt. Dieses «Licht des Geistes» inkarniert in einem Menschen. Das Wort ward Fleisch: «... und zwar erscheint es, um dem persönlichen und geistigen Bösen entgegenzutreten, ebenfalls in persönlicher, menschlicher Gestalt und als Mittler, um den Rapport der Schöpfung mit Gott auf der höchsten Stufe wieder herzustellen. Denn nur Persönliches kann Persönliches heilen, und Gott muss Mensch werden, damit der Mensch wieder zu Gott komme.»[73]

Hier geht unser Versuch einer Ichologie organisch über in eine Christologie, was auch gar nicht anders sein kann, wenn man, wie wir es hier tun, den Christus als das «Ich der Iche» auffasst.

Georg Wilhelm Friedrich Hegel (1770–1831) hat das Wesen des Gedankens, die Idee, im dialektischen Fortschreiten seines Denkens auf die höchste Höhe gehoben, gleichsam zum Absoluten (zurück-) gebracht. Er ist der «größte Philosoph der Welt», wie Rudolf Steiner einmal voller Anerkennung sagt.[74] Zum 250. Geburtstag von Hegel im Jahre 2020 erschien das großartige Buch *Hegel. Der Philosoph der Freiheit* von Klaus Vieweg. Der Untertitel zeigt eine bedeutsame Richtung an. Hegel wird in seinem Denken und Forschen als Philosoph der

73 Ebenda, S. 52.

74 Siehe Rudolf Steiner, *Philosophie und Anthroposophie,* GA 35, Dornach 1984, S. 95.

Freiheit verstanden und dargestellt. Bei Hegel tritt uns das intensivste Streben, im reinen Denken das ganze Weltgeschehen zu erfassen, entgegen. Dadurch wird ein Erkennen in Freiheit möglich; denn das Ich muss die freie Kraft entwickeln, sich im Fortgang des Begriffs selbsttätig denkend zu halten.

Hegel sucht eine Antwort auf die Frage: «Womit muss der Anfang der Wissenschaft gemacht werden?»[75] In der 1807 erschienenen *Phänomenologie des Geistes* – Klaus Vieweg nennt sie auch den «Lebenslauf der Sophia»[76] – wird ein solcher Gang zu den Quellen allen Wissens freigelegt. In der «Vorrede» schreibt Hegel: «Das Wahre ist das Ganze. Das Ganze aber ist nur das durch seine Entwicklung sich vollendende Wesen. Es ist von dem Absoluten zu sagen, dass es wesentlich Resultat, dass es erst am Ende das ist, was es in Wahrheit ist; und hierin eben besteht seine Natur, Wirkliches, Subjekt, oder sich selbst Werden, zu sein.»[77]

Dieser große und weite Gedanke bringt es mit sich, dass das Wahre oder Absolute nicht in einem Satz, nicht mit einer Sichtweise oder gar durch eine Definition erfasst werden kann. Hegel blickt auf das (göttliche) Wesen stets in seinem *sich selbst Werden.* Das einzelne Resultat des Erkennens ist nicht «das wirkliche Ganze, sondern es zusammen mit seinem Werden.»[78]

Diese Erkenntnishaltung wollen wir, gemeinsam mit Hegel, auf das menschliche Ich wenden. Methodisch lässt sich dann

75 Siehe Klaus Vieweg, *Hegel. Der Philosoph der Freiheit,* München 2019, S. 253.

76 Ebenda, S. 53.

77 Georg Wilhelm Friedrich Hegel, *Die Phänomenologie des Geistes,* Hamburg 1988, S. 15.

78 Ebenda, S. 5.

schon jetzt sagen, dass alle Aussagen in dem vorliegenden Buch über das Ich in ihrem Werden, in ihrem Zusammenhang aufgefasst werden müssen, und dass Einzelaussagen, die sich zum Teil widersprechen mögen, stets solange weiterbewegt werden müssen, bis ein Ganzes in seinem Sich-selbst-Werden im Erkennen aufleuchtet. Ein solches Aufleuchten kann aber nur als eine freie Tat von erkennenden Individuen sich ereignen. Und hier berühren sich auf geheimnisvolle Weise Freiheit und Wahrheit, ebenso Freiheit und Notwendigkeit. Hegel spricht auch vom «immanenten Rhythmus der Begriffe»: «Sich des eignen Einfallens in den immanenten Rhythmus der Begriffe entschlagen, in ihn nicht durch die Willkür und sonst erworbene Weisheit eingreifen, diese Enthaltsamkeit ist selbst ein wesentliches Moment der Aufmerksamkeit auf den Begriff.»[79]

Im freien Selbstbewusstsein kulminiert die Gewissheit meiner selbst. Bei Hegel heißt es: «Ich, das der Gegenstand seines Begriffs ist, ist in der Tat nicht Gegenstand.»[80] Dies tönt paradox, bringt aber treffend zum Ausdruck, was wir schon im zweiten Kapitel herausarbeiteten: Das Ich ist kein Gegenstand, es ist reiner Wille, der sich selbst erfasst. Damit ist ein Wendepunkt in der *Phänomenologie des Geistes* erreicht. «Das Bewusstsein hat erst in dem Selbstbewusstsein, als dem Begriffe des Geistes, seinen Wendungspunkt, auf dem es aus dem farbigten Scheine des sinnlichen Diesseits, und aus der leeren Nacht des übersinnlichen Jenseits in den geistigen Tag der Gegenwart einschreitet.»[81]

Hegel findet die Freiheit des Selbstbewusstseins im reinen

79 Ebenda, S. 44.

80 Ebenda, S. 127.

81 Ebenda.

Denken; ein Denken, welches sich nicht in Vorstellungen bewegt – also in etwas, das sich *vor* das Bewusstsein hinstellt, wie ein innerer Film etwa –, sondern ein Denken, in dem sich das Ich dem Begriff anverwandelt, wodurch der Begriff mir *unmittelbar* mein Begriff wird. Hegel schreibt im vierten Kapitel der *Phänomenologie des Geistes* unter dem Titel «Die Wahrheit der Gewissheit seiner selbst»: «Denn nicht als abstraktes Ich, sondern als Ich, welches zugleich die Bedeutung des Ansichseins hat, sich Gegenstand sein, oder zum gegenständlichen Wesen sich so verhalten, dass es die Bedeutung des Fürsichseins des Bewusstseins hat, für welches es ist, heißt denken. – Dem Denken bewegt sich der Gegenstand nicht in Vorstellungen, oder Gestalten, sondern in Begriffen, das heißt in einem unterschiednen Ansichsein, welches unmittelbar für das Bewusstsein kein unterschiednes von ihm ist. Das Vorgestellte, Gestaltete, Seiende, als solches, hat die Form, etwas anderes zu sein, als das Bewusstsein; ein Begriff aber ist zugleich ein Seiendes, – und dieser Unterschied, insofern er an ihm selbst ist, ist sein bestimmter Inhalt, – aber darin, dass dieser Inhalt ein begriffener zugleich ist, bleibt es sich seiner Einheit mit diesem bestimmten und unterschiedenen Seienden unmittelbar bewusst; nicht wie bei der Vorstellung, worin es erst noch besonders sich zu erinnern hat, dass dies seine Vorstellung sei; sondern der Begriff ist mir unmittelbar mein Begriff. Im Denken bin Ich frei, weil ich nicht in einem Anderen bin, sondern schlechthin bei mir selbst bleibe, und der Gegenstand, der mir das Wesen ist, in ungetrennter Einheit mein Fürmichsein ist; und meine Bewegung in Begriffen ist eine Bewegung in mir selbst.»[82]

82 Ebenda, S. 137.

Dieses längere Zitat möge veranschaulichen, *wie* Hegel denkt: in kleinen, wohl gesetzten, ausgefeilten Schritten, dabei im Denken beobachtend und die Beobachtungen beschreibend mitteilend. Man kann aus diesem Hegel'schen Denkfluss im Grunde nicht einzelne Schollen Eis herausbrechen; man muss ganz eintauchen und mitschwimmen. Hegels Denken schreitet beständig dialektisch vorwärts, das heißt Widersprüche entfaltend *und* vermittelnd. Er folgt dabei der Bewegung des dreifachen Aufhebens: Aufheben im Sinne von *negieren* (einzelne Schritte zur Wahrheit lasse ich im Weiterschreiten hinter mir); aufheben im Sinne von *bewahren* (alles ist im Ganzen der Wahrheit bewahrt, eben aufgehoben); und aufheben im Sinne von *emporheben* – die Erkenntnisbewegung entwickelt sich immer weiter, sie führt «nach oben», zu «Gewissheit und Wahrheit der Vernunft» (5. Kapitel der *Phänomenologie*), zu «Der Geist» (6. Kapitel), «Die Religion» (7. Kapitel) und schließlich zu «Das absolute Wissen» (8. Kapitel).

Die *Größe* des Hegel'schen Denkens liegt darin, dass alle Momente des Weltenwerdens in ihm aufgehoben sind, somit auch das reine Ich; der sich selbst wissende Geist; die Individualität des Menschen. Die *Gefahr* seines Denkens sehen wir darin, dass das menschliche Ich in der Selbstbewegung des Geistes zu *einem* Moment unter vielen anderen herabsinkt, oder etwas schärfer formuliert, dass das logische Systemdenken die freie Individualitätsentwicklung des Menschen überwältigt. –

Wieder in Anlehnung an die Götterdämmerung der *Edda* wollen wir die Frage stellen: Kann es sein, dass der Asen-Gott Odin, der Allvater, vom Fenriswolf deshalb verschlungen werden konnte, weil das «System der Vernichtung», das heißt die unendliche, alles umfassende Gier des Fenriswolfes, Zugriff hatte auf den höchsten der Asen-Götter? Da dieser im Innersten selbst angreifbar war für das gierig Umfassende, weil er selber umfassend und total sein wollte …? Hat Hegel den freien, schöpferischen und liebenden Menschen dem alles umfassenden Systemdenken geopfert, weil er Wahrheit wollte, mehr als Ich-Entwicklung? Wer wäre dann sein rettender Widar?

Wie dem auch sei, umso schöner und auch wahrer ist es, dass einer der bedeutendsten Hegel-Kenner der Gegenwart, Klaus Vieweg, das Motiv der Freiheit bei Hegel so stark betont und überzeugend herausgearbeitet hat. Sein großes Hegelbuch endet mit dem letzten überlieferten Satz von Hegel, den wir als Brücke und Übergang zu Rudolf Steiner verstehen wollen: «Freyheit ist das Innerste, und aus ihr ist es, daß der ganze Bau der geistigen Welt hervorsteigt.»[83]

In Schellings *Die Weltalter* von 1811 findet sich am Ende der Einleitung eine Bemerkung, die aufhorchen lässt. Bei diesem, seinem großartigen Versuch einer Weltgeschichte, die Vergangenheit, Gegenwart und Zukunft umfassen sollte, ist er sich seiner eigenen Erkenntnisgrenzen wohl bewusst. Wie ein lichter Baldur weist er auf ein Zukünftiges, auf einen Zukünftigen: «Noch ist des Untersuchens Ziel nicht erreicht; noch muss, wie die Rebe von Rhythmus, Wissenschaft von Dialektik getragen und begleitet werden. Nicht Erzähler können wir seyn, nur Forscher, abwägend das Für und das Wider jeglicher Rechnung, bis die rechte feststeht, unzweifelhaft, für immer gewurzelt.»[84] Schelling weist jedoch – wie prophetisch – auf einen hin, der da kommen wird. Jemand, der vom Geistigen erzählen wird. «Vielleicht kommt der noch, der das größte

83 Klaus Vieweg, *Hegel. Der Philosoph der Freiheit,* S. 672.

84 Friedrich Wilhelm Joseph Schelling, *Die Weltalter, Fragmente, in den Urfassungen von 1811 und 1813,* München 1946, S. 9.

Heldengedicht singt, im Geist umfassend, wie von Sehern der Vorzeit gerühmt wird, was war, was ist und was seyn wird.»[85] – Diese Worte kann man, dem Gang der Geistesgeschichte folgend, im Grunde nur auf Rudolf Steiner beziehen. In der Geistesforschung Rudolf Steiners wird dasjenige Erreichnis, was Schelling und Hegel und Fichte erstrebten. Wenden wir uns daher nun dem Ich in der Erkenntnisentwicklung Rudolf Steiners zu.

Das Ich in der Erkenntnisentwicklung Rudolf Steiners

Im Alter von 18 Jahren – im Jahre 1879 – setzte sich Rudolf Steiner intensiv mit Johann Gottlieb Fichte auseinander. Es entstand ein fragmentarisch überliefertes Manuskript, das erstmals 1970 veröffentlicht wurde: der frühest erhaltene Text von Rudolf Steiner. Dieser ist dem Wesen des Ich und seiner Erkenntnis gewidmet. Wir finden in dieser Schrift den zentralen Satz: «Das reine Ich ist ein Unicum.»[86] Der junge Steiner führt sodann weiter aus, dass wir das Ich in einer Mannigfaltigkeit von Tätigkeiten, Anschauungen und Erkenntnissen erleben, und dass es in all dem einen «Brennpunkt» gibt, der es uns ermöglicht, von einer «qualitativen und numerischen Identität des Ich mit sich selbst» auszugehen. Das reine Ich als Quell aller Tätigkeiten direkt zu erfassen, ist zunächst nicht möglich, da es «immer nach rückwärts entschlüpft», wenn wir es greifen oder bestimmen wollen.

85 Ebenda.

86 Siehe *Beiträge zur Rudolf Steiner Gesamtausgabe, Rudolf Steiner und der deutsche Idealismus,* Heft 30, Dornach 1970, S. 30.

«Das reine Ich *ist* weder, noch ist es irgendetwas im strengsten Sinne des Wortes. Sein ganzes ergreifbares Wesen ist gegeben durch sein Tätigsein, wir können nicht wissen, was es ist, sondern nur, was es tut.»[87] Zu dieser Einsicht kamen wir ebenfalls – auf etwas anderen Wegen – im zweiten Kapitel dieses Buches «Auf der Suche nach dem Ich».

Interessant ist nun, wie präzise Rudolf Steiner schon mit 18 Jahren die entscheidende Korrektur an Fichte ausformulieren kann: «Wenn Fichte meinte, das reine Wesen des Ich sei das Setzen seiner selbst, so ist dieses sehr willkürlich gesagt, denn das Ich setzt nicht nur sich selbst, sondern es setzt auch noch anderes, wie Fichte selbst zugestehen müsste.»[88]

Das reine Tätigsein ist das Wesen des Ich. Durch seine Tätigkeiten kommt es zu einer Anverwandlung des Ich mit den Dingen der Welt. Darin und dadurch gibt das jeweilige Ich sich sein Gepräge. Dieses Gepräge ist nicht vorbestimmt und auch nicht vorhersehbar. Hier waltet in hohem Maße Freiheit und Eigenverantwortung des Ich.

Die Besonderheit der solchermaßen verstandenen Ich-Erkenntnis ist, dass der Erkennende im Akte der Ich-Erkenntnis etwas selber tut, was er restlos überschaut, und was er somit als festen und sicheren Ausgangspunkt seines Erkennens betrachten kann.

Am Ende des erhaltenen Manuskriptes von 1879 fragt Rudolf Steiner danach, wie ein bestimmter Inhalt in die Tätigkeit des Ich aufgenommen wird (zum Beispiel Reis kochen, Klavier spielen, einen Brief schreiben etc.). Bei der Erörterung dieser Frage bricht der überlieferte Text abrupt ab ... Die Herausgeber

87 Ebenda, S. 31.

88 Ebenda.

gehen davon aus, dass das ursprüngliche Manuskript deutlich umfassender war. Es ist die Frage nach dem Verhältnis von Ich und Nicht-Ich, bei der wir hiermit angekommen sind. –

Dieser Fragestellung ist Rudolf Steiner gründlich nachgegangen in seinen *Einleitungen zu Goethes Naturwissenschaftlichen Schriften* (GA 1). Im schriftlichen Gesamtwerk ist dieser Band gewissermaßen der Grundstein und zugleich das Eingangstor für alles Weitere. Goethe hat ein Erkennen des Lebendigen und Organischen durch ein lebendiges Erkennen, das seinem Wesen eigen war, errungen. Rudolf Steiner ordnet darauf aufbauend die Methodik des Erkennens in den vier Reichen der gewordenen Schöpfung: Mineral-, Pflanzen-, Tier- und Menschenreich. Entscheidend ist dabei die Einsicht, dass das Menschen-Ich im Denken zu einer wahren Kommunion mit dem Welten-Inhalt (dem Nicht-Ich) kommen kann: «Indem sich das Denken der Idee bemächtigt, verschmilzt es mit dem Urgrunde des Weltendaseins; das, was außen wirkt, tritt in den Geist des Menschen ein: er wird mit der objektiven Wirklichkeit auf ihrer höchsten Potenz *eins. Das Gewahrwerden der Idee in der Wirklichkeit ist die wahre Kommunion des Menschen.*»[89]

Durch das Denken strömt Welten-Gesetzmäßigkeit in der Form von Ideen in das menschliche Ich ein. Das Ich wird zur Gralsschale der Welterkenntnis. Dafür muss das Ich tätig sein; dem passiven Stillestehen ergibt sich keine klärende Erkenntnis. Rudolf Steiner begreift den Erkenntnisprozess des Ich als weltenergreifendes und gestaltendes Tun.

Was der *Verstand* dabei zerteilt, zugunsten der Klarheit der Einzeldinge und Begriffe, das verbindet die *Vernunft* wieder zu

89 Rudolf Steiner, *Einleitungen zu Goethes Naturwissenschaftlichen Schriften,* GA 1, Dornach 1999, S. 126.

einer höheren Einheit. Im Verstand können die Menschen-Iche aufeinanderprallen und Unterschiede (schmerzlich) erleben. In der Vernunft gelangen die Iche zu einem harmonischen Ausgleich – alles kann da an seinen rechten Platz gerückt werden. Im Reiche der Idee kommt alles – früher oder später – in Harmonie.

Diese Auffassung vom erkennenden Ich hat auch Konsequenzen für das handelnde Ich. Rudolf Steiner schreibt 1887 in den *Einleitungen*: «Wir haben den Menschen als erkennendes und handelndes Wesen durchaus auf sich selbst gestellt. Wir haben seine Ideenwelt als mit dem Weltengrunde zusammenfallend bezeichnet und haben erkannt, dass alles, was er tut, nur als der Ausfluss seiner eigenen Individualität anzusehen ist. Wir suchen den Kern des Daseins in dem Menschen selbst. ... Er muss alles durch sich selbst, nichts durch ein anderes Wesen sein.»[90]

Gerade weil das wahrhafte Erkennen im Weltensein gründet, kann der Mensch zur Freiheit im Handeln gelangen. Indem ich selbst die Motive meines Handelns bestimme, weiß ich sicher, dass niemand anderes der Quell meines Wollens ist – außer das selbsttätige Ich. –

Im Jahre 1886 erschienen die *Grundlinien einer Erkenntnistheorie der Goetheschen Weltanschauung,* der Band 2 innerhalb der Gesamtausgabe der Schriften Rudolf Steiners. Hatte der Band 1 die Grundgeste, die Goethe'sche Welterkenntnis als Ganzes inhaltlich sichtbar zu machen und in den Grundfesten des Erkennens zu verankern (gewissermaßen der *physische Leib* des Werks Steiners zu sein), so kommt in den *Grundlinien* die lebendige Erkenntnis-Methode als Ganzheit zu Wort (dem entspricht in der menschlichen Wesenheit der *Äther-*

90 Ebenda, S. 211.

oder Lebensleib). Was sagen nun die *Grundlinien* über das menschliche Ich?

Mit großer Intensität und Exaktheit wird das Denken und seine Ausgestaltung in Begriffen und Ideen als selbstlose *Leistung des Ich* beschrieben. Rudolf Steiner wendet methodisch den Blick auf das Ur-Phänomen, wie Gedanken im *Bewusstseinsraum des Ich* entstehen. So heißt es beispielsweise: «Wir produzieren einen Gedankeninhalt durchaus nicht so, dass wir in dieser Produktion bestimmten, welche Verbindungen unsere Gedanken einzugehen haben. Wir geben nur die Gelegenheitsursache her, dass sich der Gedankeninhalt *seiner Natur gemäß* entfalten kann. Wir fassen den Gedanken *a* und den Gedanken *b* und geben denselben Gelegenheit, in eine gesetzmäßige Verbindung einzugehen, indem wir sie miteinander in Wechselwirkung bringen. Nicht unsere subjektive Organisation ist es, die diesen Zusammenhang von *a* und *b* in einer gewissen Weise *bestimmt,* sondern der Inhalt von *a* und *b* selbst ist das *allein Bestimmende.* Dass sich *a* zu *b* gerade in einer bestimmten Weise verhält und nicht anders, darauf haben wir nicht den mindesten Einfluss. *Unser Geist vollzieht die Zusammensetzung der Gedankenmassen nur nach Maßgabe ihres Inhaltes.*»[91]

In diesen Worten ist das Sich-selbst-Bestimmen der Gedanken im Denkverlauf beschrieben. Urbildlich kann diese Qualität an mathematischen und geometrischen Zusammenhängen erlebt werden. Diese sind, wie sie sind; sie können vom denkenden Ich nicht verändert, nur enthüllt werden. Zugleich wird hier die *Relation des Ich* zum Denken phänomenologisch beschrieben. Das Ich gibt die «Gelegenheitsursache» ab, dafür

91 Rudolf Steiner, *Grundlinien einer Erkenntnistheorie der Goetheschen Weltanschauung,* GA 2, Dornach 1999, S. 49.

dass Gedankeninhalte sich ihrem Wesen gemäß aussprechen können, gleichsam in unserem Bewusstsein organisch wachsen können.

Im 18. Kapitel der *Grundlinien* geht es darum, sich über das «aus sich selbst bestimmende Individuum überhaupt» klar zu werden. Rudolf Steiner knüpft hier erneut an Fichte an und bezeichnet die Selbstbetrachtung des Geistes als «Psychologie». «Die einheitliche Seele ist uns ebenso erfahrungsgemäß gegeben wie ihre einzelnen Handlungen. Jedermann ist sich dessen bewusst, dass sein Denken, Fühlen und Wollen von seinem ‹Ich› ausgeht. Jede Tätigkeit unserer Persönlichkeit ist mit diesem Zentrum unseres Wesens verbunden. ... Bei allen Manifestationen des Geistes: Denken, Fühlen, Wollen kommt es darauf an, sie in ihrer Wesenheit als Äußerungen der Persönlichkeit zu erkennen. Darauf beruht die Psychologie.»[92]

In den *Grundlinien* ist jedoch nicht diese Selbsterfassung des Ich der Grundstein aller Wissenschaft (wie bei Fichte und in Anklängen auch im Fichte-Fragment des jungen Steiner), sondern die Lösung der Frage: «Was ist Erkennen?». Auf der lebendigen Anschauung der Gesetzmäßigkeiten des Erkenntnisaktes beruhen die *Grundlinien.* Diese selbsttätig errungene Anschauung ist eine Leistung des Ich – und *eine* wesentliche Frucht seiner Entwicklung. –

In *Wahrheit und Wissenschaft,* dem dritten Band im Gesamtwerk Steiners, kommt die Frage nach der Erkenntnis der Wahrheit zur Ausgestaltung. Es ist gewissermaßen die Seelenstufe oder der «Seelenleib» im Erkenntnisringen Rudolf Steiners. Man könnte auch sagen: Nach den Anknüpfungen an Goethe (im Physischen und Lebendigen) tritt hier die Erkenntnis-Seele

92 Ebenda, S. 122.

Rudolf Steiners selbst – ureigen – in Erscheinung. Zugleich ist es seine philosophische Doktorarbeit und somit der Abschluss seiner akademischen Studien.

Rudolf Steiner schreibt: «Das Resultat dieser Untersuchungen ist, dass die Wahrheit nicht, wie man gewöhnlich annimmt, die ideelle Abspiegelung von irgendeinem Realen ist, sondern ein *freies* Erzeugnis des Menschengeistes, das überhaupt nirgends existierte, wenn wir es nicht selbst her vorbrächten. ... Der Mensch ist dem Weltenlauf gegenüber nicht ein müßiger Zuschauer, der innerhalb seines Geistes *das* bildlich wiederholt, was sich ohne sein Zutun im Kosmos vollzieht, sondern der tätige Mitschöpfer des Weltprozesses; und das Erkennen ist das vollendetste Glied im Organismus des Universums.»[93]

Wahrheit ist weder den Sinnen noch dem Denken des Menschen einfach gegeben. Wahrheit kann nicht durch getreues Abspiegeln des Gegebenen gefunden werden. Wahrheit ist ein kreativer Akt des erkennenden Ich. Das Ich-bin als Erkenntnisvollzug ist der Weg, die Wahrheit und das Leben. Daher kommt das Universum erst im Erkenntnisprozess freier Menschen zu seiner Vollendung. In der erneuten Auseinandersetzung mit Fichte kommt Steiner zu der Aussage: «Die Tätigkeit des Ich beruht darauf, dass das Ich aus eigenem freien Entschluss die Begriffe und Ideen des Gegebenen setzt.» Und ganz konzentriert: «Das Ich setzt das Erkennen.»[94]

Zum rechten Verständnis muss man sich die beiden Pole des Erkenntnisprozesses im Sinne Rudolf Steiners bewusst ma-

93 Rudolf Steiner, *Wahrheit und Wissenschaft,* GA 3, Dornach 1989, S. 11f.

94 Ebenda, S. 79.

chen: der Pol des Gegebenen und der Pol der Eigenaktivität. Allen Sinnen kann das Gegebene erscheinen, von den körperlichen Sinnen – sehen, hören, riechen, schmecken etc. – bis zu den geistigen Sinnen – dem Denken als dem Organ der Auffassung von Begriffen. Der schöpferische Akt des Erkennens beruht auf der Vermittlung, dem stimmigen Verbinden von sinnlich Gegebenem mit geistig Hervorgebracht-Gegebenem. Das ist die inhaltvolle Tätigkeit des Ich. Dies konnte Fichte nicht erfassen, weil er die reine Tätigkeit des Ich, die alles aus sich selbst schöpft, ohne Fremdbestimmung, überbetonte. –

In der im November 1893 erschienenen *Philosophie der Freiheit* (GA 4) kommt die Werkentwicklung Rudolf Steiners auf ihre Ich-Stufe. Hier wird nun umfassend das Erkenntnisproblem aus Freiheit (1. Teil *Wissenschaft der Freiheit*) und das Freiheitsproblem aus Erkenntnis (2. Teil *Die Wirklichkeit der Freiheit*) beschrieben. Die drei vorangegangenen Werke, wobei die Herausgabe der naturwissenschaftlichen Schriften von Goethe (GA 1) interessanterweise noch nicht ganz abgeschlossen ist zu diesem Zeitpunkt, sind wie Vorstufen oder «Leiber» der Freiheitsphilosophie Rudolf Steiners, die durch und durch eine Ich-Philosophie ist.

Eine große originäre Entdeckung der *Philosophie der Freiheit* ist die «moralische Phantasie». Künstlerische Phantasie begleitete die Menschheit schon lange; und Goethe hatte in seinem naturwissenschaftlichen Forschen von «exakter Phantasie» gesprochen. Eine dem Handeln innewohnende Phantasie beziehungsweise eine Phantasietätigkeit im Dienste des freien Handelns – das ist eine neue und einzigartige Entdeckung Rudolf Steiners.

Streng unterscheiden muss man die moralische Phantasie allerdings von moralischer Phantastik (Willkür). Moralische

Phantasie geht ganz aus dem reinen Denken – Steiner spricht auch von «moralischen Intuitionen» – hervor. Sie ist gewissermaßen die «Ich-Brücke» zur konkreten Lebenssituation, in der gehandelt wird. Die eine Bewegung der moralischen Phantasie schmilzt den reinen Ideengehalt, der universell und damit für alle Menschen-Iche gleich ist, in *mein* Handeln, hier und jetzt, um, sodass es situativ für mich und mein Schicksal stimmig ist. Diese Bewegung geht gleichsam von «oben nach unten», sie ist der platonische Anteil in der moralischen Phantasie. Die andere Bewegung der moralischen Phantasie erhebt sich von der gegebenen Seelen- und Lebenssituation fragend «nach oben» ins Reich der Idee, suchend nach der hier und jetzt passenden Intuition. Dies könnte als die aristotelische Geste in der moralischen Phantasie verstanden werden. So gesehen hat Rudolf Steiner in seiner *Philosophie der Freiheit* im Freiheitsakt auch Platon und Aristoteles miteinander versöhnt. – Das dritte Element der freien Tat nennt Rudolf Steiner «moralische Technik». Die moralische Technik hat zu tun mit all den konkreten Fähigkeiten und Fertigkeiten, die es braucht, um Handlungen, die aus moralischen Intuitionen impulsiert sind, den Bedingungen des Irdischen (der Erde) einzufügen, einzuschmelzen oder anzuverwandeln.

«Frei sein heißt die dem Handeln zugrunde liegenden Vorstellungen (Beweggründe) durch die moralische Phantasie von sich aus bestimmen können.»[95] So schreibt Rudolf Steiner zusammenfassend im 12. Kapitel der *Philosophie der Freiheit.* In einem Zusatz zur Neuausgabe von 1918 blickt er dann noch darauf, wie das tätige Ich in der eigenen Orga-

95 Rudolf Steiner, *Die Philosophie der Freiheit,* GA 4, Dornach 1995, S. 202.

nisation bloß natürliche Prozesse zurückdrängt, *während* es der Ausgestaltung moralischer Intuitionen durch moralische Phantasie folgt: «Diese Freiheit des Wollens wird der nicht beobachten können, der nicht zu schauen vermag, wie das freie Wollen darin besteht, dass *erst* durch das intuitive Element das notwendige Wirken des menschlichen Organismus abgelähmt, zurückgedrängt, und an seine Stelle die geistige Tätigkeit des idee-erfüllten Willens gesetzt wird.»[96]

An der *Philosophie der Freiheit* und insbesondere der Entdeckung der moralischen Phantasie als einer urschöpferischen Freiheitstätigkeit des Menschen kann sehr deutlich erlebt werden, wie durch Rudolf Steiner der Deutsche Idealismus im dreifachen Wortsinne *aufgehoben* wurde: Fichtes «nacktes» Sichselber-Setzen des Ich bekommt mannigfachen Inhalt in der konkreten liebegetragenen Weltzuwendung des Ich; Schellings geistiges Schauen auf die Ichheit aller Dinge und das Werden der Weltalter bekommt die in sich klare Methodik «seelische Beobachtungsresultate nach naturwissenschaftlicher Methode»; und Hegels alles umfassendes Systemdenken bekommt einen menschlichen Schwerpunkt: in dem freien schöpferischen Geist. «Ich erkenne kein äußeres Prinzip meines Handelns an, weil ich in mir selbst den Grund des Handelns, die Liebe zur Handlung gefunden habe.»[97] –

Damit hat Rudolf Steiner mit 33 Jahren die Ich-Stufe seiner geistigen (Werk-) Entwicklung erklommen, und man kann gespannt fragen, was das nächste Werk, Band 5 seiner schriftstellerischen Tätigkeit bringen wird?

Hier liegt tatsächlich mit die größte Herausforderung: *Fried-*

96 Ebenda, S. 204.

97 Ebenda, S. 162.

rich Nietzsche, ein Kämpfer gegen seine Zeit von 1895. Rudolf Steiner taucht in diesem Buch ganz ein in einen *anderen* schöpferischen Geist. Das ist die Grundgeste der fünften Stufe seiner Werkentwicklung. In der *Philosophie der Freiheit,* als geistige Biographie gelesen und verstanden, hat Rudolf Steiner sich selbst in seinem freien Ich – das man nicht karmisch aus früheren Inkarnationen ableiten kann – gefunden. Danach taucht er nun ein in die Welt seines herausfordernsten Zeitgenossen, in Friedrich Nietzsche.

Im Nietzsche-Buch weiß man über weite Strecken nicht genau, ob Rudolf Steiner Nietzsche bloß referiert oder Nietzsche durch Steiner spricht oder gar Steiner mit Nietzsche weiterdenkt ... Für viele Verehrer Steiners und so manchen Anthroposophen geht das bis an die Grenzen des Erträglichen, vor allem was die Ablehnung des Christentums und die Verhöhnung des Jesus Christus bei Nietzsche anbelangt. Den Charakter Nietzsches malt Steiner vor uns hin, die Diktion, in die er dabei hineingerät, klingt so: «Ob der Sklave der Willkür seines Herrn, der Religiöse den geoffenbarten Wahrheiten eines Gottes oder der Philosoph den Aussprüchen der Vernunft folgt, das ändert nichts an dem Umstande, dass sie alle *Gehorchende* sind. ... Der starke, wahrhaft freie Mensch will die Wahrheit nicht *empfangen* – er will sie *schaffen;* er will sich nichts ‹erlauben› lassen, er will nicht gehorchen.»[98] Dann folgt direkt ein Nietzsche-Zitat aus *Jenseits von Gut und Böse: «Die eigentlichen Philosophen aber sind Befehlende und Gesetzgeber*: sie sagen: ‹so *soll* es sein!›; sie bestimmen erst das Wohin? und Wozu? des Menschen ... Ihr ‹Erkennen› ist

98 Rudolf Steiner, *Friedrich Nietzsche – ein Kämpfer gegen seine Zeit,* GA 5, Dornach 1983, S. 26f.

Schaffen, ihr Schaffen ist eine Gesetzgebung, ihr Wille zur Wahrheit ist – *Wille zur Macht.*»[99]

Wir lesen das Nietzschebuch als Ausdruck der Geist-Selbst-Entwicklung Rudolf Steiners. Steiner hat mit der *Philosophie der Freiheit* das eigene freie Ich *als Realität* (nicht «nur» als philosophisches Resultat) errungen, sodass er jetzt im nächsten Schritt dieses freie Ich betätigt und es zum Schauplatz werden lässt für ein anderes großes ringendes Ich! Geistselbst-Qualität – durchaus auch im Sinne der späteren *Theosophie*[100] – kann als geistige Anverwandlung an die Welt der realen Geister verstanden werden. Nietzsche ist ein solch realer Geist – gewissermaßen die Generalprobe der Freiheitsphilosophie Steiners.

Der Übermensch, nach dem Nietzsche suchte, kann durchaus – wenn man ihn von den Einseitigkeiten, mit denen ihn Nietzsche denkt, befreit – als Geistselbst-Wesenheit verstanden werden. Zutiefst aufschlussreich für den Lebensgang Rudolf Steiners ist es, dass er bei der Ausgestaltung seines Geistselbst

99 Ebenda.

100 Die *Theosophie* (GA 9) ist die neunte Stufe auf dem Weg der Werkentwicklung und damit, ihrer eigenen Wesensgliederkunde gemäß, Abschluss und Höhepunkt eines Entwicklungsbogens. In der *Theosophie* wird das Geistselbst folgendermaßen beschrieben: «Der ein ‹Ich› bildende und als ‹Ich› lebende Geist sei ‹Geistselbst› genannt, weil er als ‹Ich› oder ‹Selbst› des Menschen erscheint. … Die Bewußtseinsseele *berührt* die von jeder Antipathie und Sympathie unabhängige, durch sich selbst bestehende Wahrheit; das Geistselbst trägt in sich *dieselbe* Wahrheit, aber aufgenommen und umschlossen durch das ‹Ich›; durch das letztere individualisiert und in die selbständige Wesenheit des Menschen übernommen. Dadurch, daß die ewige Wahrheit so verselbständigt und mit dem ‹Ich› zu einer Wesenheit verbunden wird, erlangt das ‹Ich› selbst die Ewigkeit.» (Dornach 1994, S. 51)

– auf der fünften Werkstufe – einem anderen Geist auf dessen Wegen mit größter Hingabe folgt, auch Abwege und Abgründe nicht scheuend. So schreibt Rudolf Steiner: «Das souveräne Individuum, das weiß, dass es nur aus seiner Natur heraus leben kann, und das in einer seinem Wesen entsprechenden Lebensgestaltung sein persönliches Ziel sieht, ist für Nietzsche der *Übermensch,* im Gegensatz zu dem Menschen, der glaubt: ihm sei das Leben geschenkt, um einem außer ihm selbst liegenden Zwecke zu dienen.»[101]

Die Überbetonung dieses Gedankens führt schließlich zu dem Ausspruch: «Menschen mit kranken Instinkten haben die Scheidung von Geist und Körper vorgenommen. Ein kranker Instinkt nur kann sagen: mein Reich ist nicht von dieser Welt. Eines gesunden Instinktes Reich ist *nur diese Welt.*»[102] Hier schließt sich Rudolf Steiner dem Geist Nietzsches so weit auf, dass er mit ihm zusammen ein Wort des Christus «krank» nennt. – Zweifellos ist Steiner solchermaßen mit seinem Nietzschebuch an eine Grenze gekommen, wo er auch hätte straucheln können.

Bedeutsam ist nun, dass Rudolf Steiner im rechten Moment, in der Geisteswelt Nietzsches lebend und webend, sich seiner eigenen Individualität rückversichert. Es ist die Stelle, wo er bemerkt, dass Nietzsche moralische Phantasie fehlt. So wie ein guter Arzt sich bei seinem Patienten ein wenig ansteckt, um von innen, aus innerem Nacherleben der Krankheit die Therapie zu finden, so findet Rudolf Steiner hier das Fehlende bei Nietzsche, gerade weil er ihn bedingungslos in sich aufgenommen hat. «Zur wirklich freien Persönlichkeit gehört also nicht nur

101 GA 5, S. 41f.

102 Ebenda, S. 49.

ein gesund entwickeltes individuelles sinnliches Triebleben, sondern auch die Fähigkeit, sich die gedanklichen Antriebe für das Leben zu schaffen. Erst derjenige Mensch ist vollkommen *frei,* der auch Gedanken produzieren kann, die zum Handeln führen. Ich habe das Vermögen, rein gedankliche Triebfedern des Handelns zu schaffen, in meiner Schrift *Die Philosophie der Freiheit* die ‹moralische Phantasie› genannt. Nur wer diese *moralische Phantasie* hat, ist wirklich frei, denn der Mensch muss nach *bewussten* Triebfedern handeln.»[103]

Und nun kommt der entscheidende Satz: «Die moralische Phantasie fehlt in Nietzsches Ausführungen.»[104] Und damit ist das heilende Medikament gegen den Wahnsinn Nietzsches gefunden: «Wer dessen Gedanken zu Ende denkt, muss notwendig auf diesen Begriff kommen. Aber andererseits ist es auch eine unbedingte Notwendigkeit, dass dieser Begriff der Nietzscheschen Weltanschauung eingefügt wird. Sonst könnte gegen dieselbe immerfort eingewendet werden: Zwar ist der dionysische Mensch kein Knecht des Herkommens oder des ‹jenseitigen Willens›, aber er ist *ein Knecht seiner eigenen Instinkte.*»

Es bleibt allerdings das Rätsel bestehen, dass das Nietzschebuch ausklingt mit einer konzentrierten Wiedergabe und bestärkenden Bejahung von Gedanken Nietzsches aus dessen *Antichrist.* So schreibt Rudolf Steiner zum Beispiel: «Nicht die Instinkte für Gesundheit, Schönheit, Wachstum, Wohlgeratenheit, Dauer, für Häufung von Kräften will das Christentum pflegen, sondern den Haß gegen den Geist, gegen Stolz, Mut, Vornehmheit, gegen das Selbstvertrauen und die Freiheit des

103 Ebenda, S. 91.

104 Dieses und das folgende Zitat ebenda, S. 92.

Geistes, den Haß gegen die Freuden der sinnlichen Welt, gegen Freude und Heiterkeit der Wirklichkeit, in der der Mensch lebt. (*Antichrist,* § 21.) ... Im christlichen Gotte ist ein jenseitiges Wesen, das heißt ein *Nichts* vergöttlicht, es ist *der Wille zum Nichts* heilig gesprochen. (*Antichrist,* § 18.)»[105] –

Der sechste, siebte und achte Schritt der Werkentwicklung sind die Bücher *Goethes Weltanschauung* von 1897, *Die Mystik im Aufgange des neuzeitlichen Geisteslebens und ihr Verhältnis zur modernen Weltanschauung* von 1901, und *Das Christentum als mystische Tatsache und die Mysterien des Altertums* von 1902. Musikalisch gesprochen handelt es sich um die Sexte, Septime und zunächst abschließend um die Oktave einer Tonleiter des Erkenntnisweges Rudolf Steiners.

Goethes Weltanschauung – die sechste Stufe der Werkentwicklung – korrespondiert mit den *Grundlinien einer Erkenntnistheorie der Goetheschen Weltanschauung* – der zweiten Stufe. Diese beiden Bücher verhalten sich zueinander wie Lebensleib und Lebensgeist. Wie eine reife Frucht seiner über viele Jahre gehenden Auseinandersetzung mit Goethe nimmt sich *Goethes Weltanschauung* aus. Es wird dort herausgearbeitet, wie Goethes Geist – verbunden mit der Natur – im Leben selbst sich fühlt und wie das Leben der Natur ihm sowohl Erkenntnis als auch künstlerisches Schaffen wird. «Das logische Fortspinnen von Gedankenreihen, ohne Versenkung in das wirkliche Leben und Schaffen der Natur erscheint ihm unfruchtbar. Denn er fühlt sich mit der Natur innig verwachsen. Er betrachtet sich als ein lebendiges Glied der Natur. Was in seinem Geiste entsteht, das hat, nach seiner Ansicht, die Natur in ihm entstehen lassen. Der Mensch soll sich nicht in eine Ecke stellen und

105 Ebenda, S. 122.

glauben, dass er da aus sich heraus ein Gedankengewebe spinnen könne, das über das Wesen der Dinge aufklärt. Er soll den Strom des Weltgeschehens beständig durch sich durchfließen lassen. Dann wird er fühlen, dass die Ideenwelt nichts anderes ist, als die schaffende und tätige Gewalt der Natur.»[106]

Gerade wenn man das Nietzschebuch und das Goethebuch in ihrer zeitlichen Abfolge liest, kann man das Gesundende, ja Heilende bei Goethe empfinden, das in der Radikalität und der extremen Dynamik Nietzsches verloren geht. Das «Ich» Rudolf Steiners erfährt eine große Weitung, indem er nach der Hingabe an Nietzsches «Ich» nun erneut ganz eintaucht in Goethes «Geist». Mit der Wesensgliederkunde der *Theosophie* (GA 9) gesprochen: Rudolf Steiner schreitet von der Ausbildung seines Geist-Selbst, welches an Nietzsche seine schärfste Prüfung erfuhr, weiter zur Ausbildung seines Lebens-Geistes, wobei Goethe die größte Anregung gewährt.

So kann Rudolf Steiner im Goethebuch einen Wahrheitsbegriff entwickeln, der über die *Grundlinien* und auch *Wahrheit und Wissenschaft* hinausweist, und der die lebendige Wechselwirkung von erkennender Individualität mit der «Wahrheit» plastisch ausformuliert: «Dem einzelnen Menschen erscheint die Wahrheit in einem individuellen Kleide. Sie passt sich der Eigenart seiner Persönlichkeit an. Besonders für die höchsten, dem Menschen wichtigsten Wahrheiten gilt dies. Um sie zu gewinnen, überträgt der Mensch seine geistigen, intimsten Erlebnisse auf die angeschaute Welt und mit ihnen zugleich das Eigenartigste seiner Persönlichkeit. ... Die Wahrheit spricht im Innern der einzelnen Menschen verschiedene Sprachen und

106 Rudolf Steiner, *Goethes Weltanschauung,* GA 6, Dornach, 1985, S. 46f.

Dialekte; in jedem großen Menschen spricht sie eine eigene Sprache, die nur dieser einen Persönlichkeit zukommt. Aber es ist immer die eine Wahrheit, die da spricht.»[107]

Hier wird darauf hingewiesen, dass der Mensch im Erkenntnisstreben das «Eigenartigste seiner Persönlichkeit» auf die «angeschaute Welt», das heißt den jeweiligen Forschungsbereich, überträgt. Wichtig ist zu betonen, dass Steiner hier nicht ein Übertragen von Subjektivem auf die angeschaute Welt meint, sozusagen ein Verfärben der Wirklichkeit, sondern geistige, intimste Erlebnisse des Erkennenden, durch die die Wahrheit dann sprechen kann. Das ist die eine Bewegung: Ich trage etwas hinein in die Ausbildung der Wahrheit; und dann spricht aber auch wiederum das Wesen der Wahrheit in jedem wirklichen Wahrheitssucher anders. Man denke einmal an die Karmavorträge Rudolf Steiners aus dem Jahre 1924; gilt hier nicht in hohem Maße, dass der differenzierte Blick auf Metamorphosen des Karma und verschiedene Erdenleben einzelner Menschengeister in ihrem Zusammenhang immer *auch* Ausdruck ist des «Eigenartigsten» des Forschers Rudolf Steiner!? Dass hier Wahrheiten für die Menschheit errungen wurden, die zutiefst Ausdruck sind *einer* Individualität.

Am Ende des Goethebuchs blickt Rudolf Steiner auf die beiden Geistgestalten «Goethe und Hegel». «Es ist also ebenso im Sinne der Goetheschen Weltanschauung, von einer Metamorphose der Ideen wie von einer Metamorphose der Pflanzen zu reden. Der Philosoph, der diese Metamorphose der Ideen darzustellen versucht hat, ist Hegel.»[108]

Goethe schreckte zeitlebens davor zurück, das eigene Denken

107 Ebenda, S. 65f.

108 Ebenda, S. 205f.

zu betrachten. Eine innere Anschauung des eigenen Denkens auszubilden, war ihm zuwider. «Mein Kind! ich hab' es klug gemacht, / Ich habe nie über das Denken gedacht.»[109] Hegel hat ihn an dieser «blinden» Stelle kongenial ergänzt. Hegel war bestrebt, die Metamorphose der Idee durch denkerische Anschauung auszugestalten. Er kam bei diesem Unterfangen aber auch an Grenzen, weil ihn der innere Hang zum Systemdenken verführte: «Dass Hegel in der Philosophie die vollkommenste Metamorphose der Idee sieht, beweist, dass ihm die wahre Selbstbeobachtung ebenso ferne liegt wie Goethe. ... Die lebendige Idee, die Idee als Wahrnehmung, ist allein der menschlichen Selbstbeobachtung gegeben. Hegels Philosophie ist keine Weltanschauung der Freiheit, weil sie den Weltinhalt in seiner höchsten Form nicht auf dem Grunde der menschlichen Persönlichkeit sucht. Auf diesem Grunde wird aller Inhalt ganz individuell. Nicht dieses Individuelle sucht Hegel, sondern das Allgemeine, die Gattung.»[110] Genau dies aber tut Rudolf Steiner: Er sieht den Weltinhalt in seiner höchsten Form auf dem Grunde der freien menschlichen Persönlichkeit. –

Das Buch über die *Mystik* – die siebte Stufe der Werkentwicklung – wendet sich nach der Jahrhundertwende genau dieser Problematik zu: Wie kann die Wahrheit individuell, ja mystisch erlebt und erkannt werden, und doch die *eine* große Wahrheit sein, die alle Menschen umfasst. Wie gelangen wir zu dem Wahrheitswesen im Ich? «Ich bin der Weg, die Wahrheit und das Leben», heißt es im Johannes-Evangelium. Wie kann dieser Weg und dieses Leben zur individuellen Wahrheit werden, wir können auch sagen zum individuellen Geistes-

109 Goethe, ebenda, S. 85.

110 Ebenda, S. 206f.

Menschen werden, eben ein Mensch, der sich geistig ganz aus Wahrheit auferbaut hat?

Im Mystikbuch spricht Rudolf Steiner zu Beginn von der Zauberformel «Erkenne dich selbst». Wie ein solches Wort weiterklingt durch die Jahrhunderte und Jahrtausende der Geistesgeschichte. Und wie wir darin «den Herzschlag der Menschheitsentwicklung vernehmen».[111] Er wendet sich einer ganzen «Reihe von tiefangelegten Geistern» zu: von Meister Eckhart bis Angelus Silesius. Ausführlich behandelt er den Gottesfreund vom Oberland, Nicolaus von Kues, Agrippa von Nettesheim und Paracelsus, Valentin Weigel, Jacob Böhme und Giordano Bruno. Die Grundgeste dieses Werkes ist überdeutlich: Es ist sein Septimen-Buch (die GA 7), ganz hingegeben an erleuchtete Geister der Mystik erscheint hier Rudolf Steiners Geist, ausgebreitet in einem Geist-Kosmos. Man kann sagen, durch diese Hingabe an andere schöpferische Geister, die ihm vorangeschritten, baut sich Rudolf Steiner seinen Geistes-Menschen auf. So wird auch der Duktus dieses Buchs in seiner Tiefe verständlich: Rudolf Steiner spricht hier immer auch von sich, das heißt genauer von seinen intimen geistigen Erlebnissen, die er in der Beschäftigung mit den großen Mystikern errungen hat.

Die Erweckung des Selbst ist dabei ein Hauptmotiv. So findet das Königs-Wort von Meister Eckhart Erwähnung: «Wäre ich ein König und wüsste es nicht, ich wäre kein König.» Das klingt zusammen mit Fichte, den man in diesem Sinne sagen lassen könnte: «Wäre ich ein Ich und wüsste es nicht, ich wäre kein Ich.»

111 Rudolf Steiner, *Die Mystik im Aufgange des neuzeitlichen Geisteslebens und ihr Verhältnis zur modernen Weltanschauung,* GA 7, Dornach 1993, S. 15.

Doch das Mystikbuch ist so geschrieben, dass die Gedanken ihre Ausgleichs- und Gegengedanken finden. So heißt es in dem Kapitel «Gottesfreundschaft» an einer Stelle: «Wenn das ‹Ich› sich recht erkennt, so ist es schon kein ‹Ich› mehr.»[112] Die Erweckung des höheren Selbst führt durch die Überwindung der Selbstheit hindurch zum «allgemeinen Weltenlicht»: «Dem Menschen leuchtet in seinem Ich das höchste Licht. Aber dieses Licht gibt seiner Vorstellungswelt nur den rechten Widerschein, wenn er gewahr wird, dass es nicht sein Selbstlicht ist, sondern das allgemeine Weltlicht. Es gibt daher keine wichtigere Erkenntnis als die Selbsterkenntnis; und es gibt zugleich keine, die so vollkommen über sich selbst hinausführt.»[113]

Rudolf Steiner beschreibt in der *Mystik* einen inneren Weg. Man kann sagen, es ist der philosophische Weg seiner bisherigen Grundwerke, aber nun in einer neuen Färbung, mit einem neuen Ton: «Wer den Weg der inneren Erfahrung betritt, in dem erlangen die Dinge eine Wiedergeburt ... Im Innern leuchtet ein Licht, das seine Leuchtkraft nicht nur auf dieses Innere beschränkt. Es ist eine Sonne, die zugleich *alle* Wirklichkeit beleuchtet. Es tritt in uns etwas auf, was uns mit der ganzen Welt verbindet. Wir sind nicht mehr bloß der einzelne zufällige Mensch, nicht mehr dieses oder jenes Individuum.»[114]

Der Sinn des menschlichen Erkennens wird nun nicht nur erkannt und benannt, er wird zugleich innerlich, tief mystisch erlebt: «Im *Erkennen* vollzieht sich aber, was sich in der Außenwelt nirgends vollzieht: Das Weltgeschehen stellt sich selbst sein geistiges Wesen gegenüber. Ewig wäre dieses Weltgesche-

112 Ebenda, S. 71.

113 Ebenda.

114 Ebenda, S. 26f.

hen nur eine Halbheit, wenn es zu dieser Gegenüberstellung nicht käme.»[115]

Der Ich-Begriff erfährt dadurch eine weitere Reifung. Rudolf Steiner kann nun schreiben: «Ich lebe also ein Doppelleben: das Leben eines Dinges unter anderen Dingen, das innerhalb seiner Körperlichkeit lebt und durch seine Organe das wahrnimmt, was außer dieser Körperlichkeit liegt; und über diesem Leben ein höheres, das kein solches Innen und Außen kennt, das überspannend über die Außenwelt und über sich selbst sich dehnt. Ich werde also sagen müssen: einmal bin ich Individuum, beschränktes Ich; das andere Mal bin ich allgemeines, universelles Ich.»[116] Das steht so ähnlich auch schon in der *Philosophie der Freiheit,* und doch ist der Ton hier ein anderer, das Erleben hat sich vertieft, ist im besten Sinne mystisch geworden.

In diesem Buch klingt erstmals das Motiv der Einweihung in die Mysterien an, das in der späteren Anthroposophie eine so zentrale Stellung einnimmt. Etwas im Menschen muss sterben, damit ein Höheres geboren werden kann: «Das Verständnis für die Aufhebung des Individuellen, des einzelnen Ich zum All-Ich in der Persönlichkeit betrachten tiefere Naturen als das im Innern des Menschen sich offenbarende Geheimnis, als das Ur-Mysterium des Lebens.»[117] –

Nur aphoristisch, ohne Anspruch auf Vollständigkeit, sei noch darauf hingewiesen, dass in dem Buch *Das Christentum als mystische Tatsache und die Mysterien des Altertums,* dem 8. Band der Gesamtausgabe, die Oktave der Erkenntnisentwicklung Rudolf Steiners erreicht ist. In diesem Buch steht

115 Ebenda, S. 29.

116 Ebenda, S. 30.

117 Ebenda, S. 34.

die Erkenntnis des Christus im Zentrum. Für diese Tatsache spielt es eine untergeordnete Rolle, wann genau Rudolf Steiner sein entscheidendes Christus-Erlebnis hatte, das er in *Mein Lebensgang* als das «Gestanden-Haben vor dem Mysterium von Golgatha in innerster ernstester Erkenntnis-Feier» beschrieben hat.[118]

In dem Buch *Theosophie. Einführung in übersinnliche Welterkenntnis und Menschenbestimmung* von 1904 erreicht die Werkentwicklung ihre neunte Stufe. Damit beginnt ein neuer Entwicklungsbogen: Es ist das erste rein geisteswissenschaftliche Buch Rudolf Steiners, ein Buch, in dem aus übersinnlicher Erkenntnis heraus Mitteilungen gemacht werden, Offenbarungen gegeben werden, die dem reinen Denken zwar einleuchten können, die es aber aus sich heraus nicht erlangen könnte. Aus unserer Sicht beginnt hier die Phase, in der Rudolf Steiner als Eingeweihter in die modernen Mysterien vor der großen Öffentlichkeit zu wirken beginnt. Seine eigene, persönliche Erkenntnisentwicklung hat sich durch acht Stufen zuvor abgerundet; daher erscheint es uns auch nicht sinnvoll, den Organismus-Gedanken, der hier einer Tonleiter gleich skizziert wurde, einfach weiterzuführen oder unter anderen Vorzeichen zu wiederholen.[119]

118 Rudolf Steiner, *Mein Lebensgang,* GA 28, Dornach 1990, S. 272. Zu der ganzen Kontroverse, ob und wie Rudolf Steiners Zugang zum Christentum sich entwickelt hat, siehe Christoph Lindenberg, *Individualismus und offenbare Religion. Rudolf Steiners Zugang zum Christentum,* Stuttgart 1995.

119 Vergleiche hierzu den anregenden Aufsatz von Jens Göken «Die Grundlagenwerke der Anthroposophie», in WEGE 3/2013.

In diesem Kapitel wurde weder in Bezug auf die Philosophiegeschichte noch in Bezug auf das Gesamtwerk Rudolf Steiners Vollständigkeit angestrebt. Abgesehen davon, dass eine solche vollständige Durchdringung der Materie den Rahmen dieses Buches sprengen würde, haben wir den Eindruck, dass gerade die offenen Stellen einladen können, weiterzudenken und weiterzuforschen. Es sollte eine geistige Bewegung und Entwicklungslinie von Platon bis zu Steiner sichtbar gemacht werden. Und obwohl viele weitere Ausführungen von Steiner zum Ich unbearbeitet bleiben, kann erfahrbar werden, dass im Entwicklungsgang Rudolf Steiners eine einmalige Erkenntnis des Ich für die Menschheit errungen wurde. Diese voll auszuschöpfen und für die verschiedensten Lebensfelder fruchtbar zu machen, wird eine Aufgabe für viele zukünftige Generationen sein. Auch für diese zukünftigen suchenden Seelen haben wir dieses Buch geschrieben. Der Übergang von diesem philosophisch-geisteswissenschaftlichen Kapitel zu dem nächsten mehr intuitiv anschauend-menschenkundlichen Kapitel verlangt den Leserinnen und Lesern einiges ab. Dadurch werden Unbefangenheit und spirituelle Beweglichkeit im Fragen nach dem Ich zu einem gemeinsamen Arbeitsfeld von Autoren, Leserinnen und Lesern.

V. Wie wirkt das Ich in Leib und Seele?

Das folgende Kapitel beschreibt die Wirksamkeit des Ich in seiner Erdenzeit zwischen Geburt und Tod vermittels seines Leibes und seiner Seele. Soweit das schon möglich ist, wird der dynamische Zustand beschrieben, der unserer aktuellen Entwicklungsperiode, der fünften nachatlantischen Kulturepoche und dem Bewusstseinsseelenzeitalter entspricht. Dieser Entwicklungsabschnitt währt von Beginn des 15. Jahrhunderts n. Chr. bis etwa zur Mitte des vierten Jahrtausends. Wir haben von diesem Zeitrahmen noch nicht ganz ein Drittel abgeschlossen. In den vorausgegangenen Zeiträumen war das Verhältnis vom Ich zu Leib und Seele ein anderes, und wiederum anders wird es in zukünftigen Zeitabschnitten sein. Ja, auch in der Jetztzeit geschehen ständig Veränderungen, geschieht dauernde Entwicklung, weil der Mensch – sein Ich – vom Schöpfungsaugenblick an bis zur Vollendung, dem «Ende aller Zeiten», ein Werdender ist.

Den Leib möchten wir im Bild als die *Werkstatt des Ich* bezeichnen, voll mit allem Werkzeug, welches das Ich für seine gestaltende Tätigkeit braucht. Es hat ja eine Willensnatur, aus göttlichem Willen (Geister des Willens) geschaffen und auf andauerndes Tun veranlagt, mit immer rhythmisch eingefügten Ruhemomenten. In denen das Ich das entstehende Werk betrachtet und beurteilt, was schon gelungen ist, woran noch gearbeitet werden muss, was verbessert und was umgearbeitet werden kann. Unser Wort für diese «Momente» heißt Selbst-Erkenntnis. Denn wo das Ich auch immer schafft, am Leib oder in der Seele, immer schafft es gleichzeitig an sich selbst. Dabei bildet sich Erfahrung, ein zentrales Entwicklungselement, das von modernen Wissenschaften geschmäht wird, weil es zu den ihnen zugrunde liegenden Methoden nicht passt, wir können auch sagen, für deren (willkürlich) fixierte Enge viel zu weit ist. Jeder gesund empfindende Mensch wird allerdings feststellen, wie kostbar und hilfreich Erfahrung im Leben ist.

Diese Bildgestalt einer Werkstatt nennen wir konkret einen Organismus, die einzelnen Werkzeuge Organe. Im alten Griechentum hieß das Werkzeug Organon. Da ist also uraltes Wissen, ja Weisheit wirksam.

Die Seele müssen wir bildhaft musikalisch erfassen, wie ein Orchester mit vielen Instrumenten und Musikern, die in diesem besonderen Orchester nicht Menschen sind, sondern Wesen oder Geister der Elemente, der Naturreiche und der Hierarchien. Für jede Seelentätigkeit gibt es ein besonderes Instrument, die Seelenstimmung färbt sich in Dur und Moll, in den vielfältigen Tonarten, Harmonien und Disharmonien, Rhythmen, und was es mehr an Vielfalt im Musikalischen gibt. Das Ich ist der Dirigent, der wache Präsenz braucht, um alles orchestrale Geschehen im Blick und Gehör zu haben, der das musikalische Werk, die Sinfonie, ganz in sich aufgenommen hat, um sie nun im Erklingen zu realisieren. Ein erstaunlich junger Dirigent! Ein Frühvollendeter, ein Genie – oder vielleicht noch ganz darauf Angewiesener, dass die Musiker als Orchester ein Ganzes bilden und zur Not auch ohne ihn spielen könnten?

Mit dieser Ich-Werkstatt des Leibes und dem Seelenorchester werden wir uns im Weiteren beschäftigen, müssen jedoch vor den Einzelheiten auf besondere Voraussetzungen für das Verstehen schauen und auf sie eingehen.

Die *erste Voraussetzung* gilt dem Blick auf das Ich selbst. In der Anthroposophie wird von einem niederen und höheren Ich gesprochen sowie von einem wahren oder universellen Ich. Auch die moderne Psychologie sieht unterschiedliche Ichformen, so zum Beispiel wird ein Über-Ich formuliert.

In diesen Darstellungen leitet uns die Anschauung, dass das Menschen-Ich ein Ganzes ist, unteilbar! Es birgt in sich den Schöpfungswillen einer göttlichen Trinität, die als solche «Gott» ist, auch wenn wir sie Vater, Sohn und Heiligen Geist nennen und so auch anrufen. Es ist gerade das Geheimnis der Schöpferkräfte unserer Welt, dass es ihre Wirklichkeit ist, dass Drei gleich Eins ist. Ein Vater als Ausdruck göttlichen Willens, der Sohn als Quell aller Rhythmen, Empfindungen und Gemüt, und ein Geist als das mütterlich-weibliche Element, die Sophia, aus dem die kosmische Intelligenz strömt, die uns Menschen heute das Denken schenkt, das alle Menschen verbinden kann, das uns allen gemeinsam ist. In Vorträgen zum Geheimnis der Trinität verweist Rudolf Steiner auf ein altes Wissen: «Daher war es ein altes Dogma, dass der Vater der zeugende Ungezeugte ist, dass der Sohn der von dem Vater Gezeugte ist, dass der Heilige Geist der von dem Vater und dem Sohn an die Menschheit Mitgeteilte ist».[120]

Dieses Rätsel gilt es zu lösen, um sich einem Verstehen der Trinität in ersten Schritten anzunähern. Immer wieder betont auch Jesus Christus in seinen Reden an die Menschen: «Ich und der Vater sind eins.» (Joh. 10,30)

120 Rudolf Steiner, *Das Geheimnis der Trinität*, GA 214, S. 71.

Erleben wir das Ich als einen Stern, so verwundert es uns nicht, dass von ihm Strahlen ausgehen, die ihm so unterschiedliche Richtungen geben, dass diese – für sich genommen – mit anderen Richtungen nicht zusammen gesehen werden können. Wir haben im dritten Kapitel dargestellt, wie das Ich aus einem universellen Menschheits-Ich erst spät zu einem Einzel-Ich wurde und wählten dafür als Bild die großartigen Riesenzellen im Knochenmark, die Megakaryozyten (s. S. 48). Wir haben gezeigt, welche Elemente das Ich eingeprägt bekommt durch jeden neuen Entwicklungsschritt, wie es sich mehr und mehr anreichert mit differenzierten Möglichkeiten, sich der Welt mitzuteilen oder sich selbst zu erfahren. Damit gewinnt das Ich verschiedene Elemente oder auch Aspekte. Doch ist deren Quellort das all-eine Ich. Es ist Handwerker und Künstler zugleich. Birgt nicht auch jeder handwerkliche Beruf den Künstler in sich, denken wir an einen Möbeltischler oder auch Fliesenleger; benötigt nicht jeder Künstler eine «Technik», muss sein Handwerk verstehen? Hier treffen Gesetzmäßigkeit und Kreativität zusammen. Erstere nannten wir mit einem Oberbegriff «Pflicht», letztere ist ein Element der Freiheit, des Spieltriebs im Ich.

Diese Doppelheit führt uns zu einer *zweiten Voraussetzung*. Sie hat ihre Grundlage in einem menschenkundlichen Forschungsergebnis Rudolf Steiners, welches als einzigartig in seinem Werk bezeichnet werden kann. Rudolf Steiner hält im Februar 1923 in Dornach dreimal drei Vorträge unter dem Gesamtthema *Erdenwissen und Himmelserkenntnis* (GA 221). Ein erster Block umfasst den 2., 3. und 4. Februar; der zweite den 9., 10. und 11. Februar; der abschließende dritte dann den 16., 17. und 18. Februar 1923. In den Tagen zwischen diesen Blöcken eilt er nach Stuttgart, wo ihn drängende Fragen zur Waldorfpädagogik und bis in die Nächte währende Sitzungen wegen differenter Vorstellungen zu den Aufgaben der 1913 gegründeten Anthroposophischen Gesellschaft erwarten. Und er hält auch einen Vortrag für die Mitglieder dieser Gesellschaft. Der sechste Vortrag in Dornach am 11. Februar hat zum Thema: «Der unsichtbare Mensch in uns. Das der Therapie zugrunde liegende Pathologische». Er beginnt mit den Worten: «In dem Menschen, wie er vor uns steht, sind eigentlich deutlich zwei Wesenheiten zu unterscheiden.» Der ganze Vortrag beschreibt nun, wie eine in uns unsichtbare Leib-Organisation lebenslang mit dem viergliedrigen «sichtbaren» Leib unter Führung des Ich zusammenwirkt. Letzterer ist ja auch nur von seiner Außenseite her sichtbar, die Lebensvorgänge des Ätherleibs und die Empfindungswelt des Astralleibs sind unsichtbar, nur in ihren Wirksamkeiten erfahrbar. Und ganz im Verborgenen wirkt der Ich-Leib, der so wenig irdisch und damit abgeschlossener, begrenzter Leib ist, dass Rudolf Steiner ihn überwiegend eine Ich-Organisation nannte. Das als «unsichtbarer Mensch in uns» bezeichnete geistig-leibliche Kraftgebilde ist die in der vorgeburtlichen Welt gebildete Organisation, welche das zu einem neuen Erdenleben drängende Ich mithilfe hoher hierarchischer Wesen geschaffen hat, um von der Empfängnis an die sich im mütterlichen Organismus vollziehende, embryonale Leibgestaltung in ihrem Entstehen mitzugestalten, für die Aufnahme seiner Einzigartigkeit als Individualität empfänglich zu machen. Eine Ich-Tätigkeit, die sich weit über die Geburt hinaus in Siebenjahresrhythmen fortsetzt. Es ist wichtig zu betonen, dass hier die «Werkstatt», der Leib beschrieben wird. Die Seelen- und Geistentwicklung folgen eigenen Gesetzmäßigkeiten und haben ihre prägenden Zeiten später im Leben. Eine erste Anschauung und ein dadurch gewonnenes Verständnis dieser menschenkundlichen Tatsache von zwei miteinander kommunizierenden Leibern erscheint für die Ich-Tätigkeit im Leib so entscheidend, dass die Grundlagen dafür in gebotener Kürze als eine Art Zwischenkapitel vorausgehen werden.

Zuvor muss jedoch eine *dritte Voraussetzung* genannt werden. Das dritte Kapitel «Die Evolution des Menschen-Ich» schloss mit der Beschreibung eines Ich, vergleichbar dem heutigen Menschen am Übergang vom dritten ins vierte Lebensjahr, also einem Kleinkind. Es ist unvorstellbar, dass unser Ich die unfassbar komplexen Vorgänge im Leib und in der Seele schon ganz aus eigener Fähigkeit oder Kompetenz leisten kann. So wie das Kleinkind im Erdenleben braucht es vielfältige Hilfe. Und die bekommt es durch die göttlich-geistigen Hierarchien in ihrer neunfachen Art, am intensivsten durch die sogenannte dritte Hierarchie, in welcher die Engel (Angeloi), Erzengel (Archangeloi) und die Urkräfte (Archai) zusammenwirken. Dem Ich unmittelbar zur Seite stehen die Geister der Form (Exusiai), die es auch aus seinem geistigen Sein in die Erdenwelt und hier vor allem zum physischen Leib geleitet haben. Von der dritten Hierarchie ausgehend und von ihr geleitet wirken im Leib vier Stufen von Elementarwesen, und nicht zuletzt durchdringen den Leib auch die Kräfte der Widersacher, im Besonderen die ahrimanischen Verdichtungs- und Verfestigungstendenzen. Wir sehen: dem Ich stehen viele Helfer zur Verfügung, die es liebevoll oder auch energisch (zum Beispiel indem sie Krankheiten als Entwicklungshelfer einsetzen) bei seiner nie endenden Arbeit an der Gestaltung von Leib und Seele unterstützen und oft entlasten. Der heutige Mensch ist keineswegs so autonom und sich selbst bestimmend, wie ihm ein gewisser hochmütiger Intellekt ständig weismachen will. Und er ist vor allem ganz und gar kein Automat!

Vier Ich-Ströme zum Leib

In einer den Vortrag zum unsichtbaren Menschen in uns begleitenden Wandtafelzeichnung[121] verdeutlicht uns Steiner das Doppelgebilde zweier Wesenheiten, die es zu unterscheiden gilt und deren Zusammenwirken wir kennen sollten, wenn wir den wirklichen Menschen verstehen wollen. Der *sichtbare* Mensch oder Leib ist viergliedrig: physischer Leib, Ätherleib, Empfindungs- oder Astralleib und Ich-Leib bzw. Ich-Organisation sind bildhaft als vier Rechtecke, die auch als Kästchen erlebt werden können, übereinandergestellt (linke Bildhälfte). Sie sind unterschiedlicher Größe und als Ausdruck ihrer Eigenart verschiedenfarbig gezeichnet. In sie hinein zeichnet Steiner eine Menschengestalt, von der rechten Seite gesehen. Weitere gelbe und rote Liniengeflechte werden erst im Laufe des Vortrags hineingezeichnet und symbolisieren die den ganzen Leib durchziehenden Nerven- (gelb) und Blutbahnen (rot). Steiner beginnt die Zeichnung allerdings mit dem *unsichtbaren* Menschen, der ebenso vierfach gegliedert in Form aufeinandergestapelter Kästen gezeichnet wird und auch die gleiche Farbigkeit hat. Wesentlich erscheint, dass die Kästen unterschiedlich groß sind, dass sie oben als getrennt erscheinen und sich zunehmend ineinanderstülpen, sodass sie im unteren Bereich fast zur Deckung kommen. Zwei durch Pfeile gekennzeichnete Linien führen aus dem obersten rechten Rechteck (unsichtbarer Mensch) von oben nach unten: eine Linie führt durch den unsichtbaren Menschen, die zweite in den sichtbaren. Von der ersten («unsichtbaren»)

121 Siehe S. 157. Aus: Rudolf Steiner, *Erdenwissen und Himmelserkenntnis,* «Der unsichtbare Mensch in uns. Das der Therapie zugrunde liegende Pathologische», 11. Februar 1923, GA 221, Dornach ³1998.

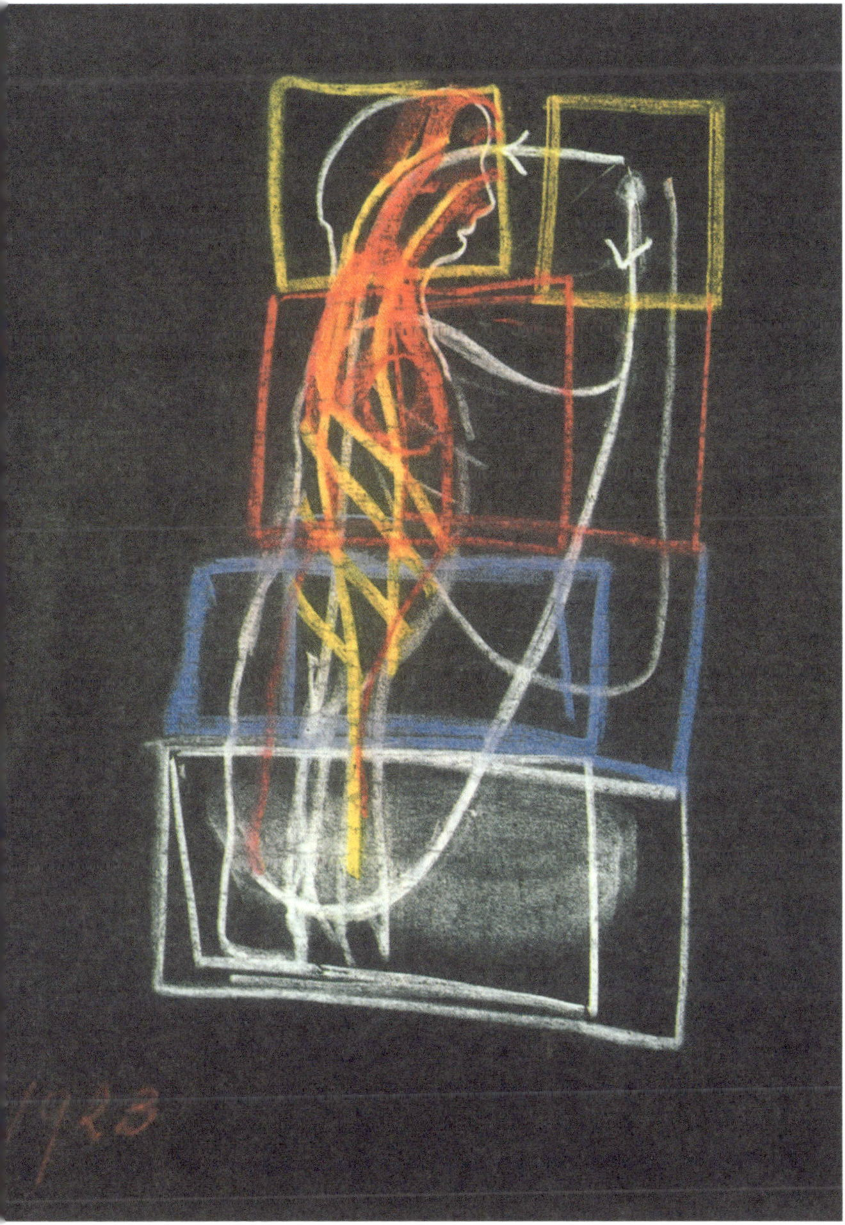
1923

Linie zweigt eine weitere Linie ab und führt in den roten Kasten des sichtbaren Menschen. Eine dritte Linie kommt direkt von oben und führt in die blau gekennzeichneten Kästen. Die bisher beschriebene Bildgestaltung der Wandtafelzeichnung sollte durchaus sehr exakt betrachtet werden. Wir können ihr immer neu sinnend gegenüberstehen und sie allmählich zu einem Meditationsgeschehen verinnerlichen. Dann erweist sich, dass an der Zeichnung nichts flüchtig oder allgemein dargestellt ist, sondern eine – so weit als möglich – direkte Übertragung der Schau einer geistigen Wirklichkeit der Ich-Tätigkeit am und im Leibe. Der gelbe, oberste Kasten rechts beschreibt das all-eine Ich. Von ihm gehen alle Tätigkeiten aus und führen in den Astralleib (rot), den Ätherleib (blau) und den physischen Leib (weiß). Der links gezeichnete gelbe Kasten symbolisiert die bereits erwähnte leibdurchdringende Ich-Organisation, den eigentlichen Ich-Leib. In dem Märchen der Bremer Stadtmusikanten finden wir eine Bildgestaltung dieser Wirklichkeit des Menschenleibs in den vier Tiermusikanten Esel, Hund, Katze und Hahn (von unten nach oben).

Wir finden also vier Ich-Strömungen in den viergliedrigen Leib, durch die das Ich diesen durchgreift, an ihm arbeitet, sich auch an ihm selbst erlebt. Diese wollen wir jetzt ausführlicher beschreiben und mit Anschauung erfüllen. Als Erstes wählen wir den Strom, der aus dem Ich direkt in den sichtbaren Menschen fließt und dort zur Ich-Organisation wird, die weiterströmt und auch den Astral- oder Empfindungsleib erfasst. Dieser ist der leibliche Ort, der befähigt wird, das unterste Glied unserer Seele, die Empfindungsseele, in sich aufzunehmen. Alle folgenden Darstellungen sind angeregt durch Rudolf Steiners Vortrag, der Fundament von allem ist. Sie bringen aber auch zum Ausdruck, was sich durch Jahrzehnte des inneren Umgangs mit diesen Inhalten und auch in der praktischen Anwendung zum Menschenverständnis in der ärztlichen Tätigkeit hinzustellte. Das eigentlich Medizinische, das sich im Untertitel «Das der Therapie zugrunde liegende Pathologische» ausdrückt, wird hier nicht erörtert werden bzw. höchstens gestreift.

Der **erste Ich-Strom** (siehe Abb. S. 157, 160, 161) geht also direkt zum sichtbaren Menschenleib und breitet sich *entlang* der Nervenbahnen in ihm aus, ihn ganz erfassend, wenn auch mit der Geste «von außen». Diese direkte Berührung des Leibes mit der rein geistigen Ich-Natur ist, so spricht es Rudolf Steiner aus, ein Zerstörungsprozess. Denn «überall, wo der Geist direkt in die physische Materie hineinkommt, liegt ein Zerstörungsprozess vor, ... ein feiner Todesprozess». Hier offenbart sich uns der Quell aller Abbauvorgänge im Leib. Diese eröffnen die Möglichkeit, dass Altes oder Altgewordenes abbstirbt, damit Neues, Junges an seine Stelle tritt. Das betrifft den ganzen Leib als Organismus, schwerpunktmäßig jedoch die Nerven-, Knochen-, Sinnes-, Binde- und sogenannten Stützgewebe, alles, was zum Festen drängt. Im Knochen ist die ihn ständig abbauende Zellart der Osteoklasten hierfür beispielgebend, die bei der Krankheit Osteoporose zu stark tätig werden. Das Ich selber gewinnt durch diese abbauende Tätigkeit Bewusstsein von sich selbst, auch von der Welt durch die Sinneswahrnehmung. Seine Tätigkeit ist gut beschrieben mit einem Spiegeln. So ist das Gehirn ein Spiegelorgan für das Ich, an welchem es sich seiner Gedanken – sie spiegelnd – bewusst wird. Diese Spiegelungstätigkeit, ja Fähigkeit des Ich ist eine von der modernen Wissenschaft als Physiologie noch überhaupt nicht ergriffene Ich-Funktion. Hier bildet das Ich Wachbewusstsein, hier hat das Vorstellen, das Denken seine leibliche Grundlage, hier gründet das funktionelle Sinnes-Nerven-System als eines

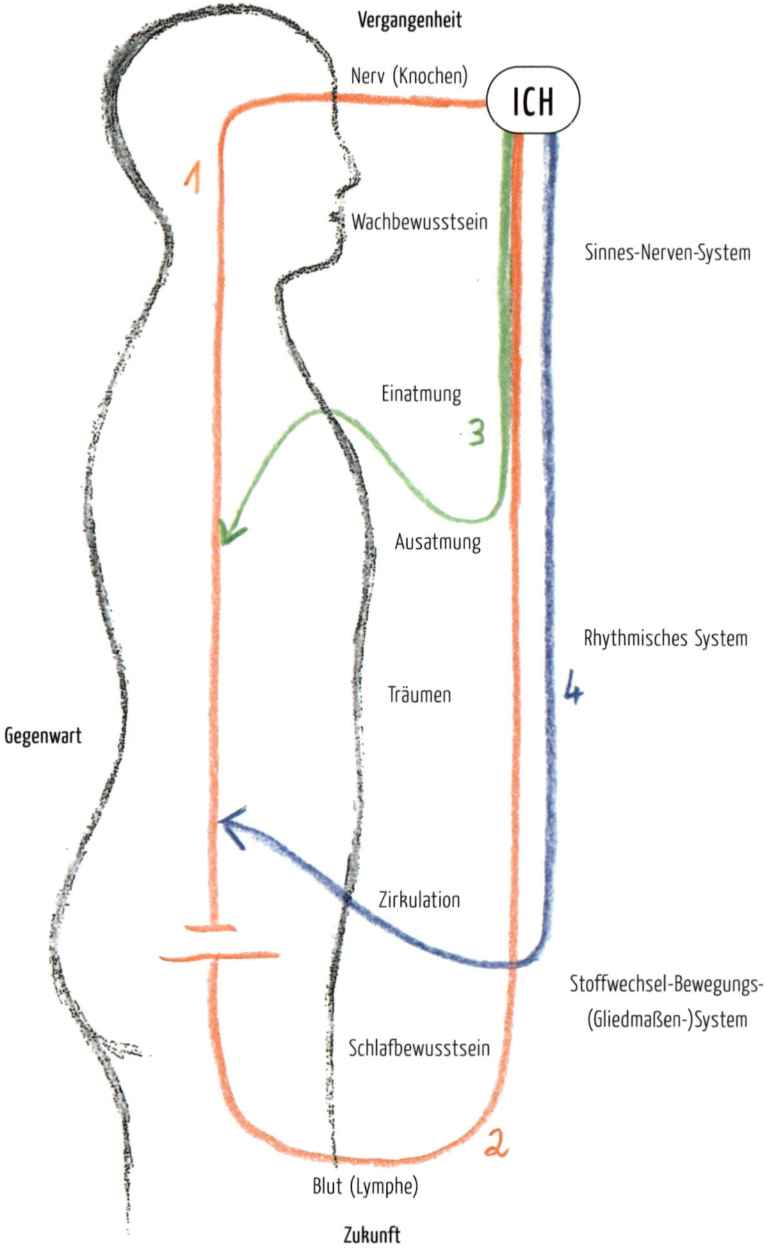

Schema: Wirken des unsichtbaren Menschen in den sichtbaren

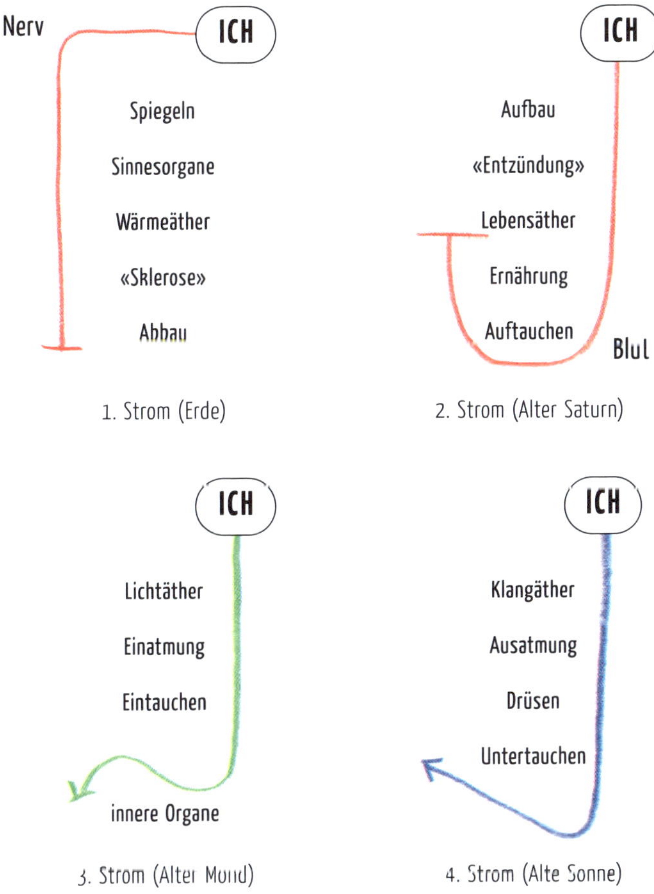

Schematisch: Die vier Ich-Ströme zum Leib

der drei leiblichen Gliederungen, die den seelischen Eigenschaften von Denken, Fühlen und Wollen ihre leibliche Grundlage schaffen.

Für diese spiegelnde Ich-Tätigkeit sind Oberflächen wichtig, und das Verständnis, dass das Ich von außen wirkt, «entlang der Nervenbahnen». Es wird auch deutlich, dass die so gewonnene Erkenntnis *keine* Wirklichkeit zeigt, sondern lediglich ein Bild, ein Spiegelbild. Dieses Spiegeln braucht glatte Oberflächen, so wie Narziss die glatte Seeoberfläche brauchte, um die eigene Schönheit zu bewundern (ein mythologisches Bild des physiologischen Geschehens). So sind alle glatten Oberflächen wie Kapseln, Knorpel, Nerven- oder Bindegewebe, zum Beispiel die Innenhaut (Intima) der Arterien, solche Orte der spiegelnden Ich-Tätigkeit als Ausdruck einer Sinneswahrnehmung. In dem deutschen Sprachsinn drückt sich dieses Geschehen und seine Scheinwelt in dem Wort «oberflächlich» aus. So gesehen ist eine Wissenschaft, die nur von den Sinnen ausgeht, eine «oberflächliche»!

Als **zweite Strömung** des Ich betrachten wir die den ganzen unsichtbaren Menschen durchziehende (Abb. S. 157, 160, 161). Mit ihr erfasst das Ich die geistig-vorgeburtliche Astral- und Ätherorganisation und dringt mit ihnen «von unten» in den sichtbaren Menschen. Ihr Eintrittsort dort ist der «sichtbare» physische Leib. Neben den drei geschilderten Elementen (Ich-, Astral- und Ätherorganisation) wirkt die geistig-physische Organisation mit, die auch aus dem Vorgeburtlichen stammt und gestaltbildend ist. Sie wird allerdings schon einige Zeit vor der Empfängnis von den anderen abgelöst und zum mütterlichen Organismus geleitet, um vom ersten Moment der Entstehung des Menschenleibes in dessen Gesetzmäßigkeit integriert zu werden. Das macht verständlich, warum in der Wandtafelzeichnung (S. 157) die beiden physischen Leiber («Kästen») *fast* deckungsgleich sind. In diesen reinen Kraftleib sind auch die Auferstehungskräfte eingepflanzt, die durch das Mysterium von Golgatha von Christus jedem Menschenleib geschenkt wurden. Zu jener Zeit drohte der physische Leib zu «verdorren», weil die Kräfte des Verfestigens, die der ersten Ich-Strömung entstammen, überhandgenommen hatten. In der Wiederherstellung der ursprünglichen kosmisch-geistigen Gemeinsamkeit des Urbilds von den vier Wesensgliedern des Menschen durch Christus liegen alle großartigen Aufbau-, Wachstums- und Regenerationskräfte, die unserem Wunderbau Leib zugrunde liegen. Hier gründet auch der Impuls zur Ernährung, die viel mehr ist als bloße Stoffaufnahme, und die sich mit dem Ich-Element verbindet: dem Willen. Beides setzt allerdings voraus, sich ich-gemäß zu ernähren, eine ganz eigene Betrachtungswelt. Wollen verbindet uns immer mit Bewegung, und so treffen wir in dieser Strömung auf den Stoffwechsel und die Gliedmaßen als das polare System zum Sinnes-Nerven-System. Mit dem Begriff der Gliedmaßen ist nicht ein anatomisches Substrat, sondern deren zentrale Bedeutung für das Bewegen angesprochen. Deshalb nannte Steiner es alternativ Stoffwechsel-Bewegungs-System. Hier hat das Ich ein kosmisches Bewusstsein, das wir modernen Menschen Tiefschlafbewusstsein nennen, weil wir es nicht erfassen. In diesem Bewusstsein vollziehen sich jedoch alle inneren Organprozesse, aller Aufbau, es ist voll tiefer Weisheit und durchdrungen von der ganzen kosmischen Ordnung (solange der Mensch nicht in seinem Unverständnis störend einwirkt!).

Beide Strömungen, die wir im Weiteren Strömung 1 und 2 nennen werden, bilden eine große, umfassende Polarität im Sinne Goethes: Polarität nicht als sich ausschließende Gegensätze verstanden («entweder-oder»), sondern als sich gegenseitig bedingende, von denen das eine nicht ohne das andere existieren kann («sowohl-als-auch»). Was aber erst vollständige Wirklichkeit wird, wenn wir ein drittes, ständig Gleichgewicht schaffendes, ausgleichendes Element erfassen. Durch die polaren Wirkrichtungen von oben und von unten wird verständlich, warum Steiner für die oft als überfordert erlebten Zuhörer vereinfachend von einem oberen und einem unteren Menschen sprach, was hier für einen Moment auch geschehen soll. Hat das Ich im ersten Strom für seine Verbindung mit dem sichtbaren Menschenleib die Nervenbahnen gewählt, tut es das für den zweiten Strom mit den Blutbahnen. Und müssen wir im oberen Menschen im Gesunden stets kühlen Kopf bewahren, waltet im unteren Menschen die Wärme. Haben wir oben die Verfestigungstendenz, begegnen wir im unteren Pol Auflösungskräften. Und wir entdecken die großartige physiologische Polarität von Sklerose (oben) und Entzündung (unten). Beide sind gesunde Gestaltungskräfte, nicht Ausdruck von Krankheit. Wir brauchen Festigkeit (Sklerose) an vielen Orten im Organismus, intensiv zum Beispiel in den Knochen, wir brauchen aber auch die Auflösungskräfte der Entzündung, zum Beispiel im Verdauen der Nahrungsstoffe. Da stoßen wir in dem grundlegenden Vortrag auf einen Satz, der geradezu ein Leitsatz für eine menschengerechte Medizin werden könnte, um sehr tiefgreifende Missverständnisse und daraus resultierende (Miss-) Handlungen zu ändern: «Wir entzünden uns immer so stark, dass wir die nach dem Abbau hingehende geschwulstbildende Kraft überwinden!» Ein großartiger Gedanke – mit einer unfassbar großen praktischen Bedeutung!

In seiner Konsequenz muss hier der kritische Blick auf alle Medikamente synthetischen Ursprungs geworfen werden, deren Wirkung als fiebersenkend oder antientzündlich beschrieben werden. Ohne sie grundsätzlich infrage zu stellen, muss die Häufung und Leichtfertigkeit ihrer Anwendung doch sehr kritisch, ja problematisch gesehen werden. Denn schwächt oder bekämpft man den Pol der aufbauenden regenerativen Kräfte des Ich, die im Stoffwechsel (Strom 2) tätig sein wollen, schafft man ein Ungleichgewicht zu ihren Ungunsten, so dominieren dann die abbauend-zerstörenden, verfestigenden Kräfte (Strom 1). Müssen wir uns da noch wundern über die enorme Zunahme degenerativer und sklerostisch-verfestigender Erkrankungen seit bald 100 Jahren?

Wir können weitere Polaritäten entdecken. In dem zweiten Strom stoßen wir auf die Ursubstanz der Erdenstufe, die wir alten Saturn nennen, in der wir als Mensch (Ich) geschaffen wurden, zusammen mit der Keimanlage des physischen Leibes. Es ist die Wärme des alten Saturns, der wir hier begegnen. Hier wird der Lebensäther tätig, den wir auch mit den «Müttern» in Goethes *Faust* verbinden können. Zu ihnen drängt es Faust, in ihnen hofft er das All zu finden und sein Lebensrätsel zu lösen, das ihn durch das ganze Drama Goethes bedrängt. Der Lebensäther liegt allem Leben zugrunde, und doch trägt er auch den Tod in sich, was Mephistopheles weiß und deshalb Faust von diesem Wagnis abhalten will.

Im ersten Strom waltet der jetzige planetarische Erdzustand, im engeren Sinne «Erde» genannt, in diesem Begriff jedoch Mars und Merkur repräsentierend, die das eigentliche Entwicklungsgeschehen prägen, wie im dritten Kapitel dargestellt. Hier ist der Wärmeäther wirksam, insbesondere in der Sinneswahrnehmung. Ist im zweiten Strom die Zukunft wirksam, leiblich ganz besonders in dem Lymphstrom, strahlt im Sinnes-Nerven-Geschehen die Vergangenheit ein, zum Beispiel als die Kräfte des aus ihr entstandenen Schicksals, dem Karma. Auferstehungs- und Todeskräfte stehen sich gegenüber und sind doch eng miteinander verbunden. Denn beide Ströme treffen im sichtbaren Menschen, von oben und von unten kommend, aufeinander, wie es in dem übersichtgebenden Schema (S. 160) anschaubar wird, das lediglich die vielfältig verwendete

Begrifflichkeit ordnen und festhalten soll, eben Schema und nicht Bild ist. Dabei ist entscheidend, dass die beiden Ströme so aufeinandertreffen, das ein Zwischenraum, ein *Interstitium* entsteht, wie wir es von den Nervensynapsen kennen, auch von den Gelenken; anzutreffen aber auch in allen Geweben oder – ganz wichtig – in allen Rhythmen. In diesem Zwischenraum entsteht *Gegenwart*, was auch im Worte «Augenblick» beschrieben wird, wieder ein Schlüsselwort im Drama von Faust: «Werd' ich zum Augenblicke sagen: / Verweile doch! Du bist so schön! /
Dann magst du mich in Fesseln schlagen, / Dann will ich gern zugrunde gehen.»

(Faust 1, Studierzimmer)

Wir schauen auf ein gewaltiges Leibesgeschehen unter den «Hammerschlägen» der Ich-Tätigkeit, wie sie so großartig in der *Edda* durch den Gott Thor und seinen Hammer Miöllnir dargestellt wird. Welten treffen aufeinander, Kämpfe werden gefochten. Denn das Ich ist in den beiden Strömen nicht allein. Die verantwortliche Weltenordnung hat es so gewollt, dass dem auch noch so jungen Ich Widerstände zugeordnet wurden, die seine Kräfte und Zielstrebigkeit fortdauernd prüfen, sie fördern oder auch schwächen können. Sie sind ahrimanischen und luziferischen Wesens – auch Doppelgänger genannt – und uns schon durch lange Zeitenräume persönlich zugeordnet, lebten mit uns schon so viele Leben, dass sie uns imitieren können. Daher wohl dieser Begriff von Doppelgängern. Sie stehen im Auftrag der regulären Weltenordnung dem Ich in seiner Arbeit zur Seite: die ahrimanische Natur als Verfestiger und Verdichter, auch als Zertrümmerer zum Beispiel der Welt der Nahrungsstoffe, sodass besondere organische «Wohnsitze» wie die Zähne oder auch die Bauchspeicheldrüse verständlich werden. Das luziferische Wesen wirkt in allen Auflösungsvorgängen, in der Entzündlichkeit oder in organischen Verbrennungsprozessen. Ein Wohnsitz ist die Schilddrüse, das wohl emotionalste Organ in uns. Beide haben ihren eigenen Willen, leisten «zähneknirschend» oder «naserümpfend» die ihnen aufgetragenen Hilfen. Versuchen jedoch zugleich, ihr Wesen dem Ich überzustülpen und es so in ihre Welt zu bannen. Der eine will uns in Vergangenheitskräften festhalten, der andere mit uns in das Wolkenkuckucksheim einer Zukunft fliegen, die keine wirkliche, nur Illusion ist. Und wir werden weitere geistige Kräfte treffen und benennen können, die in unserem Mikrokosmos Leib in Gefolgschaft des Ich tätig sind.

Wenden wir uns nun den beiden mittleren Ich-Strömen zu. Auch sie werden eine polare Zusammengehörigkeit erkennen lassen, wenn auch in milderer Form als die beiden Hauptströme. Schauen wir zunächst auf den oberen, den **dritten Strom** (siehe Abb. S. 157, 160, 161). Er entspringt direkt aus dem Ich-Strom, der ganz nach unten führt und alle vier Glieder des unsichtbaren Menschen erfasst. Er zweigt aus dem Bereich der unsichtbaren Astralorganisation in den «sichtbaren» Empfindungsleib ab, beschreibt dabei eine wellenförmige Bewegung, die zunächst aufwärts und dann hinunterschwingt. Er sucht die Nähe aller Nervensubstanz und übt einen abgeschwächten Zerstörungsprozess aus. Er ist also auch abbauend und bewusstseinsbildend tätig. Allerdings ist letzteres abgeschwächter und führt zu einem Traumbewusstsein, in dem das Fühlen lebt. Rudolf Steiner nennt diese Strömungsbewegung eine *eintauchende*. Auch damit ist nicht nur ein Bild gebraucht, es wird ein realer Vorgang beschrieben. Das Ich unter Mitnahme der Astralorganisation taucht in den Empfindungsleib ein, doch nur für einen Moment, dann tauchen sie wieder auf und ziehen sich in den unsichtbaren Menschen zurück, um im rhythmischen Wechsel dieses Geschehen ein Leben lang zu wiederholen, achtzehnmal in der Minute, 25.920-mal (wie ein platonisches Weltenjahr) in 24 Stunden. Dieser Strom impulsiert die Atmung, und zwar als *Einatmung*, Inspiration! Die Ausatmung hat ihre Impulsierung im *vierten Ich-Strom*. Wir treffen auf den Rhythmus, auf den oberen Anteil des Rhythmischen Systems, das eben auch einen tiefer gelegenen Anteil hat. Beides kann im Anschwellen und Abklingen erlebt werden, physiologisch im Tonus, dieser lebenstypischen Spannung, die im Gesunden immer als Ausgleich von Anspannung und Entspannung lebt. Es wird schon in dieser Beschreibung des dritten Ich-Stroms deutlich, wie viel enger die beiden mittleren Ströme kommunizieren als die beiden Hauptströme. Die Astralorganisation gibt dem Ich die Möglichkeit zur Differenzierung. Aus der ganzheitlichen Eizelle werden Außen- und Innengewebe (Ekto- und Endoderm), und wieder tritt ein vermittelndes und ausgleichendes Drittes hinzu, das Mesoderm. Aus dieser Ich-Kraft entstehen die hochdifferenzierten Gewebe, besonders die Organgewebe, die Parenchym genannt werden. Wir können dank der Histologie, dem mikroskopischen Anschauen der Gewebe staunend erleben, welcher großartige Baumeister das Ich ist, wenn wir zum Beispiel die Läppchenstruktur der Leber, die filternden Gefäßknäuel (Glomerula) der Nieren, die Knochenbälkchen oder die Querstreifung der Muskeln, die der von Willkür ausgelösten Bewegung dienen, wahrnehmen. Hier wird unmittelbar Erlebnis, dass unser Ich große Helfer hat, in großer Zahl und mit unterschiedlichem Vermögen und damit auch Aufgaben. Führend sind die Geister der *Form*, die Exusiai, die eine grundsätzliche Nähe zum Ich haben.

Der **vierte Ich-Strom** (siehe Abb. S. 157, 160, 161) nimmt seinen Ausgang wieder aus dem all-einen Ich, symbolisiert durch den rechten oberen, gelben «Kasten» auf der Wandtafelzeichnung. Steiner beschreibt diesen Strom im Vortrag als direkt vom Ich in den Ätherleib führend, um sich dort mit dem Atmungsprozess, wir können auch sagen, mit dem dritten Strom zu begegnen. Er macht auch darauf aufmerksam, dass dieses Geschehen schon sehr stark im Übersinnlichen liegt, sodass eine «gewöhnliche» Physiologie es nicht verfolgen kann. Wir können ergänzen: eine okkulte Physiologie, die Steiner 1911 in Prag vortrug, kann das durchaus. In diesem Ich-Strom liegt die Kraft zur Ausatmung, die auch Trägerin des Sprechens, des Lachens und Weinens, ja auch des Seufzens ist, Elemente unseres Menschseins, auf die wohl kaum ein wirklicher Mensch verzichten möchte. Die Art dieser Strömung nennt Steiner ein *Untertauchen*, was etwas von der Tiefe des Eindringens und der Intensität des Sich-Verbindens erleben lässt. Ihr Wesen ist Zirkulation, sie bildet Kreisläufe, kehrt immer wieder zu sich selbst, ihrem Quellort zurück. Herrscht in der dritten Strömung Tonus und damit Druck, wirkt hier ein Saugen bis zum Vakuum, wie es zum Beispiel in dem Spalt zwischen Rippen- und Lungenfell, dem sogenannten Pleuraraum herrscht, wodurch die Lungen entgegen der ihnen innewohnenden Tendenz zur Schrumpfung weit ausgebreitet, der Atmung dienend, gehalten werden. Auch das Geheimnis des rückströmenden, druckfreien venösen Bluts wird hier offenbar. Der arterielle Schenkel des Blutstroms gehört zum dritten Ich-Strom, der venöse zum vierten. Die Lymphe stammt aus dem großen zweiten, sie ergießt sich in den venösen Teil des vierten Stroms. Dabei vereinigen sich die vor allem in der Nacht wirksamen Aufbauströme von zweitem und viertem Strom. In letzteren sind sie weniger intensiv, aber doch von großer Wirkung. Organisch ihm zugeordnet sind die Drüsen, vor allem die sogenannten exokrinen, die zum Beispiel die Verdauung bewirken. In den endokrinen, hormonbildenden Drüsen ist die Astralorganisation hauptverantwortlich tätig, doch gibt auch hier der vierte Strom die Dynamik der Sekretion, die übrigens rhythmisch verläuft. Alle geschilderten Vorgänge bilden die Grundlage für unser Gemüt, eine Seelenkraft, deren Besonderheit noch wenig entdeckt und beschrieben worden ist. Das Gemüt wird oft mit dem Fühlen assoziiert, was auch nicht falsch ist, seine Tiefe aber nicht erreicht, die eben einer «gewöhnlichen» Psychologie nicht zugänglich ist. Hier träumt das Bewusstsein im Schlafe, ohne dass wir von diesen Träumen wissen. Wir können es auch dem Pflanzenbewusstsein gleichsetzen.

Schauen wir im nächsten Schritt nun auf das polare Zusammenwirken der mittleren Ströme, die wir als dritten und vierten Ich-Strom gekennzeichnet haben. Ihr Verbundensein ist viel deutlicher als das Polare, welches in den Hauptströmen herrscht. Atmung und Blutkreislauf sind in beiden wirksam, im oberen trafen wir auf die großen Organe (wie Leber, Nieren, Herz), im unteren auf das lebenspendende Drüsensystem. Im Rhythmus sind beide enthalten, gehen auf sich zu, entfernen sich voneinander. Und dazwischen – wieder in diesem Zwischensein – steht das Ich. Mit ihm steht dort als größter Helfer der Christus, er ist mittebildend. Er schenkt dem Ich die Kraft, beide Leibgebiete zusammenzuhalten und doch auch im rechten Maße getrennt zu halten. Sein organischer Wohnsitz ist das Herz, worüber wir noch gesondert sprechen werden. Sein Wort ertönt im Klangäther der unteren mittleren (vierten) Strömung, sein Licht strahlt in alle Winkel des Leibes als Lichtäther im oberen mittleren (dritten) Strom. Sein Rhythmus prägt alle Rhythmen, vor allem in Blut und Herz als Puls und Schlag. Er schenkt die Unermüdlichkeit aller Tätigkeiten im mittleren Menschen, die besonders in der Atmung und Blutzirkulation anschaubar sind, die doch ein Leben lang ohne größere Pausen tätig sind. Er wirkt im ganzen Menschen aus dem Zwischensein, den Zwischenräumen, Gegenwart bildend.

In dem vierten Strom finden wir die Kräfte der alten Sonne, in der der erste Keim eines Ätherleibs entstand, aber auch das Lebenswasser des Flüssigen, das auf dem alten Mond entstand. Und ebenso gemischt ist beider Wirken im dritten Strom, wo die Lichtbildung der alten Sonne mit der Differenzierungskraft des alten Mondes zusammentrifft. Mit Goethe: «So wunderbar ist das Leben gemischt.» Diese Mitte des Menschen dürfen die genannten Doppelgängerwesen rechtmäßig nicht betreten. Sie genießt einen besonderen Schutz. So stehen zwei weitere Wesen dem Christus helfend zur Seite: der Erzengel Michael im oberen Raum, verbunden mit Licht und Einatmung, der nordische Engel Widar im unteren Raum, verbunden mit dem Klang und der Ausatmung. Beide wirken auch stark im Blut, welchem Michael sein Eisen in die roten Blutkörperchen prägt, und Widar das immer belebende Element im Plasma speist. In unserer Zeit wird es allerdings immer notwendiger, dass wir uns mit unserem Ich in Geistesgegenwart diesen drei Helfern verbinden. Denn sie leben für die Freiheit, die der Mensch als besondere kosmische Kraft entwickeln soll, zu der er vom Schöpfer berufen, geschaffen wurde. So können sie im Wesentlichen nur helfen, wenn wir es *wollen*, wenn wir ihnen die Türen öffnen, an die sie anklopfen. Wobei es oft genug auch ohne diese Ich-Präsenz Hilfe gibt, zum Beispiel beim aufwachsenden Kind, beim hilfsbedürftigen Alten, beim Kranken. Gerade hier erfüllt sich ein weiteres Wort aus Goethes *Faust* vom «immer strebenden Bemühen». Denn wir sind noch Anfänger, noch weit entfernt vom Könner. Ganz besonders wichtig sind die Hilfen gegen das permanente Eindringen-Wollen der Doppelgänger, die Helfer in dem Leibschaffen der beiden großen Ich-Ströme sind, Störenfriede jedoch, wenn sie in unserer Mitte wirken. Dort sind sie sofort Verursacher von Krankheiten, der ahrimanische speziell von leiblich-zerstörenden, sogenannten organischen Krankheiten, der luziferische in leibauflösenden-entzündlichen, die ihre Symptomatik ins Seelische strahlen und dort als Hysterie, Neurasthenie, Hypochondrie, Wahn und vieles mehr erscheinen. Kaum ein Mensch unserer Zeit hat schon die Ich-Kraft, diese krankmachenden Einflüsse ganz abzuwehren, wozu dem Leib und der Seele ja das großartige Immunsystem geschaffen wurde. Deshalb sind die mächtigen Helfer so wichtig, aber auch, dass wir uns ihrer bewusst sind, sie anrufen, bitten, um mit ihnen zusammenzuarbeiten.[122]

Wir sehen also das Ich vielfältig am Leib wirken, um sich die richtigen Werkzeuge und Instrumente zu schaffen, um mit ihnen ein tüchtiger Handwerker und kreativer Künstler in dieser Welt zu werden und zu sein. Dieses lebenslange, vom Willen impulsierte Tun hat zwei Richtungen: an ihm lernt das Ich sich und seine Fähigkeiten immer besser kennen, kann sich im Tun selber fortentwickeln; und es ist in aller Anfänglichkeit Mitschaffendes an der Erdentwicklung. *Arbeiten* ist ein zentrales Ich-Element im Leben zwischen Geburt und Tod. Arbeit ist immer verbunden mit Lernen, denn als Ich sind wir Lehrlinge, noch keineswegs Gesellen oder gar Meister in dieser Welt.

122 Siehe Volker Fintelmann / Steffen Hartmann, *Mit Widar Zukunft schaffen,* Stuttgart [2]2022; sowie Volker Fintelmann, *Die spirituelle Seite des Immunsystems,* Reihe Aethera / Urachhaus [2]2022.

Und Arbeit, wenn es eine solche wirklich ist, ermüdet, baut ab. Deshalb darf das Ich und mit ihm der Astralleib immer neu, möglichst rhythmisch, Pausen einlegen. Diese Pausen nennen wir den Schlaf. Dieser, der in sich auch ganz rhythmisch geordnet ist, hat eine doppelte Funktion: das Ich darf ausruhen, neue Kräfte schöpfen, es geht aber gleichzeitig in die Schule seiner Lehrer aus der dritten Hierarchie, die sich von der Tagesarbeit berichten lassen und loben oder korrigieren. Und die das Ich vorbereiten auf den neuen Tag und ihm beibringen, was es besser machen kann, oder wie es das im Schlaf neu Gelernte anwendet. Die von Rudolf Steiner angeregte abendliche Rückschau auf die Inhalte des vergangenen Tages hat auch den Aspekt, sich gut für den nächtlichen Tagesbericht zu rüsten, den der Mensch beim Eintreten in den Schlaf seinen Lehrern geben wird. Die Qualität des Schlafs hängt stark davon ab, ob dies gelingt und die Lehrer zufrieden sein können. Wir finden die dritte Hierarchie im unsichtbaren Menschen, in den drei Strömen des Ich: die Engel in dem mit der Zirkulation und Ausatmung verbundenen Strom (vierter Strom), die Erzengel in der Einatmung und Tonusbildung (dritter Strom), die Urkräfte in den Tiefen des Stoffwechsel-Bewegungs-Systems (zweiter Strom). Ich und Astralleib trennen sich für den Schlaf von dem sichtbaren Menschen, durch den ersten Ich-Strom charakterisiert, und verbinden sich innig mit den drei anderen, um aus ihnen neue Kraft und Belehrung zu gewinnen. Die Tageskräfte des Ich wirken in dem zurückgelassenen Äther- und physischen Leib des sichtbaren Menschen nach. Wenn dieses Nachklingen nachlässt, wird es Zeit, dass das Ich mit dem Astralleib zurückkommt – wir wachen auf.

Wenn wir nun an einzelnen Organen beispielhaft die Ich-Tätigkeit anschaulich machen werden, sei noch eine Tatsache genannt, die für das Verstehen wichtig ist. Das Verhältnis der vier Grundelemente von physischem Leib, Äther- und Empfindungsleib sowie Ich-Organisation und ihr Berührt-Werden oder Durchdrungen-Sein von der entsprechenden kosmisch-geistigen Organisation, die wir in den vier Strömungen beschrieben haben, ist keineswegs einheitlich. Jedes Organ, alle Gewebe haben ihre eigenen «Mischungen» der Intensität der jeweiligen Einwirkung. Das Blut ist zum Beispiel fast unphysisch, der Knochen kaum noch lebendig, die Leber wenig astral (wir kennen keinen Schmerz in der Leber), die Bauchspeicheldrüse wenig regenerativ usw. Das Ich kann sich also nicht auf festgelegte «schematische» Ordnungen stützen, sondern muss voller Einfühlsamkeit für jeden organischen, seelisch-leiblichen Ort kreativ tätig sein und stets die richtigen Lösungen finden, wenn ein Organ Bedarf anmeldet. Hier hilft ihm ein Weltenelement, das heute viel zu wenig geschätzt wird: die *Fantasie*. Sie ist eine zentrale Kraft aller Kreativität und Ausdruck des Schöpferwillens. Aus ihr ist unsere ganze Welt geworden, und wir können nur staunen und voller Ehrfurcht sein, wenn wir auf die erschaffene und sich immer neu schaffende Welt der Schöpfungsmächte blicken.

Nehmen wir als Beispiel einen Baum: die Linde. Sie bildet für sie typische Blätter, die man von denen anderer Bäume – Eichen, Birken – gut unterscheiden kann. Man schaue dann aber genauer hin und entdecke die Vielgestaltigkeit der einzelnen Blätter, wie jedes ganz eigen ist, keine zwei einander exakt gleichen. Auch von den Schneeflocken wissen wir, dass keine der wunderschönen Kristallformen der anderen gleicht. Oder die Tiefseewelt der Meere, überhaupt die Vielfalt der Tier- oder Pflanzengestalten. Eine nicht zu fassende Variabilität, ein Formenreichtum, der der schöpferischen Fantasie entstammt und nicht enden wird. Und noch etwas können wir entdecken: die Schöpferlust, die Freude zu schaffen, die für alle Lebewesen zur Lebenslust wird.

Am ausgeglichensten, musikalisch gesprochen am harmonischsten ist unsere leiblich-seelische Konstitution im Herzorgan. Deshalb soll es das erste Beispiel sein, die Ich-Tätigkeit «vor Ort» zu beschreiben.

Das Herzorgan

Rudolf Steiner hat das menschliche Herz ein Mittelpunktorgan genannt. Das ist es auch im realen Sinne des Wortes für unser Ich. Wirft dieses im ständigen Bilden der Ich-Organisation so etwas wie einen Anker in den sichtbaren Leib, der rhythmisch wechselnd in Wachen und Schlafen gelichtet und wieder versenkt wird, so ist das Blut der einzige leibliche Ort, den es in seiner rein geistigen Wesenheit betritt und sich mit ihm dauerhaft, von Geburt bis zum Tod, verbindet. Es taucht in das Blut unter, um ein Bild aus den vorausgegangenen Schilderungen des sichtbaren und unsichtbaren Menschen in uns aufzugreifen. Und doch geschieht sein Untertauchen ganz anders, als wir es uns vorstellen oder erleben, wenn wir zum Beispiel in einen See springen und eine Zeit unter Wasser bleiben. Es gibt für das wirkliche Geschehen des Untertauchens vom Ich in das Blut ein wunderbares Bild in den Evangelien: Christus wandelt auf dem Wasser (Matth. 14,22-23). Es ist eine Sturmnacht, die Jünger, von denen etliche Fischer waren, sind im Boot auf dem See und befürchten, dass das Boot kentert und sie mit ihm untergehen. Da kommt ihnen Christus vom Ufer her über das sturmgepeitschte Wasser, ruhig schreitend, entgegen, gebietet den Winden zu schweigen, die See beruhigt sich. Christus aber fragt seine Jünger nach der Kraft ihres Glaubens! In seinem Blut waltet dieser neue Glaube, den er allen Menschen durch das Mysterium von Golgatha, durch Kreuzestod, Überwindung des Todes und Auferstehung in der Kommunion von Brot und Wein schenken wird. Der Wein ist sein transsubstantiiertes Blut, so wie das Brot sein Leib. Seit diesem Weltgeschehen der Verwandlung ist das Blut als einziges Organ herausgehoben aus der Schwere und den Finsterniskräften des Leibes, welcher in extremer Ausgestaltung dieser Kräfte ein Knochenskelett bildet, das nicht zufällig symbolisierendes Bild des Todes wurde. Im Blute aber wirken seit Golgatha Leichtekräfte, es ist keine irdische Substanz mehr, sondern so gestaltet, dass es selbst als fast geistig das Geistes-Ich tragen kann, ohne dass dieses in ihm versinkt; ohne dass es selbst von der Geistesflamme verzehrt wird. Blut ist in diesem Sinne eine ätherische Substanz, und so spricht Steiner auch von einer ständigen «Ätherisation des Blutes». Die einen Übergang aus dem Irdischen ganz ins Geistig-Kosmische anstrebt, daran jedoch durch Michael ständig gehindert wird, indem dieser dem Blut die Schwere des Eisens einfügt. Die roten Blutzellen, die Erythrozyten, die dieses Eisen, das kein gewöhnliches Eisen ist, in sich tragen, verlieren dadurch ihre Lebendigkeit, werden kernlos und damit unfähig, sich zu vermehren. Sie tragen – mitten im höchsten Leben – den Tod in sich. Diese an den Kosmos angebundene Substanz «Blut» kann das Ich betreten, auf ihm durch den ganzen Leib wandeln, ohne ihm zu schaden oder selbst Schaden zu nehmen. So verstanden ist das Blut eine einmalige kostbare Substanz, «ein ganz besonderer Saft», wie Mephistopheles es Faust gegenüber ausspricht. Es gerät erst unter die Gesetzmäßigkeit der Erdenkräfte, wenn es den Körper des Menschen verlässt, zum Beispiel indem man es zu medizinisch-diagnostischen Zwecken entnimmt. Es ist von diesem Moment an nicht mehr das Blut, das in uns strömend unser Ich durch den Leib und alle seine Gewebe und Organe, alles verbindend, trägt. Es ist dann irdisch geworden.

Aus dem lebendigen, strömenden, ich-tragenden Blut ist das menschliche Herz geworden. Anders gesprochen: das Blut hat sich sein Mittelpunktorgan geschaffen. Das wird auch – von außen angeschaut – in der Embryologie deutlich, denn das Blut entsteht als Erstes, beginnt zu pulsieren; dann folgt das Gefäßsystem und zuletzt das Herz. Und so ist das Herz ein Wahrnehmungsorgan, ein Sinnesorgan für das Ich geworden. Es hat die Aufgabe bekommen, das dem Sturmgeschehen vergleichbare kraftvolle Strömen des Blutes für einen Augenblick anzuhalten, es zu stauen, damit das Ich alle Botschaften lesen und auswerten kann, die das Blut auf seiner Reise durch den Leib aufgenommen hat und dem Ich im Augenblick des Stehenbleibens im Herzen zur Kenntnis gibt. Rudolf Steiner wählte dafür das Bild einer Tafel: eine Bluttafel. Eine Tafel war ja noch lange Zeiten bis weit ins 20. Jahrhundert eine Möglichkeit, etwas aufzuschreiben, was man sich merken wollte. Auch in den ersten Schulklassen wurde auf die Tafel geschrieben. Im Unterricht wurde vom Lehrer an die Wandtafel geschrieben, auf kleinen Tafeln schrieben die Schüler das dort Geschriebene ab. Bemerkenswert, wie regelmäßig Rudolf Steiner seine Vortragsinhalte durch Wandtafelzeichnungen intensivierte, bildhaft werden ließ, wie wir an dem Beispiel des unsichtbaren Menschen zeigen konnten.

Staunenswert ist, wie exakt das Ich die gesammelten Texte aufnimmt, im Bruchteil einer Sekunde, dann eilt das Blut schon wieder von dannen. Und das geschieht im Ideal 72-mal in der Minute, durch Blutpuls und Herzschlag zum Ausdruck gebracht. Unfassbar! Doch wirklich vom Denken erfasst, wird erlebbar, dass das Ich durch sein geistiges Sein außerhalb von irdischer Zeit und irdischem Raum wirkt, und doch für diese Augenblicke im Herzorgan ihrer ansichtig wird, sie erlebt, von ihnen berührt wird. Der Mensch ist gerade im Herzen Bürger zweier Welten.

Von außen betrachtet ist das Herz ein physisch starkes Organ. Es bildet einen kräftigen Muskel und zeigt mit vier Raumesbildungen auch, dass es die Erde repräsentiert. Diese «Räume» werden Vorhöfe und Kammern genannt, in der Mitte trennt sie eine bindegewebige Scheidewand, das Septum. Die Vorhöfe und Kammern trennen sogenannte Klappen, die den Blutzustrom und -ausfluss regulieren und von hoher Elastizität sind, sonst würden die Blutzellen, besonders die Erythrozyten, an ihnen zerschellen. Denn noch einmal sei darauf hingewiesen: der Blutstrom kreist mit gewaltiger Kraft und unglaublicher Geschwindigkeit, vergleichbar einem herabschießenden Gebirgsbach. Es ist ein wirkliches Wunder, dass wir das damit verbundene Rauschen nicht ständig hören; es ist zugleich eine Gnade, denn wir würden damit nicht leben können, wir würden verrückt werden. Auch diese Tatsachen werden verstehbar und sind dann kein Wunder mehr, wenn ernst genommen wird, dass diesem Lebenswasser Blut ja im Leib alle Schwere und Dichte entzogen wird und ein «ätherischer» Strom alle die genannten Phänomene auslöst, die uns staunen lassen. Das Ich begegnet im Herzen also ganz unmittelbar dem physischen Leib, beide sind innig verbunden. Dagegen nehmen sich Äther- und Empfindungsleib zurück. Das Herz hat physisch keine starken Regenerationskräfte, ein durch Infarkt abgestorbener Muskelteil regeneriert kaum, wird überwiegend zur bindegewebigen Narbe. Und wir haben auch kaum eine Empfindung vom Herzen. Wenn es gesund ist, erleben wir seine Bewegung nicht, keinen vom Leib geprägten Schmerz. Wenn das Herz in der Herzenge, der Angina pectoris, heftig schmerzt, sind es die kranzförmig das Herz umgebenden Gefäße, die es selbst mit Blut versorgen. Die zwar zum Herzorgan gehören, aber nicht eigentlich «Herz» sind. Doch ist das Leibesgliedergefüge im Herzen sehr ausgewogen, kein Wesensglied ist unterrepräsentiert, alle bilden ein harmonisches Geschehen. Nur die mittleren Glieder nehmen sich im rein organischen Geschehen zurück, hier ist vor allem das Zusammenwirken von Ich und physischem Leib entscheidend. Wir werden aber die besonderen Aufgaben von Äther- und Empfindungsleib des Herzens noch darstellen.

Zunächst bleiben wir noch bei der Begegnung von Blutstrom und Herzorgan. Es sind ja zwei deutlich unterscheidbare Blutströme, die zum Herzen fließen und wieder von ihm fort. Wir nennen sie anschaulich rotes und blaues Blut, im Fachsprachlichen arterielles und venöses. Das eine strömt vom Herzen fort, um Informationen im Leibe zu sammeln, das andere trägt sie zum Herzen zurück. Üblichermaßen wird das venöse Blut als verantwortlich für den Abtransport von allem Verbrauchten gesehen, das ausgeschieden werden muss. Repräsentativ dafür ist Kohlendioxid (CO_2), das als ein solches Abbauprodukt gesehen wird. Die alten Ärzte sprachen auch bildhaft von Schlacken. Dabei ist – so paradox das zunächst erscheint – Kohlendioxid ein lebensfördernder Stoff, der alle vegetativen Prozesse und mit ihnen verbundenen Aufbau fördert. Man schaue auf die Pflanzen, wie sie mithilfe ihres Äherleibs aus dem Kohlendioxid ihren «Leib», ihren Pflanzenstoff bilden. Die Kräfte für diesen Stoffwechsel holen sie sich aus dem Licht. Ebenso nutzt unser Organismus das im Stoffwechsel entstehende Kohlendioxid, um «Menschenstoff oder -leib» zu bilden. Allerdings wird dafür nur ein Teil genutzt, die größere Menge wird ausgeatmet und den Pflanzen zur Verfügung gestellt, die uns ihrerseits überschüssigen Sauerstoff schenken. So sind Pflanze und Mensch auf der Erde innig verbunden. Das macht auch verständlich, dass Pflanzennahrung die ideale Form für den Menschen ist, denn hier besteht Nähe, Einverständnis.

Für das Herzorgan wesentlich ist jedoch, dass das venöse Blut die Fülle aller Informationen aufgenommen hat, die es im Rückstrom zum Herzen trägt. Die Aufnahme geschieht in dem geheimnisvollen Bereich der Kapillaren, welche die Verbindung von arteriellem und venösem Schenkel des Blutgefäßsystems herstellen. Auch hier gibt es einen Übergang, der – synapsenartig – einen Augenblick alles Räumliche verlässt, vom Physischen aus gesehen ein Nichts bildet, der die Möglichkeit schafft, die aus den Organen und Geweben stammenden Informationen ins Blut zu prägen. Es sind die Bedürfnisse, die an die Regulation des Gesamtorganismus angemeldet werden, z.B. mehr Blut und Sauerstoff zu benötigen, mehr oder auch weniger Zucker als besonders wichtigen Energiegeber, Mineralien und vieles mehr. Es werden auch die Befindlichkeiten mitgeteilt, die dann über den Lebenssinn vom Ich wahrgenommen werden. Alles auf dieser «Bluttafel» des venösen Bluts Aufgezeichnete wird in der rechten Herzkammer gelesen und verarbeitet. Dann strömt das «entleerte» Blut weiter zur Lunge, um Sauerstoff und andere Imponderabilien, Feinstofflichkeit, aufzunehmen und weiter zur linken Herzhälfte zu strömen. In der linken Herzkammer prägt das Ich nun dem Blut seine Impulse ein, die Antworten auf das zuvor in der rechten Herzkammer Gelesene sind. Wir können auch von Aufträgen sprechen, welche das Ich auf den Wegen des arteriellen Bluts an die Organe und Gewebe gibt, z.B. mehr oder weniger zu tun, auch den Gesamtorganismus im Blick zu haben, in sich Ordnung zu schaffen und wieder vieles mehr.

Die Arterien sind Vermittler für das aktiv gestaltende Ich, womit auch das Element Blutdruck verbunden ist. Dem venösen Blut steht das Ich empfangend gegenüber, auch erwartend, interessiert. Aus beiden Haltungen entsteht der Wille des Ausgleichens, Ordnungshaltens, eines sozialen Miteinanders aller so unterschiedlichen Organtätigkeiten. Man überlege nur einmal die Verschiedenheit von Gehirn und Leber. In dieser unaufhörlichen und andauernden Tätigkeit wird das Ich getragen durch die drei Wesenheiten Widar, Michael und Christus, die schon im Betrachten vom sichtbaren und unsichtbaren Menschen angesprochen wurden. Und hier liegt auch das Aufgabengebiet von Ätherleib und Empfindungsleib des Herzens, die weniger aktiven Anteil an der Arbeit des Herzens und des Blutes nehmen, sondern die sich ganz in den Dienst der Anwesenheit von Widar, Michael und Christus stellen, um deren Präsenz für das Ich an diesem Mittelpunktgeschehen «Herz» zu ermöglichen. Wo der Mensch, das Ich, ganz Mensch sein kann, unberührt von Einflüssen der Widersachermächte. Gelingt dieses präsente Miteinander in seiner reinen Form, dann ist das Herz der Ursprung alles Sozialen, das sich in christlichen Worten wie der Nächstenliebe oder der Barmherzigkeit ausdrückt. Es kann auch verständlich werden, wieso das Herz eigentlich nicht von der Krebskrankheit ergriffen werden kann.

Widar wirkt in dem Lebensbereich des venösen Bluts, das die Aufbaukräfte in sich trägt, immer Neues und damit Zukünftiges schaffend. Das hat einen besonderen Anteil im Lymphsystem, welches – so Rudolf Steiner im *Pastoralmedizinischen Kurs* – unser aus der Zukunft wirkendes Schicksal dem Ich vermittelt. Widar schafft nach der Götterdämmerung ein neues

«Reich», dessen Ausgangsgeschehen sein weites Land Widi ist, in das sich alle neu erstandenen oder rückgekehrten Götter und das Menschenpaar Lif und Lifdrasir mit ihm vereinen. Er tritt dem Fenriswolf in das aufgerissene Maul und hindert ihn, als Repräsentant von Ahriman, die Menschen zu überwältigen und zu verschlingen. Physiologisch oder «venös» gesprochen, wirkt Widar von unten nach oben, aus den Tiefen in die Höhen.

Von oben nach unten in den arteriellen Schenkel wirkt Michael. Er hält den Drachen-Luzifer unter seinen Füßen, um ihn zu hindern, die Menschen an die Vergangenheit zu binden und ihnen vorzugaukeln, die Erde sei ein Jammertal, dem es zu entfliehen gilt. Michael vermittelt uns das aus der Vergangenheit wirkende Schicksal und die in ihm veranlagte Planung des diesmaligen Erdenlebens. Er prägt Tatkraft und Mut in Blut und Ich, was sich im arteriellen Blut verwirklicht. Er vermittelt über die Erythrozyten auch die Todeskräfte, die Grundlage unseres wachen Tagesbewusstseins. Mit ihnen und dem arteriellen Blut sind die abbauenden Kräfte verbunden. Zugleich mahnt er uns, die Freiheit zu einem Ich-Element zu machen, Freiheit im Geistesleben zu entwickeln. Rudolf Steiner nennt Michael den geistigen Held der Freiheit. In der nordisch-germanischen Mythologie steht an dieser Stelle Thor mit seinem Hammer, der im Zusammenhang mit dem Herzschlag des Menschen erlebt werden kann.

Christus steht im Zwischenreich von Äther- und Empfindungsleib des Herzens, mittelpunktbildend hinter dem Ich. Er ist dessen spiritueller Lehrer, nicht dozierend, sondern als ewiges Vorbild des Urmenschen, den Pontius Pilatus in einem Augenblick der Hellsichtigkeit erkannte und sein «Siehe, der Mensch» (Ecce homo) in die Weltenzukunft sprach. Christus ist das Hypomochlion, der ruhende Punkt des Waagebalkens, von dem aller Ausgleich geschieht, auch der des Schicksals. Ihn so zu erleben, lässt verstehen, was im geistigen Sinne Gerechtigkeit ist. Wir haben uns bisher ganz auf das Zusammenwirken von Ich und Leib konzentriert, Vergleichbares für Ich und Seele wird noch folgen. Und doch kommen wir schon an dieser Stelle nicht umhin, das Seelenherz einzubeziehen, womit gemeint ist, welche Seeleneigenschaften sich im Besonderen mit dem Herz verbinden, hier ihren leiblichen Wirkensort haben. Das ist zentral die Wärme. Sie ist im Menschen immer Element der Seele, auch wenn sie im Leiblichen erscheint. Die Seelenwärme konzentriert sich im Herzen, welches sie aufnimmt und in den Wärmeäther, in Lebenswärme, metamorphosiert. Und über das Blut dem ganzen Leib vermittelt, ihn wärmt. So ist das Herz durch die Seele der ständige Quell von Menschenwärme, die so staunenswert im Ausgleich lebt, sei auch die Umgebungswärme viel höher oder niedriger als die unseres Leibes. Diese besondere dem Leib vermittelte Seelenwärme nennen wir auch das Gemüt. Ihr geistiger Quell ist die Liebe und diese wiederum Element des Christus.

Ein weiteres Seelenelement, das sich durch das Herz im Menschen verwirklicht, sprachen wir schon an: der Mut. Der sich in zwei Richtungen äußert: Erkenntnismut und Entscheidungsmut. Im ersten führt er uns zum Selbsterkennen, im zweiten macht er uns zu einem Handelnden, der sein Tun im Dienste der voranbringenden Entwicklung sieht, auch wenn die Zeitenkräfte dem ganz entgegenstehen, der – wieder im Bilde gesprochen – den Mut hat, gegen den Strom zu schwimmen. Auch nicht für sich selbst zu schaffen, sondern «Dienstleister» an der «Weltschöpfung» zu werden. Rudolf Steiner sprach gegenüber den jungen Ärzten auch von Gottesdienst. Denn wir sind dann Mitschaffende einer Schöpfung, die ein noch fernes Ziel anstrebt.

Selbsterkenntnis ist eine der schwersten Tätigkeiten, die uns

Menschen auferlegt wurden. Ohne den dafür nötigen Übungs- oder Schulungsweg erleben wir uns immer nur als ein Spiegelbild, haben kein Wirklichkeitserlebnis von uns als Ich. Es braucht viel Mut, diesen Weg zum Selbst anzutreten und konsequent weiterzugehen, ein Leben lang. Denn er führt uns an Abgründe, in Engen, zu Steilhängen, er scheint ein Ende zu haben und kein Weiterkommen zuzulassen. Wir begegnen dämonischen Gestalten, die uns bedrohen oder verlocken, sind aber auch begleitet von guten Wesen, die uns Helfer sein wollen. Sehen wir jedoch das Ziel vor uns, ist auch dieser Weg voller Mut und Zuversicht zu beschreiten. Die *Göttliche Komödie* Dantes ist eine Imagination dieses Weges.

Eine hohe Seelenkraft, die sich dem Herzen und damit auch unserem Bewusstsein vermittelt, ist das Gewissen. Es ist schwer zu ergründen, wird ganz mit dem moralischen Menschen verbunden. Es trat spät an das Menschen-Ich heran, erst in der griechischen Kulturepoche, dort auch noch vorwiegend in Gestalten von außen. Heute lebt es ganz in uns und hat seine Seelenwurzel in dem einen großen Gesetz, das der Christus uns gibt, und das die von außen wirkenden Mosaischen Gesetze nicht nur ergänzt, sondern bei voller Anwendung ersetzen kann: «Liebet einander, wie ich euch liebe» (Joh. 15,2). Das Gewissen ist ein strenger und auch großartiger Begleiter auf unserem Wege, es hat den Charakter eines Hüters, der uns den richtigen Weg weist, der uns warnt, diesen Weg zu verlassen, der uns auf Hindernisse aufmerksam macht. In ihm lebt eine Weltenkraft, die so schwer zu verwirklichen scheint: der Friede. Ein Friede, der nicht Abwesenheit von Kriegen ist, der aus dem Weltengleichgewicht, der Weltengerechtigkeit stammt, der von uns ergriffen werden möchte, den wir auch Christusfrieden nennen können, weil Christus ihn uns gibt (Joh. 15,27).

Aus ihm stammt auch die Kraft, die heute so notwendig ist: die Positivität. Sie ist Ausdruck davon, das Gute zu wollen.

Wir haben ganz vom Ich aus und seinem Wirken im Leib, konkret im Herzen, geschaut und so einen ganz speziellen Blick auf dieses Mittelpunktorgan richten können. Durch ihn wird eine Physiologie möglich, die den gesunden Aspekt dieses Organs beschreibt, die in den Lehrbüchern noch fehlt, in ferner Zukunft aber auch dort erscheinen wird. Wir haben das Herz als organischen Ort kennengelernt, in welchem das Ich sich innig mit dem physischen Leib, insofern er ein geistig-physisches Kraftgebilde ist, verbindet. In welchem sein Ätherleib und der Empfindungsleib einen Freiraum bilden, sodass dort hohe Geistwesen Helfer und Lehrer des Ich sein können. Wir haben auch die ganz besondere Mission des Blutes für die Icharbeit am Leibe als Organismus geschildert, Blut als eine Substanz, die unmittelbarer Träger des Geistwesens Ich sein kann und die immer andauernde Möglichkeit schafft, dass das Ich den Leib gestalten und in den Dienst seiner Entwicklung stellen kann. Wir können aus dem Geschilderten verstehen, dass Rudolf Steiner das Herz als ein ganz und gar selbstloses Organ beschrieb, das nichts für sich, aber alles für das Ich tun will, dass dieses im leiblichen Organismus eine Werkstatt vorfindet mit einer Vielzahl benötigter Werkzeuge, um handwerklich schaffend tätig zu sein, mitschaffend an einer neuen Welt. Wir können am Herzen dazu erwachen, wie wir dazu berufen sind, Mittätige eines Gottesdienstes sein zu dürfen, der Welten- und auch Menschheitsfortschritt bewirken will. Dafür sollten wir jeden Tag diesem Organ ein «Danke» zurufen.[123]

123 Siehe auch Volker Fintelmann, *Vom Wesen des Herzens. Organ der Mitte, Wohnsitz der Seele,* Frankfurt 2023.

Die Schilddrüse

Die Schilddrüse wählen wir hier als Beispiel für das intensive Zusammenwirken von Ich und Empfindungsleib unter Einbeziehung der Empfindungsseele («Astralleib»). Wir könnten dazu auch auf die Nierenorganisation blicken, die eine ähnliche Konstitution und auch eine enge Beziehung zur Schilddrüse hat. Doch wird an dieser manches einfacher darzustellen sein und sich Zusammenhänge aufzeigen lassen, die für die heutige, wissenschaftliche Betrachtung ungewöhnlich bzw. ganz unbekannt sind.

Üblichermaßen wird die Hauptbedeutung der Schilddrüse in der Steuerung aller Oxidations- und damit Verbrennungsprozesse im Leib gesehen. Sie wirkt so in den ganzen Organismus hinein, durchwirkt ihn, und bildet als Vermittlerin ihrer Tätigkeit Botenstoffe, die Schilddrüsenhormone. Sie ist intensiv verbunden mit dem Zentralnervensystem, insbesondere mit der Hirnanhangsdrüse (Hypophyse) und dem Stammhirn, das mit den Stoffwechselvorgängen interagiert, welche in Anlehnung an die Pflanzenwelt auch vegetativ genannt werden. Beide Anteile des Gehirns werden als Steuerungsorte der Schilddrüse und auch des Stoffwechsels gesehen. In Wirklichkeit handelt es sich jedoch um Regelkreise, welche die jeweils für das aktuelle Geschehen notwendige Intensivierung oder Abschwächung der Schilddrüsentätigkeit ordnen. Sie dienen instrumental dem Ich, in ihm finden wir den Steuernden.

Die Schilddrüse arbeitet auf der Seite der Abbau- und damit Todesprozesse und ist Teil der Sinnes-Nerven-Organisation und somit ein ganz wichtiger Anteil des sichtbaren Menschen. Hier treffen leiblich wirksame Ich-Organisation und der sogenannte dritte Strom aus dem unsichtbaren Menschen (siehe Abb. S. 157, 160, 161) in seiner unmittelbaren Ichwirkung zusammen. Alles Stoffliche, das der Mensch aus der Welt in sich aufnimmt, ob durch grobe Nahrungsstoffe oder als feinstoffliche Imponderabilien über die Atmung, über die Haut, ja auch über die Sinnesorgane, alles Stoffliche muss bis zu elementaren Grundstoffen abgebaut werden. Es muss dabei alle seine Eigenschaften verlieren, um dann zu einem neuen Menschenstoff aufgebaut zu werden, der als hochindividuell, weil vom Ich geprägt, verstanden werden muss. Eine sehr verantwortliche Tätigkeit für das Ich, die größte Präsenz erfordert. Denn aller Stoff, der fremd bleibt, wenn er noch seine Art oder Anteile davon behalten hat, ist potenzieller Keimort für ein Krankwerden. Hier ist also die Schilddrüse in eine ganz entscheidende Seite des Stoffwechsels integriert, in die Verdauung. Diese ist eine wesentliche Kraft der natürlichen Abwehr, dem archaischen, «angeborenen» Glied unseres Immunsystems. Für dessen Gesamtwirksamkeit ist die Schilddrüse eine wichtige Mitarbeiterin.

Wenn Stoffliches verbrannt wird, entsteht zuletzt Asche. Deshalb können wir die Schilddrüsentätigkeit auch als Aschebildung bezeichnen. Asche ist jedoch kein Endprodukt, das entsorgt wird; sie birgt in sich eine Omnipotenz, Neues entstehen zu lassen. Die Mythologie hat das Bild vom Vogel Phönix, der sich neugeboren aus seiner Asche erhebt. In dem neuen Sakrament der christlichen Taufe, verbunden mit der Bewegung für religiöse Erneuerung («Die Christengemeinschaft»), wird nicht nur mit Wasser, sondern auch mit Salz und Asche getauft. Und von letzterer wird gesagt, dass sie in sich die «allerneuernde Kraft» trägt. Jeder Same ist in diesem Sinne Asche, jeder Regeneration geht ein Aschebildeprozess voraus. Asche kann auch als wundersamer Dünger für alle

Vorgänge gesehen werden, wo wirklich Neues entsteht. Mit diesem Wissen wird sofort deutlich, welche große Aufgabe der Schilddrüse als Ich-Werkzeug zugeordnet wurde, wie viel umfassender ihre Funktion für den Organismus Leib ist, als es banal in dem Wort «Oxidation» formuliert wird. Und es kann nachdenklich machen, dass in unserer Zeit, in den letzten Jahrzehnten, eine Autoimmunkrankheit der Schilddrüse, der Morbus Hashimoto, sehr häufig geworden ist. Eine Krankheit, welche durch chronische Entzündungsprozesse allmählich das Organ zerstört und zunehmend zur Unterfunktion führt, die dann mit synthetischen Schilddrüsenhormonen ausgeglichen werden soll. Was aber nur einen Teilaspekt erfüllt, weil ihre organische Gesamtfunktion ja viel mehr ist als bloße Hormonproduktion.

Das Ich findet also in der Schilddrüse ein Werkzeug, mit dem es die lebensnotwendigen Abbauprozesse des Leibes vollzieht, die die Voraussetzungen schaffen, dass immer Neues entsteht, indem Altes abstirbt, und dass außerdem das Ich zu einem wachen Tagesbewusstsein kommt. Die Schilddrüse ist mitverantwortlich für alle Regenerationsprozesse im Leib und für wache Wahrnehmungsbildungen, die vom Denken ergriffen werden können.

Schauen wir auch auf die anderen drei Leibesglieder, die sich ja in jedem Organ, für jedes spezifisch, finden lassen. Der Empfindungs- oder Astralleib unterstützt die Ich-Tätigkeiten in beiden Richtungen, sowohl im Abbau mit folgender Regeneration als auch im Wahrnehmen als entscheidender Funktion der Sinne. Diese sind in ihrer zwölffachen Natur im Astralleib geborgen, mit seinem Licht durchdringt er sie und leuchtet in die Welt, die ohne dieses Menschenlicht im Dunkeln, nicht Wahrzunehmenden verbliebe. Und er verbindet die Ich-Tätigkeit mit der Einatmung, das heißt mit der Kraft, Äußeres ins Innere zu leiten. In ihr tritt auch die Seele mit ihrem Glied der Empfindungsseele in diesen Innenraum, den der Leib bildet. So ist die Schilddrüse die Vermittlerin aller Empfindungen, die dem Ich erfassbar werden können, die es erst wahrnimmt und dann sich zu eigen macht. Sie stammen aus der eigenen Seele. Außen und innen finden hier einen Begegnungsort. Bezeichnet man die Empfindungen mit dem modernen Wort Emotion, so ist die Schilddrüse das emotionalste Organ im Organismus. Im Extrem eines Funktionsausfalls der Schilddrüse, wie diese in Zeiten vor der Entdeckung der synthetischen Schilddrüsenhormone vorkam, sprach die Medizin vom Kretinismus (Idiotie), weil alle seelischen Funktionen eines empfindenden Wahrnehmens ausfielen, und somit das Ich für sein Denken keine Nahrung bekam. Kretinismus wurde auch Blöd*sinn* genannt, durchaus treffend, bedenkt man den Anteil der Sinne am Wahrnehmungsakt.

Die bis zum Tode dauerhaft miteinander verbundenen Leibesglieder Ätherleib und physischer Leib, die unsere äußere Erscheinung bewirken, treten in der Werkzeugbedeutung der Schilddrüse für das Ich nicht so stark in den Vordergrund wie der Astralleib. Der Ätherleib dient diesem bei der Hormonbildung und dessen Sekretion. Er spendet das flüssige Element, in welches die Eigen- oder Besonderheit der Hormone vom Astralleib eingefügt werden. Der Ätherleib muss dafür ertragen, dass in ihm als Anteil der Schilddrüse das Leben ertötet wird, erleidet also bei jeder Hormonbildung einen Sterbeprozess. Das gilt ganz grundsatzlich für alle Drüsenorgane mit Hormonbildung, zum Beispiel auch für die Nebennieren oder die Bauchspeicheldrüse. In diesem absterbenden Leben kann sich besonders leicht die Krebskrankheit einnisten, weshalb der eigentliche Krebs wissenschaftlich Adenokarzinom genannt wird, übersetzt «Drüsenkrebs». Dieses Opfer des Ätherleibs zeigt sich auch in der stark abgeschwächten Regenerationsfähigkeit der Drüsenorgane, also auch der Schilddrüse. Ihr physischer Leibanteil ist relativ fest oder «hart», verglichen zum Beispiel mit der Leber. Es kommt in ihm auch leicht zu bleibenden Abbauerscheinungen, die sich zum Beispiel in Zystenbildungen oder Bindegewebsvermehrung («Fibrosierung») zeigen. Seine Gestalt zeigt zwei dem Kehlkopf vorgelagerte Drüsenlappen, die durch einen Steg verbunden sind. Diese «duale» Gestalt, die vielfach im Organismus auftritt, ist immer Ausdruck starker Dominanz des Astralleibs, denn sein Wesen ist dual, janusköpfig, wie es in Antipathie und Sympathie besonders deutlich wird. Er ist Träger oder auch Hervorbringer aller polaren Kräfte im Organismus, wie wir schon geschildert haben. Und ist selber polar (dual): Er ist Leib und Seele.

Nachdenkenswert ist die Nähe zum Sprachorgan, und auch der Name Schilddrüse macht aufmerksam darauf, dass dieses Organ vielleicht eine ähnliche Wächterfunktion hat, wie sie ein Schildknappe in früheren Zeiten für seinen Herrn hatte. Wächterfunktion, welche das Ich schützt vor von außen kommenden Einflüssen («Wahrnehmungen»), denen es (noch) nicht gewachsen ist, die es überwältigen könnten, es auf falsche Bahnen locken möchten. Im Sprachgebrauch der Geisteswissenschaft sind es besonders die luziferischen Kräfte, die Einlass über die Schilddrüse suchen, und zwar vermittels der Empfindungsseele, die ein Hauptaufenthalt Luzifers ist. Deshalb ist wache Präsenz so wichtig, sowohl gegenüber aller Stoffaufnahme, die übergreifend als Ernährung bezeichnet werden kann, als auch für alles, was wir seelisch als Empfindungen aufnehmen. Diese Präsenz wiederum braucht das Licht, das dem Empfindungsleib eigen ist und seine Farbigkeit ausmacht, zugleich auch aus der Seele stammt, die in ihm ihre Eintrittspforte in den Leib findet.

Wir erleben in der Schilddrüse ein Organ oder Werkzeug für das Ich, um über Abbau- und Zerstörungsprozesse («Aschebildung») die Voraussetzung der Regeneration, immerwährender Erneuerung des Leibes zu schaffen. Zugleich ist sie Verbindungstor für die Seele, im Besonderen die Empfindungsseele, und ein Begegnungsfeld für außen und innen. Damit schafft sie auch wesentliche Voraussetzungen für das Wahrnehmen. Sie hat hier Wächterfunktion im Bild eines Schildknappens, um das noch junge Ich vor Angriffen zu bewahren, denen es aus eigener Kraft noch nicht gewachsen sein kann. Das aber bedeutet, dass auch hier – wie im Herzen – und letztlich in jedem organischen Ort des Leibes geistige und elementare Kräfte aktiv an allem Geschehen helfend tätig sind. Wir können mit aller Behutsamkeit hier an die Herrscherkräfte der Kyriotetes denken, der höchsten Stufe der zweiten Hierarchie, die auch Geister der Weisheit sind. Und an die elementaren Wesen des Lichts und der Luft, den Sylphen, und den Feuergeistern in allen Verbrennungsprozessen. Beide vermitteln sich dem Leib als Helfer des Ich durch den Licht- und den Wärmeäther. Letzterer schafft auch die Verbindung der Schilddrüse mit dem Herzen, was auch der Schulmedizin bewusst ist und sich in Herzfunktionsstörungen äußert, wenn die Schilddrüse erkrankt, ganz auffällig bei ihrer Überfunktion, der Basedow'schen Krankheit. Und im Lichtäther wird die eingangs erwähnte Nähe zur Nierenorganisation erlebbar, von der alle innere, «originäre» Lichtbildung ausgeht, in den ganzen Organismus hineinstrahlend, vom Lichtäther getragen.

Die Leber

Die Leber ist das Organbeispiel für ein besonders inniges Zusammenwirken von Ich und Ätherleib. Über den vierten Strom des unsichtbaren Menschen in uns (siehe Abb. S. 157, 160, 161) verbindet sich das reine Ich mit der geistig-kosmischen Ätherorganisation, die es mithilfe geistig-hierarchischer Wesen im Zugang auf das erneute Leben in einem Leib gebildet hatte und durchdringt mit ihr den Ätherleib des sichtbaren Menschen. Dieser schon der Sinnesfunktion entzogene unsichtbare oder «übersinnliche» Leib wird erlebbar in allen Lebensvorgängen, welche sich als Funktionsgeschehen Ausdruck verschaffen. Wir können sie zwar nicht sehen, doch wir können sie erleben. In ihnen wirken die Auftriebskräfte, die wir auch in Polarität zur physischen Schwerkraft Leichtekräfte nennen können, die Rudolf Steiner dynamisch auch peripherisierend nannte. Ihnen ist das Saugen eigen, hier herrscht keinerlei Druck. Und sie strömen ohne Stillstand, sind immer in Bewegung, immer zu ihrem Quell zurückkehrend, Kreisläufe bildend. Wir erleben sie als unerschöpflich und entdecken, dass ihnen die schöpferischen Kräfte innewohnen, die wir in einem Wort zusammengefasst auch Kreativität nennen. Aus ihnen zweigen sich ab die Kräfte, die einem wirklichen, eben kreativen oder schöpferischen Denken zugrunde liegen. Bis in das Physische hinein bilden sie Flüssigkeiten verschiedenster Art, ob als Blut- oder Lymphflüssigkeit, Drüsensekrete und Speichel, Tränen, Harn oder Schweiß. Am ausgeprägtesten finden wir sie aber in der Gewebeflüssigkeit, der Durchfeuchtung des ganzen Organismus. Wir können vergleichend an die Moore und Sümpfe des Erdorganismus denken, welche eine hohe regulierende Aufgabe für seine Lebendigkeit haben, wie es heute immer bewusster wird, wo aus wirtschaftlichen Gründen seit Jahrzehnten ein Großteil trockengelegt wurde und man heute darauf drängt, sie wieder in ihre Funktion als Feuchtigkeitsgebiete zurückzuverwandeln. Im menschlichen Organismus bildet dieses Lebenswasser mindestens vier Fünftel der Körpermasse, kaum zu fassen, wenn man die Formbeständigkeit und Festigkeit des Körpers sieht. Doch ebenso wie Flüsse, Bäche, ja Ozeane von ihren «Betten» gehalten werden, so auch dieses Körperwasser durch das Bett des physischen Leibes.

Die Leber ist ein sehr weibliches Organ, empfangend in ihrer Grundhaltung, dem Ganzen (Organismus) dienend. Und doch erstaunlich selbstständig, einen kleinen eigenen Kosmos im Gesamtorganismus bildend. Was sich auch einzigartig darin zeigt, dass sie ihr eigenes Immunsystem mit Zellen bildet, die Sternzellen genannt werden. Sie ist das Zentrum, fast können wir sagen, das Herz des venösen Systems. So hat sie auch eine besondere, nicht an den großen Blutkreislauf angeschlossene Vene, die Pfortader. Diese sammelt das ganze venöse Blut der Darmgefäße mit den vom Darm aufgenommenen Nahrungs- und anderen Stoffen (man denke zum Beispiel an Arzneimittel), damit diese so von der Leber bewertet und bearbeitet werden, wie es im Märchen vom Aschenputtel und den von ihr beauftragten Tauben geschieht: «Die guten ins Töpfchen, die schlechten ins Kröpfchen.» In dieser Funktion erleben wir fast ein Sich-Opfern, setzt sich die Leber doch allem aus, was an «Welt der Stoffe» im umfassendsten Sinne über den Verdauungstrakt in den Organismus schwemmt. Das geht bis zu den im Blut zirkulierenden Krebszellen, weshalb die Leber ein bevorzugtes Organ der Metastasierung ist. Bei der Bewertung der Stoffe auf ihre Nützlichkeit oder Schädlichkeit nutzt das Ich den Geschmacksinn, dessen organischen Ort wir in der

Leber entdecken. Er schafft die Möglichkeit, Gut und Böse unterscheiden zu lernen, und so wählte die mosaische Schöpfungsgeschichte auch den Biss in den Apfel, als der Urmensch zu dieser ihn aus der Paradieseswelt vertreibenden, ihm eigentlich verbotenen Wahrnehmung kam. Denn von den Früchten des Baumes der Erkenntnis zu essen und sie zu schmecken, war Eva und Adam von Gott verboten worden. Geschmack ist im übertragenen Sinne auch ein ästhetischer Begriff. So ist die Leber das Organ, durch welches das Ich die Schönheit der Welt als Schöpfung erlebt, auch die Schönheit des eigenen Leibes. Und die Leber selbst ist ein erster Schulungsort, weil sie von großer Schönheit ist. Eine hauchzarte, spiegelnd glatte Kapsel umgibt sie. Ihr Parenchym ist gegliedert in unzählige sogenannte Leberläppchen mit einem symmetrisch, fast geometrisch gegliederten Zellsystem, Pfortaderzufluss, Gallenkanälchenabfluss, Zentralvene und umfließenden Arterien. In ihrem physischen Anteil hat sie ein Gewicht von fast anderthalb Kilogramm, und doch wird sie nur von zwei zarten Bändern unter dem Zwerchfell aufgehängt gehalten. Denn sie hat so viel Leichtekraft, dass sie alle Schwere überwindet, so wie wir es ja erleben, wenn wir im Wasser eines Sees schwimmen und nicht untergehen, was ein Paket oder Koffer von gleichem Gewicht sofort tun würde, bis auf den Grund.

In der Sphäre der Leber begegnet das Ich der vielfältigen Welt der mineralischen Stoffe, die es so im Geistigen nicht gibt und die das Ich nur durch den Leib erleben kann. Allerdings werden dem Ich die Stoffe hier in ihrer lebendigen Form präsentiert, «ätherisch», nicht physisch, wir können vielleicht den besonderen Begriff «Substanzen» für sie nutzen. Und das Ich ist fasziniert von der Vielgestaltigkeit und Schönheit dieser Stoffe, wie wir sie sinnlich aus der Welt der Kristalle kennen, den Formen von Felsen, den Gebilden einer Tropfsteinhöhle. Diese Begegnungswelt, die im Unbewussten «ich-bewusst» verläuft, ist Voraussetzung für das Ich, sich die Bewusstseinsseele zu schaffen, was Entwicklungsaufgabe unserer Zeit bis in die Mitte des vierten Jahrtausends ist. Darauf kommen wir später zurück. Doch soll schon hier zum Erlebnis werden, welche Bedeutung die Leber für das gegenwärtige Ich hat, wie viel sie ihm Präsenz verschafft, Geistesgegenwart.

Der physische Leibanteil der Leber ist kaum betont, das Gewebe bleibt fast flüssig. Wird die straffe Kapsel verletzt, fließt das Lebergewebe aus, es ist wie fast geronnenes Blut. Doch hat dieser physische Anteil der Leber eine Aufgabe: er ist Speicherorgan für lebensnotwendige Substanzen, eine Art Vorratskammer. Die Leber speichert vielfältige Substanzen, die für die Blutgerinnung gebraucht werden, verschiedene Vitamine, Eisen und Kupfer, den Zuckergrundstoff Glykogen, den wir bei den Pflanzen als Stärke kennen, auch das Stamm- oder Grundeiweiß Albumin. Und sie ist ein Blutspeicher. Wird an einer bestimmten Stelle im Organismus mehr Blut für die dortige Tätigkeit gebraucht, kann es die Leber im Auftrag des Herzens rasch zur Verfügung stellen.

Der Empfindungsleib tritt ebenso wie der physische in seiner Aktivität zurück. Wir haben zum Beispiel keinen Leberschmerz, es sei denn, das Organ erlebt über das kranke Herz eine enorme Rückstauung des Bluts, dann kann die maximal gespannte Kapsel auch Schmerz signalisieren. Dann ist jedoch das Herz das erkrankte Organ, nicht die Leber selbst, sie wird nur in Mitleidenschaft gezogen. In den Vordergrund tritt mehr der in den Empfindungsleib eintauchende Seelenteil, welcher dem Ich Beständigkeit oder Nachhaltigkeit, auch die Treuefähigkeit vermittelt. Das korrespondiert auch mit dem hier angesiedelten Temperament des Phlegmas. Vor allem aber ist die Leber seelisch das Organ der Initiative, des Tätigsein-Wollens. Diese Fähigkeit bindet sich ganz an den gallebildenden Teil der Leber, der planetarisch von den Kräften des Mars gespeist wird, verbunden mit dem Eisen, das wiederum Element Michaels ist.

Das Ich durchdringt das ganze, viergegliederte Organ Leber. Doch sein Hauptaufenthaltsort ist deren Ätherleib, dessen Elemente wir schon teilweise beschrieben haben: Leichtekraft, ewiges Kreislaufbilden im Strömen des lebendigen Wassers, Begegnen und Bewerten aller Substanzen, die vom Darm aufgenommen und von der Pfortader der Leber zugeführt werden, durch das Schmecken das Nützliche in den Organismus weiterleitend, das Schädliche ausscheidend. Im letzteren lebt eine ganz enge Beziehung zur Nierenorganisation, was sich bis zur messbaren Harnstoffbildung Ausdruck verschafft. Ist es nicht vielsagend, dass das Zentralorgan aller Lebensvorgänge im Menschen «Leber» heißt?

Die Leber ist nicht nur Zentralorgan des venösen Systems, sondern ebenso des Stoffwechsels. Durch seine Begegnung mit der Stoffeswelt erhält das Ich kraft der Leber die Möglichkeit, jedem Stoff, der Anteil des leiblichen Organismus werden soll, sein Siegel aufzudrücken, ihn zum individuellen Menschenstoff, «seinen» Stoff zu prägen. Es wird deutlich, wie exakt der Begriff Stoff-Wechsel ist. Dabei ist dem Ich hilfreich der Klang- oder Chemische Äther, der seinen Mittelpunkt in der Leber hat. Die Leber ist die geniale Chemikerin des Organismus, aus ihr entstehen alle Pläne der unterschiedlichsten Gewebe- und Organstoffe und auch die ihrer Synthesen. Und immer ist das Ich mitverantwortlich. Das Genie liegt allerdings in der Ätherwelt und im Hineinwirken hierarchischer Wesen, die Geister der Bewegung oder Dynamis heißen. Chemismus des Lebens folgt musikalischen Gesetzen, hier ist die Weltenharmonie, der Sphärenklang der Sternenwelt tätig. So kann es nicht verwundern, dass Rudolf Steiner die Leber als das musikalischste Organ im ganzen Organismus bezeichnet. Musik ist ein zentrales Element aller Ästhetik, und so können wir an den früheren Gedanken anknüpfen, dass das Ich vermittels der Leber die Schönheit aller Schöpfung kennen und erleben lernt.

Die vielleicht wichtigste Aufgabe der Leber als Werkzeug für das Ich ist allerdings, dass sie ihm die Möglichkeit verschafft, sich selbst wahrzunehmen. Das geschieht im Bilden der Bewusstseinsseele, und vollzieht sich in der Werkstatt «Leber». Deshalb muss sie eine kleine Welt in der großen des Organismus bilden, muss dem Ich Egoität vorleben, eine Egoität, die wir immunologisch Selbst nennen, und die – so paradox das klingt – selbstlos ist, das meint nicht egoistisch. Nur in diesem Innenraum, einem Allerheiligsten, kann das Ich auf sich selbst stoßen, nicht mehr in einem Spiegelbild, sondern frei von allem Gegenüber. Dieses Erfahren des Selbstes ist deshalb auch immer ein tiefes Einsamkeitserlebnis. Das Ich lernt, dass es – obwohl es unzählige Iche gibt – einzigartig ist, dass es mit keinem anderen Ich identisch sein kann, nur verwandt. Diese Tatsache findet sich organisch-leiblich in unserem Immunsystem wieder, in welchem sich das Ich als Selbst allem Nicht-Selbst gegenübergestellt erlebt und lernen muss, sich von diesem zu unterscheiden, abzugrenzen. Ein ganz wichtiges Schulungselement hierfür ist die Begegnung mit der Welt der Stoffe, die aus der Werkwelt der Natur stammen, vor allem als Nahrungsstoffe. Sie können dem Ich zum Gegenüber werden, gegen das es sich abgrenzt und zum Selbsterleben kommt. Hier lauert aber auch die Gefahr, dass sich das noch so junge und unerfahrene Ich an die von Schönheit geprägte Welt verliert und sich mit ihr identifiziert. Hier liegt die Wurzel für den Materialismus, der unsere Kulturepoche prägt und sich seit dem 15. Jahrhundert bis heute machtvoll in den Vordergrund aller Weltauffassung gedrängt hat. Er wird seine Bedeutung verlieren, wenn das Ich zu sich findet und das Göttlich-Geistige entdeckt, welches seinen eigenen Wesenskern bildet. Dann sieht es auch in der zur Werkwelt gewordenen Schöpfung das Geistig-Göttliche, aus dem alle Schöpfung stammt. Das ist Aufgabe der Bewusstseinsseele als Instrument des Ichs, welche in der Werkstatt der Leber gebildet wird. So ist die Leber aus dieser Perspektive das gegenwärtigste Organ, das wir haben.[124]

Das Knochenskelett

Als viertes und letztes Organbeispiel für das Wirken des Ich im und am Leib wählen wir das Skelett. Dieses Wort beschreibt die Ordnung vieler hundert Knochen, die jeder für sich Aufgabe und Funktion haben, und doch Teil einer Ganzheit sind. Sehr kleinen Knochen wie zum Beispiel den Handwurzelknochen oder den Finger- und Zehenendgliedern stehen mächtige zur Seite wie die Beckenschaufeln oder die Oberschenkelknochen in ihrer großartigen Gestaltung mit Hals- und Kopfbildung. Gewaltig auch der Schädel, der aus mehreren Knochen zusammengefügt ist, doch als ein Ganzes erscheint. Die Knochenbildung erfolgte relativ spät in der Menschenevolution, ein wenig auch ablesbar an der Tierwelt, wo die Wirbeltiere auch eine spätere Evolutionsstufe darstellen, die fälschlicherweise

124 Siehe auch Volker Fintelmann, *Vom Wesen der Leber. Organ des Selbstbewusstseins,* Frankfurt am Main 2024.

mit Höherentwicklung gleichgesetzt wird. Der Knochen, das Skelett konnte erst entstehen, als das Ich so tief in den Leib eingedrungen war, sich inkarniert hatte, was ja bis ins Fleisch hinein meint, dass es von der Vergänglichkeit dieser Welt berührt wurde, in ihr Sterben und Tod begegnete. Beides kennt das Ich aus seinem Wesen nicht, in ihm lebt Ewigkeit, Dauer. Sterben und Tod setzen einen Leib voraus, dem sich das Ich erst in jüngerer Zeit verband. Das Ich musste einen Zugang zu dieser vergänglichen Welt schaffen, etwas aus sich aussondern, um dieser ihm so fernen und auch fremden Welt («Nicht-Selbst») begegnen zu können, sie zu berühren. Diesen Aspekt des Ich nannte Steiner Ich-Organisation. Diese Ich-Organisation finden wir im ersten Strom des sichtbar-unsichtbaren Menschen, der ohne Vermittlung anderer göttlich-geistiger Organisationen unmittelbar in den sichtbaren Menschen und seine Leibesglieder dringt.

In der Knochenbildung finden wir die Vollendung dessen, was umfänglich physischer Leib oder Stoffleib ist. Insofern ist der Knochen das Ende eines Schöpfungsimpulses, den wir bis zum Ur-Anfang im alten Saturn zurückverfolgen können. Denn dort wurde der Keim für den physischen Leib gelegt, der seither vier Stufen der großen Erden- und Menschheitsevolution durchlief und heute an sein Ende, das heißt aber auch zu seiner Vollendung gekommen ist. Eines der größten Wunder der Schöpfung ist dieser Leib, vor dem wir in tiefer Ehrfurcht stehen sollten, wie es geistige Wesen durchaus tun. Den letzten Schritt der Vollendung vollzog das Gotteswesen Christus, das als erstes Ich, als Welten-Ich, bis in die Materie der Knochen drang, um in sie den Keim der Auferstehungskräfte zu pflanzen, das durchchristete Knochenmark. Deshalb ist das Knochensystem ein so besonderer Ort, den wir fast heilig nennen möchten, weil in ihm Tod und Auferstehung unmittelbar verbunden sind. In den Vorträgen *Eine okkulte Physiologie* (Prag 1911) sagt Rudolf Steiner so treffend: «Während wir in unserem Blute leben, sind wir in unserem Knochensystem eigentlich schon gestorben.»[125] Er nennt das Skelett auch einmal einen alten Herrn! Auf der anderen Seite hören wir: «Das Skelett ist das physische Bild der Ich-Organisation.»[126] Und in der mittelalterlichen Kunst bis in unsere Zeit Sinnbild des Todes.

In einer dynamischen Anschauung der Physiologie, das heißt des gesunden Menschen, entdeckt man die Bildevorstufen des Knochens in Nerv und Knorpel. Letzteres ist auch für die heutige Medizin fassbar, denn embryonal wird aller Knochen knorpelig veranlagt. Den Nerv oder das Nervensystem charakterisiert Rudolf Steiner als einen nicht zu Ende gebildeten Knochen, er sei auf dem Wege zur Knochenbildung auf halber Strecke stehen geblieben. Um das mitzudenken, müssen wir weit zurückgehen, mindestens in die Zeit des alten Mondes, als die Empfindungsfähigkeit des Ich veranlagt wurde, die einen Empfindungs- oder Astralleib voraussetzte, der damals seinen Keimzustand erlebte und heute erst eine zweite Evolutionsstufe erreicht hat, also noch Entwicklung bis zur Vollendung in sich trägt. Auch in unserer Zeit können wir diese Verbindung sehen, denn für die Empfindungsfähigkeit ist alles Nervengewebe einschließlich seiner vegetativen Anteile von ausschlaggebender Bedeutung. Und so «wandert» auch die Ich-Organisation als

125 Rudolf Steiner, *Eine okkulte Physiologie,* GA 128, Vortrag vom 26.3.1911.

126 Rudolf Steiner, *Grundlegendes für eine Erweiterung der Heilkunst nach geisteswissenschaftlichen Erkenntnissen,* GA 27, Dornach ^{8}2024, S. 43.

unmittelbare Ich-Wirkung zuerst entlang der Nervenbahnen durch den Astralleib des sichtbaren Menschen mit Richtung Knochen, trifft im Ätherleib auf die Knorpelsubstanz, die erst im physischen Leib durch Einlagerung von Mineralien, das heißt «Erde», zum Knochen wird, der Grundlage des Erdenmenschen ist, Abbild der Ich-Organisation, ihres Wirkens am Leib. Dabei ist dieser Weg der Ich-Organisation im sichtbaren Menschen ein zerstörender, physiologisch gesagt abbauender! In dem grundlegenden Vortrag «Der unsichtbare Mensch in uns» heißt es: «Und überall, wo der Geist direkt in die physische Materie hineinkommt, liegt (ein) Zerstörungsprozess vor, sodass also längs der Nervenbahnen, von den Sinnen ausgehend, ein feiner Todesprozess im menschlichen Organismus sich ausbreitet.»[127] Das setzt sich mit immer größerer Intensität bis in die Knochen hinein fort. Und wird dort durch die Auferstehungskräfte, die im Blute leben, ein Leben lang aufgehoben oder ausgeglichen. Was in der Leber vorbereitet wurde, die Begegnung des Ich mit der Welt der Stoffe, setzt sich im Knochen fort, wird dort jedoch zum Todeserlebnis für das Ich. Was für die Menschheit *vor* dem Mysterium von Golgatha zum Schreckenserlebnis wurde, wird nun mehr und mehr zu einem der intensivsten Ich-Erlebnisse. Denn als solches bezeichnete Rudolf Steiner den Todesaugenblick für das Ich: ein Moment höchster, intensivster Selbst- oder Icherfahrung.

Bleiben wir bei dem Bild der Organe als Werkzeuge des Ich, so sind die Knochen Werkzeuge der Selbsterfahrung. Hier stoßen wir auf die Geister der Form, die Exusiai, die dem jungen Ich Helfer auf dem Weg zu seinem Erwachsenwerden sind, was

127 Rudolf Steiner, *Erdenwissen und Himmelserkenntnis,* GA 221, Vortrag vom 11.2.1923.

in eine noch sehr ferne Zukunft weist, aber doch heute veranlagt werden muss, als Weg schon beschritten wird. Die Geister der Form gaben dem Ich den Impuls, ganz in den Leib, in seine «Niederungen» einzutauchen, pflanzten ihm auch den dazu notwendigen Mut aus der Kraft ihres Geistselbstes ein, und sind seither ständig an seiner Seite und zu aller Hilfestellung bereit, allerdings in voller Achtung seiner angestrebten Freiheit. Ihr Mitwirken an der Knochenbildung als Werkzeug der Selbsterfahrung kann auch daran abgelesen werden, welche großartige Architektur bis zur genialen Ausführung der Statik die Knochenbälkchen zeigen, welche Formkraft und Plastizität sich in den Knochen zeigt. Hier sind Plastiker tätig, die nicht zufällig als Geister der Form charakterisiert werden. Diese ästhetische Welt der Knochen weist auf die Hoheit hin, die aus dem Schöpfungswillen der Throne, der Geister des Willens, dem Ich eingepflanzt wurde und die es als den eigentlichen Menschen in seiner «Erwachsenenphase» zu einem Wesen werden lässt, das voller Anerkennung und Achtung von den Hierarchien als weitere, zehnte Hierarchie in ihre Reihen aufgenommen werden wird. Die Selbsterfahrung des Ich in seinem Werkzeug Knochen wird deshalb möglich, weil sich in ihm zwei Ich-Ströme begegnen, die wir mit Blick auf das Ichwirken im sichtbaren und unsichtbaren Menschen den ersten und den zweiten Strom nennen.

Im ersten dringt ein Ichstrahl (Ich-Organisation) entlang der Nerven und der Stützgewebe, insbesondere der Knorpel, direkt in den sichtbaren Leib hinein und trifft im Knochen die höchste Vollendung des gleichzeitig mit dem Ich keimhaft veranlagten physischen Leibes. Diese gemeinsame Schöpfung bewirkt eine innige Beziehung von Ich und physischem Leib, die gerade in unserer Zeit sehr ausgeprägt ist. Wobei die Ich-

Organisation nur von außen an den Nerv, Knorpel oder Knochen wirkt, nicht in deren Substanzialität dringt. Denn diese ist Teil einer Natur, die das rein geistige Wesen, die Flamme Ich, nicht betreten kann. Täte sie es, würde der Knochen im Augenblick dematerialisiert, er würde Asche, wie wir es für die Schilddrüse als physiologische Aufgabe beschrieben haben. Denn schon im Berühren von außen wirken Zerstörungs- oder abbauende Prozesse.

Der zweite Strom, in welchem das Ich, von den vorgeburtlich gebildeten Astral- und Ätherorganisationen begleitet, tief in die willensgetragenen Stoffwechsel- und Ernährungsprozesse untertaucht, taucht in dem Knochenmark wieder auf und steht *vor sich selbst* in der Gestalt der Ich-Organisation. Diese nur im Geistigen mögliche Selbstbegegnung des Ich, dieses Erlebnis «Ich bin, der ich bin», ist nur dem Menschen möglich, daraufhin wurde er schöpferisch veranlagt, das wird ihn zu einer eigenständigen (zehnten) Hierarchie werden lassen. Es ist unfassbar, welche unbändige Schöpferwelt in der Blutbildung des Knochenmarks veranlagt wurde, die überhaupt einzig nur in ihrer kosmischen Dimension «begriffen» werden kann. Denn im normalen Denken können wir nur mit den Hirten im Oberuferer Christgeburtsspiel feststellen: «Denn es ist mit der Sache so bewandt, dass sie übersteigt allen Menschenverstand!» Nur ein Beispiel: in einem Kubikmillimeter Blut finden sich ca. 5 Millionen rote Blutkörperchen. Der Mensch hat gesunderweise etwa 5 Liter Blut. Die Blutkörperchen leben etwa 100 Tage, dann kommt schon eine neue Generation. Und das erfolgt über 70, 80, 90 oder mehr Lebensjahre. Was für eine Menge bzw. unfassbare Zahl an roten Blutkörperchen entsteht so in einem Menschen während seines Lebens? Kann man diese überhaupt noch denken? Und mit den anderen Zellsystemen ist es ja genauso.

Sieht man auf dieses Zusammenwirken von Ich und seinen Werkzeugen, wie wir es an vier Organ-Beispielen anfänglich versucht haben, dann muss uns Staunen gegenüber dieser Schöpfungswelt überwältigen, gefolgt von tiefer Ehrfurcht, dass wir als Menschen zu dieser Großartigkeit veranlagt wurden, dass eine geistig-göttliche Welt diesen Schöpfungsentwurf wagte und als notwendig erachtete, um dem Wesen der Freiheit einen Träger zu geben, den Menschen. Wir spüren die Verantwortung dieser Aufgabe. Und wir können begreifen, dass wir diese Aufgabe nur einlösen können mithilfe geistiger Wesen, die berufen wurden, uns helfend zur Seite zu stehen. Die jedoch wegen des Ziels der Freiheit nur eingreifen und helfen dürfen, wenn wir darum bitten, wenn wir uns mit ihnen verbinden und andauernd verbunden halten. Das ist die zentrale Aufgabe für den Ich-Menschen: Aus der Illusion des Materialismus das Tor zu durchschreiten, das ihn mit der Schöpferwelt zusammenkommen lässt, aus der er selbst stammt. Die er verlassen musste, um Freiheit zu bilden, die er nur in dieser sinnlich erfassbaren Werkwelt der Schöpfung und in der Prüfung durch Widerstände oder geistige Widersacher erwerben kann. Um sie dann der geistigen Welt «einzuverleiben», wo bereits im Urbild der Mensch existiert, im Gottessohneswesen Christus. Der dazu bis in die Knochen eines Menschenleibes, des Jesus von Nazareth, vordringen musste, dort dem Tod begegnete, mit ihm rang, ihn überwand und in den Menschenleib seine Auferstehungskräfte einprägte. Die jedem Menschen seither ebenso gegeben sind, mit denen er nicht nur sich selbst, sondern aller Kreatur, der Erde und dem Kosmos Zukunft geben soll und kann. Daher durften dem gekreuzigten Christus die Knochen nicht gebrochen werden.

Das Ich-Wirken in der Seele

In dem grundlegenden Werk einer spirituellen Menschenkunde, der *Theosophie*, die Anthropologie mit Anthroposophie verbindet, nennt Rudolf Steiner das Ich den *Seelenkern*. Es steht damit in der Mitte der drei Leibesglieder physischer Leib, Lebensleib und Astralleib, und der drei Geistesglieder Geistselbst, Lebensgeist und Geistesmensch. Zuvor gliederte er den Menschen neunfach, und zählte dabei anstelle des Ich als Seelenkern die drei Seelenglieder der Empfindungsseele, Verstandesseele und Bewusstseinsseele auf. Diese bilden die Ganzheit unserer Seele, wobei der Verstandesseele auch das Gemüt zugeordnet wird. In dieser gegliederten Seele wirkt das Ich als *Kern*. Was für ein Bild! Denken wir an alle Früchte mit einem Kern, denken wir auch an das Wort der «Kern einer Sache»! Es ist eindeutig: Ohne diesen Kern, ohne dieses Ich, gäbe es keine Seele des Menschen. Ein möglicherweise für viele ungewohnter Gedanke. Und doch lernen wir aus der Anthroposophie, dass die drei Seelenglieder aus der Tätigkeit des Ich entstanden sind. Es hat sie aus den Leibesgliedern herausgesondert: die Empfindungsseele aus dem Empfindungsleib in der ägyptisch-babylonischen Kulturepoche, die Verstandes-Gemütsseele aus dem Lebensleib in der griechisch-römischen Kulturepoche, und seit dem Beginn des 15. nachchristlichen Jahrhunderts die Bewusstseinsseele aus dem physischen Leib, aus seiner mineralischen Natur, der Stoffeswelt, wie wir dies für die Leber geschildert haben. Eine Entstehungsgeschichte der Seelenglieder von jeweils etwas mehr als zweitausend Jahren. Eigenartig: hatte der Mensch vorher keine Seele, lebte er in einer Gruppenseele? Sind diese Seelenglieder neu in der Entwicklung, weil sie individualisiert für das je besondere Menschen-Ich ausgestaltet wurden?

Eine eigene Fragestellung, die hier nicht weiter verfolgt werden soll, uns aber aufmerksam machen kann, dass eine Ich-durchdrungene Seele ein noch recht junges Geschöpf ist. In dieser nun lebt das selber noch kindliche Ich als Kern. Und gestaltet die Seele zu einer Fülle von Instrumenten, mit denen es – Komponist und Dirigent zugleich – seine Lebensmelodie spielt, wie es der US-amerikanische Psychoonkologe Lawrence LeShan einmal formulierte. Wobei wir unter den hier veranlagten Anschauungen wohl erweitert von einer Lebenssymphonie sprechen sollten: der Biografie. Ist es nicht berührend, für die Seele auf Grundelemente der Musik zu stoßen? Der Kern steht für ein inneres Zentrum, eine Mitte, auch – sofern er Same ist – für Zukunft, für Werdendes. Wir können aber auch zu dem Bild kommen, dass das Ich sich ganz vom «Fruchtfleisch» der Seele umhüllen lässt, sich an dieser verborgenen Stelle wohl und geschützt fühlt, umhüllt, vielleicht auch wie in einer Burg.

Das eigentliche Element der Seele ist das Licht, ein anderes die Wärme. Können wir nicht nachfühlen, wie erstrebenswert eine solche Hülle ist, gewoben aus Licht und Wärme? Es ist nicht schwer, von diesem Erleben zu dem Bild der Mutter mit dem Kind, der Madonna, vorzuschreiten. Von innen nach außen umhüllen das Ich die Bewusstseinsseele, die besonders geistverwandt ist. Die Mitte bildet die Verstandesseele, mit dem Verstandesanteil zur Bewusstseinsseele orientiert, mit ihrem Gemütsanteil zur Empfindungsseele. Diese bildet die Außenschicht, mit ihr wendet sich das Ich der Welt außer sich zu. Zugleich verbindet die Empfindungsseele das Ich mit dem Leib, der ja zunächst auch Außenwelt für das Ich ist. Dieses ist also einerseits geborgen in der wärmenden Lichteshülle der Seele, instrumentalisiert sie andererseits für seine Beziehung zur Welt und zu sich selbst. Es bilden sich die drei großen Kräfte von

Denken, Fühlen und Wollen, die als Seelenkräfte bezeichnet werden, konkret jedoch Ich-Kräfte sind.

Als Erstes schuf sich das Ich die nun individualisierte *Empfindungsseele*, die ihren Ursprung in dem Empfindungsleib hat, aus dessen Substanz von Luft und Licht. Beides ist auch der Empfindungsseele eigen und macht sie fähig, Impulsator der Atmung zu sein, wobei sie die Einatmung impulsiert. Die Ausatmung ist dann die Antwort des Leibes, konkret des Lebensleibes. Dieses Wechselgeschehen erfolgt aus der Weltenkraft des Rhythmus, der alle Evolution bestimmt. Er bildet die Grundlage des Fühlens. Hier bildet sich das Wesen der Polarität, der sich bedingenden Gegensätze, die sich anziehen und abstoßen, stets einen Ausgleich suchend. Hier stößt Faust auf die zwei Seelen, die er – ach! – in seiner Brust erlebt. Eine, die in die Weiten des Alls drängt, die andere, die sich zur Erde sehnt. Und die eben doch *eine* Seele ist.

Polarität ist Ausdruck von Rhythmus, am stärksten ausgebildet in den Empfindungsseelenkräften der Sympathie und der Antipathie. Sie vermitteln dem Ich Nähe und Distanz, Zuwendung und Abneigung, auch Wärmung und Kältung. Alle denkbaren Polaritäten – im Leibe oder seiner Beziehung zu Seele und Ich – entspringen der Empfindungsseele, ob Wachen und Schlafen, Anspannung (Systole) und Entspannung (Diastole) oder Einscheidung und Ausscheidung. Das Ich erlebt sich immer *zwischen* den Polen, schwingt im Rhythmus mit, und muss doch lernen, in der Mitte, im Ausgleich der Kraftbewegungen seinen Standpunkt zu finden. Für die Grundkräfte der Sympathie und der Antipathie ist es das Interesse, das dem Ich Standhaftigkeit im Dazwischensein («inter-esse») gibt. Gelingt dem Ich das Bilden solcher Standfestigkeit nicht, wird es hin- und hergerissen, fühlt sich himmelhoch jauchzend, zum Tode betrübt.

Einmal mehr wird deutlich, dass das Ich hierfür Helfer braucht, dass es ohne Hilfe ihm Vorausgeschrittener diese machtvollen Schwingungen der Polaritäten nicht zum Ausgleich bringen könnte. Ein großartiges Bild einer altgriechischen Plastik taucht vor dem inneren Auge auf: der Wagenlenker von Delphi. Mit lockerer Hand hält er die Zügel, die wilden Rosse bändigend und in die Richtung lenkend, die sein Blick vorgibt. Welch plastische Imagination dieser Ich-Tätigkeit in der Empfindungsseele, die wir hier in ihrer Dynamik geschildert haben. Welche geistigen Wesen stehen hier dem Ich zur Seite, sind seine Lehrer? Erneut eine Behutsamkeit des Nachvollziehens anmahnend, nicht als fertiges Wissen genommen, mehr ahnendes Hinlauschen, sei die Antwort gegeben: Es sind die mittleren Wesen der drei Hierarchien – Archangeloi, Dynamis und Cherubim. Sie tragen Namen, die ihr kosmisches Wesen und Tun beschreiben: Söhne des Feuers oder Boten des Anfangs, Geister der Bewegung und Geister der Harmonie. Wir entdecken den Zusammenhang mit der Welt der Empfindungen und des Fühlens: das Feuer der Begeisterung, die Wärme des Fühlens; die allem Rhythmus innewohnende Bewegung als Ausdruck des Luftelementes, das immer bewegt ist im Ausdruck der Winde, natürlich auch aller Atmungsprozesse; und den Drang nach Ausgleich, nach Harmonie. Wie intensiv ist auch hier die Beziehung zum Musikalischen erlebbar.

Dem logisch Denkenden, der auch gerne Tabellen oder Schemata anfertigt, mag verwunderlich sein, dass die Schöpfung der Seele mit dem Fühlen beginnt, dass die «äußere» Seelenschicht der Empfindungsseele als erste aus der Gemeinschaftsseele heraus vom Ich individualisiert wird. Tiefer geschaut, kann es gar nicht anders sein: Erst muss eine Mitte sich bilden, ehe diese vom Rhythmus ergriffen Polaritäten bilden kann. Es ist ja gerade das Besondere aller wahren Schöpfung, dass aus dem Einen die Vielfalt entsteht und das Ganze mehr ist als die Summe seiner Teile. Um so zu denken, muss der Mensch intuitionsfähig werden, muss er sein Denken wieder anschließen an die Gedankenwelt des Kosmos und geistige Kommunion vollziehen. Wir verstehen auch, weshalb an diesem Schöpfungsakt die Boten des Anfangs, Archangeloi, beteiligt sind.

Im zweiten Schritt schafft sich das Ich aus einer tiefen Durchdringung der Lebensvorgänge, des Lebensleibes während der griechisch-römischen Kulturepoche die Verstandes- und Gemütsseele. Sie gibt dem Denken die seelische Grundlage. Woraus deutlich wird, dass ein wirklich menschengerechtes Denken durch das Gemüt immer mit dem Fühlen verbunden ist. Es beginnt das Zeitalter der Philosophie, das in Aristoteles einen Höhepunkt findet.

Im Römertum wird, besonders mit Blick auf das Rechtsleben, dieses Denken dann von der Abstraktionsfähigkeit durchzogen: Der Gefühlsanteil im Denken schwächt sich ab, das Denken verliert zunehmend die Beziehung zur Wirklichkeit der Schöpfung, diese wird ihm zum Gewordenen, zum Werk. Waren zu Beginn dieser vierten nachatlantischen Kulturepoche die Gedanken für den Denkenden noch Offenbarungen eines göttlichen Gedankenkosmos, erlebt der Mensch sich zunehmend als Produzent seiner Gedanken. Wesentliche Elemente der Verstandesseele sind Maß, Zahl und Gewicht. Diese waren und sind Ausdruck der Schöpfungsgesetze, die der Welt eingeprägt wurden. Schon in der ägyptisch-chaldäischen Kulturepoche wurde durch die Mysterienstätten die Welt berechenbar, zum Beispiel in den Bewegungen der Sterne und ihrer Rhythmen, den untereinander gebildeten Konstellationen, Oppositionen und Konjunktionen. Jede Zahl war Ausdruck einer geistigen Gesetzmäßigkeit. Und eine der höchsten Lebenskünste war das Finden des rechten Maßes.

Verfolgt man dieses Eingreifen des Denkens auf der Grundlage der Verstandesseele durch das Ich, wird deutlich, dass es sich bis in die Gegenwart hinein immer mehr von dem Eingebettetsein in eine kosmische Intelligenz loslöste. Es wurde zu einem Besitz oder auch Geschöpf des Ich, bis zu den heutigen neuro-wissenschaftlichen Vorstellungen, dass das Denken ein Produkt molekularer und elektrischer Vorgänge im Gehirn sei. Das Denken ist nun also ganz getrennt von einem Ideell-Kosmischen oder ein Zufallsprodukt des Gehirns, letztlich ohne Realität. Im Nominalismus des Mittelalters fand das auch theologisch einen ersten Ausdruck und prägt seither die allgemeine Bewusstseinsverfassung der Menschheit. Bemerkenswert ist auch, dass das Denken so weit von allem Fühlen befreit wurde, dass es heute – als Imitation – Maschinen übertragen werden kann und zunehmend wird. Der tiefere Sinn dieser Entwicklung des Denkens – sieht man zunächst von damit verbundenen Gefährdungen ab – ist der Erwerb der Freiheit. Das begeistert gesungene Lied der Freiheitskämpfer des frühen 19. Jahrhunderts: «Die Gedanken sind frei, wer kann sie erraten, sie fliegen vorbei, wie nächtliche Schatten ...», sowie Schillers «Sire, geben Sie Gedankenfreiheit» in seinem *Don Carlos*, kann nicht darüber hinwegtäuschen, dass die Menschheit noch weit entfernt ist von einem freien Gedankenleben. Das haben beispielsweise die Jahre der Corona-Pandemie mehr als deutlich gemacht. Doch es bleibt ein Ziel der Ich-Entwicklung, sich im Denken Freiheit zu erwerben.

Zunächst schult sich die Verstandesseele an der Welt der Empfindungen, indem sie diese betrachtet, reflektiert und bewertet. So sind zum Beispiel die Definitionen von Tugenden oder Untugenden entstanden. Mehr und mehr löst sie sich dann von der Welt der Empfindungsseele und macht die sinnlich wahrnehmbare Welt zu Objekten ihres Denkens. So entstehen die Naturwissenschaften, die für unsere Zeit ganz dominant geworden sind. Konnte der Lehrer Dantes, Brunetto Latini, im 12. Jahrhundert noch einer Göttin Natura begegnen und von ihr in die Gesetzmäßigkeiten der Natur eingeweiht werden, wurden die Denkinhalte der Naturforscher zunehmend ganz unabhängig von der geistigen Wirklichkeit der Natur und immer mehr vom Ganzen auf ihre Teile gelenkt bis zu einer nur noch in der Abstraktionsfähigkeit des Denkens durch Apparate suggerierten molekularen Struktur. Noch Mitte des 19. Jahrhunderts formulierte der Arzt und Naturforscher Carl Gustav Carus (1789-1869): «Jeder Mensch, ja alle Kreatur ist eine Idee Gottes. Und alle sind gleich wert.» Er tat das im Anblick einer sich von diesem Wissen ganz abwendenden Naturwissenschaft einschließlich der Medizin, die auch zur bloßen Naturwissenschaft wurde. Nur das mit physischen Sinnen Erfassbare durfte nun Inhalt aller Wissenschaft sein, deren Krone in der Mathematik gesehen wurde. So erstarben kosmisches Maß, Zahl und Gewicht zu apparativen Messgrößen. Die Höhepunkte dieses Geschehens erleben wir seit Mitte des 19. Jahrhunderts bis in die Gegenwart hinein.

Das hängt auch damit zusammen, dass das Ich seit Beginn des 15. Jahrhunderts und damit der fünften nachatlantischen Kulturepoche die Entwicklung der Verstandesseele als abgeschlossen betrachtet, weil es nun im Durchdringen des physischen Leibes als drittes Seelenglied die Bewusstseinsseele entwickelt. Wir können den Gedanken bilden: das Ich kümmert sich kaum noch um die Verstandesseele, verselbstständigt sie und wendet sich ganz der Bewusstseinsseelenbildung zu. Gleiches kann auch für die Empfindungsseele gedacht werden, was bedeutet, dass die Welt der Empfindungen oder Emotionen, der Triebe, Instinkte, Begierden und Leidenschaften ebenso ich-unabhängig agieren können wie der Verstand als Ausdruck des Denkens. Damit aber angreifbar werden für geistige Wesen als Widersacher, die sich in diese vom Ich außer Acht gelassenen Seelenbezirke einnisten und sie mit ihrem Wesen durchsetzen. Das ist die Ursache dafür, dass im heutigen Menschen Fühlen, Denken und Wollen wie auseinandergefallen erlebt werden, ohne Verbindung untereinander. Sie sind es in gewisser Hinsicht tatsächlich, und es gehört zu der bewussten Ich-Entwicklung, sich ihrer Zusammengehörigkeit wieder zuzuwenden, indem das Ich in jedem der Seelenbereiche tätig ist und nicht ausschließlich in dem, aus welchem es die *Bewusstseinsseele* entwickelt.

Diese ist die Grundlage, das Instrument für unser Wollen. Ihre starke Zugewandtheit zu dem Geistigen im Menschen, das zuerst als Geistselbst auftritt, ermöglicht dem Ich, sich seiner selbst gewahr zu werden. Das bis zu diesem neuen Schritt seiner Entwicklung vorhandene *Ich-Empfinden*, an Fühlen und Denken entwickelt, wird nun als aus sich selbst handelndes Ich zum existenziellen *Ich-bin-Erleben*. Das zeigt sich bis zu einer Existenzialphilosophie des 20. Jahrhunderts, die das «Cogito ergo sum» von Descartes ablöst. Auch die Entdeckung der leiblich-seelischen Immunität des Einzelmenschen durch die Immunologie Ende des 20. Jahrhunderts und deren Grundlehrsatz «Das Selbst erkennt alles Nicht-Selbst» ist Ausdruck der Bewusstseinsseele, die zeitgeschichtlich noch nicht ganz ein Drittel ihrer Ausbildung durchlaufen hat, noch im vergleichbaren Sinne in ihrem ersten Lehrjahr ist. Deshalb kann auf sie nicht so geschaut werden wie auf ihre Geschwister Empfindungs- und Verstandesseele, deren Entwicklung *menschheitlich* abgeschlossen ist. Dennoch muss jeder Einzelmensch, wenn er durch das Tor der Geburt ein neues Erdenleben beginnt, zwischen dem 21.-28. und 28.-35. Lebensjahr noch einmal dem Typus folgend beide für sich individuell entwickeln.

In der *Theosophie* verbindet Steiner die Bewusstseinsseele mit der Wahrheit. Christus hat sich in den Ich-bin-Worten als Träger der Wahrheit bezeichnet. In seinen Abschiedsreden für die Jünger sagt er auf die Frage von Thomas, wohin er gehe: «Ich bin der Weg und die Wahrheit und das Leben. Niemand kommt zum Vater denn durch mich» (Joh. 14,6). Schon vorher hatte er zu den ihm folgenden und an ihn glaubenden Juden gesprochen: «Ihr, wenn ihr wohnet in meinem Wort, dann seid ihr wirklich meine Jünger, und ihr werdet die Wahrheit erkennen, und die Wahrheit wird euch frei machen» (Joh. 8,31-32). So wird die Wahrheit mit der Freiheit verbunden. Auch zu ihr wird das Ich durch die Bewusstseinsseele befähigt, Freiheit und Wahrheit sind in ihr eng verbunden. Hören wir von Rudolf Steiner Sätze aus der *Theosophie*: «Was die Seele als Wahres und Gutes in sich trägt, ist *unsterblich* in ihr. – Das, was in der Seele als Ewiges aufleuchtet, sei hier *Bewusstseinsseele* genannt.» Und etwas später: «Die Wahrheit ist wahr, auch wenn sich alle persönlichen Gefühle gegen sie auflehnen. Derjenige Teil der Seele, in dem *diese* Wahrheit lebt, soll Bewusstseinsseele genannt werden.» Wir dürfen an die schon geschilderte Frage des typischen Vertreters der Verstandesseelenkultur, des Römers Pontius Pilatus an Christus Jesus erinnern: «Was ist Wahrheit?» Er musste so fragen, doch heute kann der Mensch mithilfe seiner keimenden Bewusstseinsseele eine Antwort in sich finden. Und damit auch einen Blick in sein Allerinnerstes richten und sich als Anteil dieser Wahrheit entdecken.

In den vorausgehenden Organbetrachtungen wurde bei der Leber und dem Skelett schon geschildert, wie in der Begegnung mit der Welt der Stoffe, des Mineralisch-Physischen, das Ich aus unserem Stoff- oder physischen Leib dieses neue Seelenglied herausgliedert. Wie fasziniert es von der Schönheit und Vollkommenheit dieses Naturreichs ist. Wie ihm möglich wird, gerade in dieser Werkstatt die Schöpferkräfte zu entdecken, die es selbst in urferner Vergangenheit geschaffen haben. Wie aber auch die Gefahr besteht, dass das Ich sich an die gewordene Welt verliert und sich die Weltanschauung des Materialismus in der Seele einnistet, von der unsere Zeit so sehr beherrscht wird.

In dieser fünften nachatlantischen Kulturepoche lebt jedes Menschen-Ich in dem Spannungsfeld von durch die Sinnesorgane beobachtbarer Außenwelt einerseits und einem freien, bewussten Ergreifen der Geistigkeit der Welt andererseits. Alle Krisen der jüngeren Vergangenheit, unserer Gegenwart und wohl auch der näheren Zukunft sind Ausdruck dieser Entwicklungsperiode, wo es um Wahrheit und Freiheit geht. Die uns nicht gegeben werden, die wir uns erringen, ja erkämpfen müssen. Die Menschenseele ist durch das Eintreten des Ich in die Bewusstseinsseelenentwicklung wirklich zu einem Schauplatz von Kämpfen geworden, die das Ich mit sich selbst und mit den widerstreitenden Mächten ausfechten muss. In der Bewusstseinsseele lebt das Wollen, aus ihr kann der Mensch zur freien Handlung finden. Wieder ist es eine Aussage Rudolf Steiners aus der *Philosophie der Freiheit*, die dieses Miteinander von Bewusstseinsseele und menschlichem Wollen, verbunden mit der Freiheit, wie in einem Leitsatz zusammenfasst: «Leben in der Liebe zum Handeln und Lebenlassen im Verständnisse des fremden Wollens ist die Grundmaxime der freien Menschen.» (9. Kapitel)

Das Ich instrumentalisiert die Seele und ihre Glieder, um in den drei großen Seelenkräften Denken, Fühlen und Wollen der Welt und sich selbst zu begegnen und beides erkennend zu durchdringen. Die Vielzahl der dafür einsetzbaren Elemente bilden das Orchester, durch welches das Ich sich mitteilt, wenn es die ihm eigene Lebenssymphonie als seine Biografie verwirklicht. Es wartet jedoch eine weitere neue, in die Zukunft weisende Aufgabe, die jetzt vom Ich bewusst ergriffen werden kann, ja sollte. In der Seele ruhen Organe, die als Seelen-Sinnesorgane bezeichnet werden können. Alte Weisheit, vor allem des Orients, nannte sie die Chakren oder auch Lotosblumen. In Urzeiten waren sie «geöffnet», die Welt in ihrer Geistigkeit teilte sich durch sie den Menschen mit. Durch den immer größer werdenden Abstand zu der geistigen Welt und der Zuwendung zu der durch die Sinnesorgane des Leibes wahrzunehmenden Außen-Welt «schlossen» sich diese Seelenorgane. Es begann das finstere Zeitalter (Kali Yuga) der Geistesferne, das bis zum Ende des 19. Jahrhunderts andauerte. Seither sind wir im Anbruch eines lichten Zeitalters. Die Seelenorgane ruhten, denn mit ihnen wahrzunehmen bedeutete, dass sie in Bewegung kamen. Während wir mit den leiblichen Sinnesorganen nur exakt wahrnehmen können, wenn sie in großer Ruhe und Selbstlosigkeit verharren, wird die Wahrnehmung durch die Seelenorgane nur möglich, wenn diese in Bewegung kommen, vom Ich bewegt werden. Das setzt das handelnde Ich voraus, ist ein bewusster Akt der Wahrnehmung und muss gelernt werden. Diese Schulung hat Rudolf Steiner in seinen Aufsätzen, die er zu einem Buch zusammenfasste, mit dem Thema *Wie erlangt man Erkenntnisse der höheren Welten?* anfänglich beschrieben und von da an in seinem Werk immer wieder aufgegriffen, indem er auf den in der Meditation «handelnden» Menschen verwies.

VI. Die sieben Ich-bin-Worte als Weg zum Ich

Die Götter – Schöpfer des Ich auf langen Wegen der Evolution.
Die Philosophen – Geburtshelfer des Ich auf verschlungenen Pfaden der Geistesgeschichte.
Jesus Christus – das wahre Ich-bin.

In den sieben Ich-bin-Worten des Johannes-Evangeliums spricht Jesus Christus sein Wesen aus. In diesen Worten hat sich das «Ich der Iche» kundgetan. Die Menschwerdung des Logos in Jesus Christus vollzieht sich stufenweise. Schon im Alten Testament tönt es aus dem Dornenbusch dem Moses entgegen: «Ich bin der Ich-bin.» Hier spricht ein göttliches Wesen, das uns alle in unserem Ich-Sein zutiefst bestärkt, ja ermöglicht und trägt. Als der eigentliche Träger des Menschheits-Ich kann dieses göttliche Ich-bin-Wesen empfunden werden.

Blicken wir auf diese Situation im zweiten Buch Mose genauer hin. Es handelt sich um die Berufung Mose; er soll sein Volk aus der ägyptischen Gefangenschaft befreien und zurück ins Heilige Land, ins Land seiner Väter führen. Zunächst heißt es, dass der Engel des Herrn ihm erschien – als feurige Flamme im Dornenbusch. Das ist eine große Imagination, eine wundersame Erscheinung. Moses tritt näher. Nun ist es Jahwe, der zu Moses spricht: «Ich bin der Gott deines Vaters, der Gott Abrahams, der Gott Isaaks, und der Gott Jakobs. Und Mose verhüllte sein Angesicht; denn er fürchtete sich, Gott anzuschauen.» (2. Moses 3,6)

Moses ist ein Vorläufer der Ich-Menschen. Er hat Selbstzweifel, was ihn uns menschlich naherückt: «Wer bin ich, dass ich zum Pharao von Ägypten gehe und mein Volk hinwegführe?» Doch Jahwe, der Gott seiner Väter, bestärkt ihn. Moses hat sodann den Ich-Mut und die Geistesgegenwart, seinen Gott zu befragen, ja gewissermaßen zu hinterfragen. So sagt er: «Wie ist dein Name? Was soll ich denn meinem Volk sagen, wer mich geschickt hat?» Diese Frage ist erstaunlich, denn sein Gott hatte sich ja selbst vorgestellt mit den Worten: Der Gott deiner Väter spricht zu dir.

Aber was nun geschieht, ist noch erstaunlicher und vor allem zukunftsweisend und zukunftseröffnend. Die göttliche Stimme, die antwortend ertönt, sagt: «Ich bin der Ich-bin.» Das ist nicht mehr der Engel des Herrn als Imagination und auch nicht der Gott der Stammesväter (Jahwe als Inspiration) – es ist der «Ich-bin», gleichsam die Intuition des wahren Ich, die Moses ergreift und impulsiert. Das göttliche «Ich-bin» selbst tönt Moses hier aus dem brennenden Dornenbusch entgegen. Es kann wie der Grundton aller – im Johannes-Evangelium – folgender Ich-bin-Worte empfunden werden.

«Ich bin der ich bin», oder noch einmal etwas anders übersetzt: «Ich werde sein, der ich sein werde.» Moses kann diese Worte intuitiv vernehmen, ja er hat sie erfragt für die Menschheit. Moses ist der Eingeweihte, der in der vorchristlichen Zeit – bevor der Welten-Logos Mensch geworden ist – das «Ich bin» hören, erkennen und ertragen kann.

Im Prolog des Johannes-Evangeliums heißt es dann: «Im Anfange war das Wort, und das Wort war bei Gott, und ein Gott war das Wort. Dieses war im Anfange bei Gott.» Dieses Wort ist der Logos, von dem schon Heraklit im 6. Jahrhundert vor Christus in Ephesus sprach – das schöpferische Weltenwort.

«Durch es sind alle Dinge geworden.» Aktiv hervorbringend schöpft das Weltenwort die Dinge der Welt. «Und nichts von allem Entstandenen ist anders als durch das Wort geworden.» Alles, was geworden ist, trägt die Prägung des Wortes in sich; denn *es* ist das schöpferische Agens in allem.

Das Johannes-Evangelium schildert nun, wie das Wort Fleisch ward. Es kommt als Mensch auf die Erde, um sich mit allen Menschen liebend verbinden zu können. Dies ist ein gewaltiger, letztlich für uns Menschen unfassbarer Opfergang. Er führt bis Golgatha, wo Christus sich ans Kreuz schlagen lässt und Johannes unter dem Kreuz steht als ein Zeuge dieses Geschehens, zusammen mit Maria, der Mutter und Maria Magdalena, seiner Schwester.

Die reine Form des Ich – die durch die Geister der Form den Menschen geschenkt worden war – erhält durch das Leben und Leiden Christi Einprägungen, man könnte auch sagen Entwicklungsimpulse. Siebenfach spricht sich das Weltenwort im Ich-bin aus. Sieben Ich-bin-Worte, die einen Organismus bilden, lassen sich dem Johannes-Evangelium entnehmen.

Im sechsten Kapitel des Johannes-Evangeliums spricht Christus die Worte: «Ich bin das Brot des Lebens. Wer zu mir kommt, den wird nicht hungern; und wer an mich glaubt, den wird nimmermehr dürsten» (Joh. 6,35).

Menschsein auf Erden bedeutet Hunger und Durst haben, bedeutet essen und trinken zu müssen, um den eigenen Leib zu erhalten, bedeutet auch, seine Notdurft zu verrichten, Ausscheidungen zu haben. Unendlich viel Leid hat sich ereignet und ereignet sich täglich neu im Kampf um das Brot, die Nahrung, die wir brauchen, um zu leben. Mit dieser Sphäre verbindet sich Christus. Er kommt zu den Menschen, um mit ihnen das Brot zu teilen; er hat das Brot auch im physischen Sinne genossen. Aber es geht noch um Tieferes. Christus spricht hier von einer ewigen Nahrung, von einer seelisch-geistigen Nahrung: «Ich bin das Brot des Lebens.»

In unser Ich können wir das Christus-Brot aufnehmen. Rudolf Steiner hat in seiner *Theosophie* über das menschliche Ich den großartigen Satz geschrieben: «Denn das Ich erhält Wesen und Bedeutung von dem, womit es verbunden ist.»[128] Diese Aussage macht ernst damit, dass das Ich *zunächst* tatsächlich nur eine reine Form ist, offen für anderes, empfänglich für mannigfache Erfahrungen. Wir selbst entscheiden mit, was in diese Ich-Form hineinkommt, womit wir uns verbinden wollen. Die Verbindung mit Christus ernährt das Ich, lässt uns teilhaben an dem Brot des Lebens, ist ein Akt der Kommunion.

Durch dieses Ich-bin-Wort vom Brot löst Christus nach unserem Verständnis auch etwas ein, was bei der Versuchung in der Wüste noch offengeblieben ist. Dort hatte der ahrimanische Versucher zu ihm gesprochen: «Mache aus Steinen Brot, wenn du wirklich der Heiland und Messias bist.» Christus, der nicht magisch wirken, der sich nicht über die irdischen Verhältnisse und Bedingtheiten erheben will, der ja zu den Menschen *als ein Mensch* kommen wird, antwortet: «Der Mensch lebt nicht vom Brot allein.»

Rudolf Steiner hat darauf hingewiesen, dass der Christus hier zwar Ahriman zurückweisen konnte, dass aber doch eine Art Schicksalsrest bestehen blieb, da der Christus noch nicht aus eigener *menschlicher* Erfahrung wissen konnte, wie viel Arbeit, Leid und Schmerz am täglichen Broterwerb hängen.

128 Rudolf Steiner, *Theosophie*, GA 9, Dornach 1994, S. 50.

Hier blieb etwas offen. Und um diese «karmische Lücke» in der Auseinandersetzung mit dem Herrn der Finsternis und der Erdenschwere zu schließen, bedarf es auch der Mitwirkung der Menschen. Der Menschen, die sich mit dem Christus verbinden. Indem nun Christus sein Ich-bin mit dem Brote verbindet, gibt er allen Ich-Menschen die freie Gestaltungsmöglichkeit, in Zukunft zu einer ewigen Nahrung zu gelangen.

Im achten Kapitel heißt es dann bei Johannes: «Ich bin das Licht der Welt. Wer mir nachfolgt, der wird nicht wandeln in der Finsternis, sondern wird das Licht des Lebens haben» (Joh. 8,12). Die ganze Herrlichkeit des Lichtes wird hier erlebbar. Im Meditieren dieser Worte erstrahlt ein Licht in uns. Man kann empfinden, wie es in der Stirn entzündet wird und all unser Denken durchleuchtet. «Ich bin das Licht der Welt» – mein eigenes *Ich bin* wird wie zu einer Licht-Säule, in die sich Höheres hineinsenken kann. Wir leben in der Welt der Finsternis, die das Licht nicht begriffen hat, wie es im Prolog heißt, aber wir können Christus nachfolgen und so zum «Licht des Lebens» gelangen.

Das Christus-Licht verschenkt sich an alle Wesen. Es ist Ausdruck einer bedingungslosen, allumfassenden Liebe. Ganz anders ist das eigenwillige Licht Luzifers geartet. Er würde vielleicht sprechen: «Ich bin das Licht.» An dem Eigenwillen, selber leuchten zu wollen, sich selbst im Lichte zu erleben und zu genießen – daran können wir den Versucher Luzifer erkennen, der aber eben auch der Lichtbringer der Menschheit war und ist. Christus heilt diesen Einschlag des luziferischen Versuchers in der Menschheitsevolution, indem er sein Ich-bin mit dem Licht verbindet, es ganz und gar durchdringt. Mit Christus können wir nach dem Lichte streben, ohne Luzifer zu verfallen.

Das dritte Ich-bin-Wort ist ein Mysterium für sich. Nach

dem *Brot* und dem *Licht* gelangen wir zur *Türe.* «Ich bin die Tür; wenn jemand durch mich hineingeht, wird er selig werden und wird ein- und ausgehen und Weide finden» (Joh. 10,9). Ein Tor ist der Christus für uns, Pforte und Durchgang zugleich. Ein Tor zur Erkenntnis – das ist das Ich-bin auf dieser dritten Stufe. Aber die Türe ist auch Verbindung zur Welt, man kann hier ein- und ausgehen und Weide finden. Somit ist die Christustüre auch die Möglichkeit, anderen Menschen zu begegnen, wirklich einzutreten in die Welt eines anderen, was viel mit Interesse, Offenheit, ja Liebe zu tun hat. Unscheinbar sind oft die Türen, bloße Übergänge, die Aufmerksamkeit ist immer schon dahinter, beim anvisierten Ziel. «Ich bin die Türe», heißt für uns auch: Verweile, halte inne, lerne den Übergang wahrnehmen und würdigen.

Allerdings gehört es auch zum Wesen der Türe, dass wir sie willentlich schließen können. Öffnen *und* schließen sind Gesten des Ich-bin. Die Fähigkeit, im rechten Moment eine Türe zu öffnen, und ebenso im rechten Moment sie zu verschließen – das ermöglicht dem Menschen ein freies Tun und ein selbstbestimmtes Leben. Es entsteht die Fähigkeit, aus dem Ich heraus «Ja» oder «Nein» zusagen.

Das vierte Ich-bin-Wort ist das Zentrum des ganzen Weges, die Mitte, auch verbunden mit dem Herzen. Das Christus-Licht erstrahlt in der Stirn; das Christus-Wort ertönt im Kehlkopf, dieser ist auch mit einer Pforte oder Türe zu vergleichen, durch die das Wort in die Welt gelangt. Und im Herzen lebt die Christus-Milde und Christus-Liebe. «Ich bin der gute Hirte. Der gute Hirte lässt sein Leben für die Schafe» (Joh. 10,11).

Große Opferbereitschaft lebt im Herzen. Das Herz ist ein gänzlich selbstloses Organ, ununterbrochen tätig für den gesamten Organismus, Tag und Nacht. Es kennt keine Pause.

Dafür ist es aber pulsierend in einem beständigen, lebendigen, immer neu werdenden Rhythmus. Das verbrauchte Blut, das im Herzen ankommt und vom Herzmuskel angehalten wird, wird in diesem Innehalten für einen kurzen Moment «gelesen» – Rudolf Steiner spricht in diesem Zusammenhang von einer «Bluttafel», auf die geschrieben wird –, sodann erfolgt eine Verwirbelung, ja Erneuerung des Blutes, die bereits die therapeutische Antwort enthält auf die «Sorgen» und «Nöte» des Organismus, von denen das Blut dem Herzen berichtet hat.

«Ich bin der gute Hirte.» Und dieser Hirte opfert sich für seine Schafe, das heißt im Falle des Herzens für all die anderen Organe des Körpers – stets ausgleichend, helfend und heilend. Das vierte Ich-bin-Wort ist auch das Heiler-Wort schlechthin. Im Herzen meditativ bewegt, kann es Wunder bewirken. Allerdings Wunder, die von der Ich-Kraft und Ich-Präsenz des Menschen ausgehen. Daran kann man den Christus erkennen, er wirkt niemals an dem Ich des Menschen vorbei, er achtet stets dessen Würde und Freiheit.

Christus ist in allem gut; er kämpft nicht gegen das Böse. Das kann man auch an der Dornacher Holzplastik von Rudolf Steiner und Edith Maryon erleben. Der «Menschheitsrepräsentant» schreitet schwungvoll nach vorne, einen freien Raum für alle Menschen eröffnend, aus der Kraft der Mitte. Ahriman muss demgegenüber nach unten fallen, im Angesicht des Christus krampft er noch mehr in sich zusammen, in einer dunklen Höhle hockend. Luzifer entweicht nach oben; stolz spricht er voller Selbstüberschätzung «Ich bin das Licht», doch dann stürzt er kopfüber in die Tiefe. Sein Hochmut kann sich nicht halten in der Gegenwart der reinen Liebe Christi.

Im elften Kapitel des Johannes-Evangeliums stirbt Lazarus, und das Erstaunliche, ja Erschütternde ist, Jesus Christus lässt den geliebten Lazarus, den Bruder von Martha und Maria Magdalena, sterben, wartet ab in der Ferne, kommt erst, als Lazarus schon vier Tage im Grabe liegt. Fassungslos spricht Martha zu Jesus Christus: «Herr, wärst du hier gewesen, mein Bruder wäre nicht gestorben» (Joh. 11,21). Ein Vorwurf, den wir aus menschlicher Sicht nur zu gut verstehen können.

Und nun kann das «Ich der Iche» vor aller Augen ein Mysterium vollziehen: die Auferweckung des Lazarus. «Ich bin die Auferstehung und das Leben» (Joh. 11,25), spricht der Christus zu Martha. Der Tod des Lazarus gibt Christus die Möglichkeit, zu offenbaren, wie die Auferstehungskraft durch sein Ich-bin wirken kann – gleichsam als Vorklang und Vorbereitung seiner eigenen Auferstehung am Ostersonntag. Und das Weltenwort in Jesus Christus ruft den Lazarus aus dem Grabe heraus: «Lazarus, komm heraus!» (Joh. 11,43). Und zum Erstaunen und Entsetzen der Menschen kommt der Verstorbene als ein neu Erstandener aus dem Grabe heraus. Nun fällen die anderen – die nicht das Ich-bin erleben und ertragen können – den Entschluss, diesen Jesus Christus, der solche Wunder tut, zu töten. Es ist der Hass auf das Ich-bin, welcher nun wirkt und fortan den Gang der äußeren Ereignisse bestimmt.

Das sechste Ich-bin-Wort spricht Christus zu seinen Jüngern in den sogenannten Abschiedsreden. «Ich bin der Weg und die Wahrheit und das Leben; niemand kommt zum Vater denn durch mich» (Joh. 14,6). Ein Dreiklang ertönt hier: *Weg, Wahrheit* und *Leben.* Diese Drei dürfen nicht getrennt werden oder auseinanderfallen. Auf inneren und äußeren Lebens-Wegen suchen wir die Wahrheit. Man könnte das auch ein Streben in Wahrhaftigkeit nennen, da die ganze Wahrheit wohl nie erreicht wird, was schon Lessing eindrücklich zum Ausdruck gebracht hat. Und die Wahrheit schenkt uns neues

Leben, sie belebt, erfrischt, inspiriert. «Was fruchtbar ist, allein ist wahr», sagt Goethe ganz in diesem Sinne.[129]

Eine Wahrheit ohne Erkenntnis-Weg, ohne Entwicklung wäre abstrakt und dogmatisch. Sie verhärtet und wird dadurch letztlich unwahr. Alle Ideologien haben hierin ihren Ursprung. Ein Leben ohne Wahrheitsausrichtung hingegen wird zunehmend hohl und öde. Wir betrachten es als krankmachend, tiefer besehen als die Ursache von so manchen Krankheiten. Und ein Weg, ein bloßes Tun können wir sagen, ohne Wahrheitsausrichtung und inneres Leben wäre blinder Aktionismus oder gar Gewalttätigkeit. Diese führen in die Zerstörung.

Dass diese Drei – der Weg, die Wahrheit und das Leben – verbunden sein können, verbürgt unser Menschsein, verbürgt unsere innige Verbundenheit mit Christus.

Der Weg der Ich-bin-Worte führt vom Brot zum Wein. «Ich bin der Weinstock, ihr seid die Reben. Wer in mir bleibt und ich in ihm, der bringt viel Frucht; denn ohne mich könnt ihr nichts tun» (Joh. 15,5). Wir alle sind Reben an dem großen Christus-Weinstock. Hier entsteht die neue Gemeinschaft. Wir sind alle miteinander verbunden und ebenso in Christus vereint. Ein tiefes Urvertrauen spricht aus diesem siebten Ich-bin-Wort. Wir verwurzeln uns in Christus als dem Weltenweinstock und damit auch in der Weltenzukunft von Menschen-Ich und Kosmos. –

Wir können diesen ganzen Weg durch die Ich-bin-Worte auch musikalisch begreifen und erleben. Eine Tonleiter des Weltenwortes im Ich-bin entfaltet sich sodann vor uns. Diese können wir hörend verinnerlichen und meditieren. Es wurde schon gesagt, dass wir das mosaische «Ich bin, der Ich-bin» wie einen

129 Johann Wolfgang von Goethe, «Vermächtnis».

Grundton einer Skala empfinden können. Das Ich webt und lebt in sich – musikalisch gesprochen ist das die Prim. Das ist vielleicht das vollkommenste Intervall. Alles liegt bereits in diesem einen Ton, der sich auf sich selbst bezieht, verborgen.

Indem das Ich-bin sich im Menschenfleisch inkarniert – und das Wort ist Fleisch geworden –, beginnt ein dynamischer Entwicklungsprozess. Ein Prozess auf der Erde, jetzt gibt es kein Zurück mehr. Die irdische Entwicklung hebt an mit dem Brot. In der Sekunde erleben wir musikalisch den Schmerz im Ringen um das tägliche Brot. Eine Reibung ist zu vernehmen, die vom Ergreifen des Irdischen kündet, bis hin zu Nahrungsaufnahme und Verdauungsprozessen. Zugleich ist natürlich ein seelisches und ein geistiges Brot gemeint, welches uns nährt und aufbaut. Das ist das Brot des Lebens.

Mit der großen Terz können wir eine Art Sonnenaufgang erleben: «Ich bin das Licht der Welt.» Das Licht der Terz erwärmt und erhellt unseren Seeleninnenraum. Da fühlen wir uns selbst, in der Moll-Terz, und die Schönheit der Welt, in der Dur-Terz. Die abendländische Musik von Johann Sebastian Bach bis Arnold Schönberg hat die Welt der Terz voll entfaltet und schenkt uns bis heute mannigfache seelische Entwicklungsmöglichkeiten im Lichte der Schönheit.

Im Gang der Skala dringt das Musikalische nun zur Quarte vor. In der Quarte erleben wir ein Ankommen, auch ein Aufwachen. Dies entspricht dem Wort von der Türe. Der Durchgang zu Anderem will wach vollzogen werden. Jede wirkliche Begegnung mit einem anderen Menschen-Ich lässt mich erwachen, für den anderen, aber im Rückstoß komme ich auch anders und neu zu mir selbst. Im Grunde ist es ein doppeltes Quarterleben, welches hier geschieht. Als Musiker empfunden: eine Quarte aufwärts gespielt oder gesungen – ich gehe auf den anderen

Menschen zu oder öffne ihm die Türe. Eine Quarte abwärts erklingt – das kann empfunden werden als «ich komme wieder zu mir», verwandelt von der Begegnung, die zuvor erfolgte.

Mit dem guten Hirten ertönt die Quinte. Ein alles umhüllendes und schützendes Intervall. Geborgen können wir uns fühlen in der Aura der Quinte. Der gute Hirte opfert sich für alle Wesen. Der Quintenraum umschließt heilend den Lebensraum der Seelen. Da begegnen wir dem Christus als heilendes Land: der Heiland.

In der großen Sexte ertönt der Auferstehungsjubel. Reine Freude am Leben ist hier zu erfahren. «Ich bin die Auferstehung und das Leben.» Das ist die Kraft, mit der Lazarus aus dem Grab gerufen wurde und die ihn als Johannes zur Bezeugung der Offenbarung und des Evangeliums befähigte. Alle Schwere des Todes fällt hier ab von uns.

Schmerzhaft hingegen ist der Wahrheits-Weg. Das ist sowohl an der kleinen Septime, die mehr nach innen weist, als auch an der großen Septime, die nach außen strebt, zu erleben. Die ganze Wahrheit – und die Wahrheit ist das Ganze, wie es Hegel in der *Phänomenologie des Geistes* formuliert – wäre wohl kaum zu ertragen. Ähnlich wie das Septimen-Erleben an eine Grenze des Ertragbaren führt. In der Septime können wir uns verlieren; das ermöglicht aber auch, sich neu zu finden. Dafür müssen wir immer wieder neu den Weg des Ich-bin suchen – ein Leben lang.

Die Sehnsucht nach der Oktave erwacht in uns. Diese ist – im wahrsten Sinne des Wortes – Zukunftsmusik. Noch können wir das Wesen der Oktave nicht voll erfassen. In der Oktave kommt mir mein höheres Wesen durch den Christus entgegen und vereinigt sich mit dem Grundton: «Ich bin der wahre Weinstock, ihr seid die Reben.»

Die sieben Stufen oder Schritte der Ich-bin-Worte bergen ein offenbares Geheimnis. Sie sind Wahrworte der großen Entwicklungsfolgen, die das Menschen-Ich vom Beginn seiner Schöpfung an durch die erste Hierarchie im Auftrage der göttlichen Trinität durchschreitet. Ein Weg, dem ein diesem Schöpfungsziel «Mensch» dienender Kosmos zur Seite gestellt wird, mit einem Mittelpunkt «Erde» als eigentlicher Planet des Menschen.

Deren erste noch ganz geistige Stufe nannte Rudolf Steiner «alter Saturn». In dieser Gestalt war die Erde ausschließlich gestaltete Wärme. In sie hinein schufen die Geister des Willens, die Throne, Menschen-Iche und eine erste Anlage seines physischen Leibes, der einmal befähigt sein würde, die Welt mineralischer Stoffe in sich aufnehmen und ordnen zu können. Wozu er weitere Stufen seiner Bildung und Befähigung durchlaufen musste, ehe er seine Vollkommenheit und zugleich Einzigartigkeit als Träger eines individuellen Ichs erreichte.

Dieser im gesamten Schöpfungsakt einzigartige Leib ist das Brot des Lebens, ist aus dieser Substanz gebildet worden, trägt diesen Keim immer noch in sich. Beim ersten Abendmahl des Gründonnerstags reicht der Christus mit dem von ihm gesegneten Brot den Jüngern seinen Leib. Die damit verbundene Kraft der Transsubstantiation, der Stoffwandlung oder auch des Stoffwechsels ist dem physischen Leib aller Menschen seit dem Mysterium von Golgatha eingepflanzt. Veranlagt im alten Saturn, vervollkommnet durch die Stufen von alter Sonne und altem Mond, wird der Leib auf der Erde endgültig aufnahmefähig für das individuelle Ich, wird seine Werkstatt mit den vielen Werkzeugen (Organen), und bildet «einen dem Denken entsprechenden Bau». (Rudolf Steiner) So wird verständlich, wenn es in den Worten der Transsubstantiation heißt: «Nehmet hin mit dem Brote meinen Leib.» Und dieser Leib wird als Träger des neuen Bekenntnisses bezeichnet, womit die Ich-Tätigkeit des Erkennens angesprochen wird. Das erste Ich-bin-Wort «Ich bin das Brot des Lebens» zeigt sich im Keimhaften des ichgerechten Leibes in der ersten Stufe der Erden- und Menschen-Ich-Entwicklung auf dem alten Saturn.

Das zweite Ich-bin-Wort lautet: «Ich bin das Licht der Welt.» Direkter kann die Wirklichkeit der Sonne nicht ausgesprochen werden. Christus ist Sonnenwesen, in allem Sonnenlicht wirkt er mit. Deshalb kann er fortsetzen: «Wer mir nachfolgt, wird nicht wandeln in der Finsternis, sondern wird das Licht des Lebens haben.» In der Erdenstufe der alten Sonne entsteht das Licht im Schöpfungsakt, durch den es von der Finsternis geschieden wurde. Mit diesem Licht verbunden sind die Kyriotetes, die Geister der Weisheit im Zusammenhang mit den Erzengeln, Archangeloi. Sie imprägnieren das Ich mit dem Keim eines von Weisheit getränkten Denkens, das wir heute als «gesunden Menschenverstand» bezeichnen können. In jedem Ich ist die kosmische Weisheit mit der Fülle ihrer Gesetzmäßigkeiten als Keim veranlagt. Zur Ich-Entwicklung gehört es, diese Weisheit in sich zu wecken und aus ihr zu handeln. In der Gegenwart stehen dem Ich dazu noch vielfältige geistig-hierarchische Lehrer helfend an der Seite. Erst in ferner Zukunft wird das Menschen-Ich aus eigener Befähigung diese göttliche Weisheit unmittelbar anwenden können. Unbewusst geschieht das schon in der jetzigen Entwicklungsstufe in der großartigen Abstimmung aller Lebensabläufe in unserem Organismus, die von tiefster Weisheit durchdrungen das ermöglichen, was wir unsere Gesundheit nennen. Deren leiblicher Träger ist der

Lebensleib, dessen erster Keim auf der alten Sonne gebildet wurde. Aus ihm kommt auch der Quell originärer Bildung von Menschenlicht, das den Organismus von innen durchstrahlt.

Der Ich-Stufe des alten Mondes entspricht das dritte Ich-bin-Wort: «Ich bin die Tür zu den Schafen.» Wir stoßen auf die neue Ich-Wirklichkeit eines Innen und Außen, eines Getrenntseins. Die Tür schließt etwas ab (oder auf), und sie verbindet auch. Sie erfordert die Initiative und den Entschluss, sie zu öffnen oder sie geschlossen zu halten. Sie hat immer eine Schwelle, die überschritten werden muss, um auf die andere Seite zu gelangen. Mit Blick auf die Evolution des Ich entspricht dies den Inhalten, die dem Ich auf dem alten Mond eingepflanzt werden. Die Dynamik geht von den Geistern der Bewegung, den Dynamis aus. Mit ihrem Wirken ist das auf den Menschen bezogene Wirken der Hierarchie der Angeloi verbunden, die sich nun den einzelnen Menschen-Ichen zugesellen. Wir sahen, dass mit der Bewegung die Begegnung verbunden ist. Die Tür ist immer ein Ort der Begegnung, mit sich selbst, wenn ich vor ihr stehe und mich frage, ob ich sie öffnen soll; mit der Welt, die hinter der Tür verborgen gehalten wird, oder auch von anderen Wesen, welche die Tür von der einen oder anderen Seite durchschreiten wollen. Wir haben dargestellt, dass mit dem alten Mond und den ersten Freiheitskeimen für das Ich das Schicksalsgesetz, das Karma gebildet wird. Alles Geschehene sucht seine Ausgleiche. Das Ich erlebt nun sein Getrenntsein von allem anderen, erlebt «Ich und die Welt», Ich und Du, letztlich auch Diesseits und Jenseits. Wobei alle diese Entwicklungsschritte im alten Mond noch keimhaft veranlagt werden. Ihre für unsere Gegenwart vorhandene Bedeutung entwickeln sie erst in der Wiederholung des alten Mondes auf der Erde in der Epoche, die Lemurien genannt wird.

Das Bildelement der Tür ist unverändert gültig als ein Ich-Element. In einer ganz modernen Form zeigt es sich seelisch-leiblich in unserem Immunsystem, dessen Kernaufgabe von der Immunologie so charakterisiert wird: «Das Selbst (Ich) erkennt alles Nicht-Selbst (Welt).» Die mittelalterlichen Stadtmauern mit ihren verschiedenen Toren sind ein hilfreiches Bild für das Türgeschehen in uns. Diese Tore sind bewacht, Wächter prüfen, wer hinein- oder hinausgeht. Es gibt Öffnungszeiten und auch solche, wo die Tore geschlossen bleiben. Die umfassendste Wächterfunktion hat Christus übernommen, er ist eine Tür, die voller Leben und vor allem Bewusstsein ist, Geistesgegenwart. Er ist unser Lehrer, das Öffnen und Schließen zu erlernen, das Überschreiten, das Hin- und Herwandeln. Und er lehrt zu unterscheiden, ob jemand Hirte, Räuber oder Dieb ist, der durch die Türe will.

Es folgt als viertes Ich-bin-Wort «Ich bin der gute Hirte». Das beschreibt das Ich-Geschehen der Erdenentwicklung, die eine vierte große Evolutionsstufe umfasst. Die einem Entwicklungs-Wendepunkt zusteuert: dem Mysterium von Golgatha. Das nicht nur die drei Tage von Karfreitag bis Ostersonntag umspannt, sondern die drei Jahre des innewohnenden Christus im Menschen Jesus von Nazareth, aber auch weite Zeiten der Vorbereitung dieses Geschehens – Steiner nennt sie Vorstufen – und sich dann fortsetzt «bis an das Ende der Zeiten» (Matth. 28,20).

Im Zusammenhang dieses Ich-bin-Wortes kündigt Christus seinen Tod und das neue Empfangen seines Lebens, die Auferstehung an. Der gute Hirte gibt sein Leben zum Schutz der ihm anvertrauten Schafe. Anders als der Lohnknecht, der vor dem Wolf flieht und die Schafe ihrem Schicksal überlässt. Der gute Hirte setzt sein Leben ein für die Schafe, er verbindet Mut mit

Verantwortung und auch mit dem eigenen, freien Entschluss. «Darum liebt mich der Vater, weil ich mein Leben einsetze, um es wiederum zu empfangen. Niemand kann mir mein Leben nehmen, sondern ich gebe es von mir aus hin; ich habe die Vollmacht, es hinzugeben, und auch die Vollmacht, es wieder zu empfangen. Dieses Gebot habe ich von meinem Vater empfangen» (Joh. 10, 17-18). Hier begründet Christus die Grundkräfte aller Gemeinschaft und damit allen sozialen Lebens. Wir können auch sagen: Im tiefsten Eindringen in dieses «Ich bin der gute Hirte» stoßen wir auf den Urquell aller christlichen Ethik. Dessen Hauptgesetz lautet: «Liebe deinen Nächsten wie dich selbst» (Luk. 10,25-37). Dessen Verwirklichung *Barmherzigkeit* ist, wie sie am barmherzigen Samariter demonstriert wird, dessen Seelenkraft das Gemüt ist und dessen organische Wohnung oder Werkstatt das Herz.

Den großen Wendepunkt, der hier im Mysterium von Golgatha gesehen wird, der ja auch als Zeitenwende kalendarisch Ausdruck fand, können wir mit dem Blick auf die Ich-Entwicklung auch so verstehen: Vom Uranfang der Schöpfung (alter Saturn) bis zu diesem Wendepunkt entwickelte sich das Ich unter Führung der Hierarchien «von oben nach unten», aus den Weiten und Höhen der göttlich-trinitarischen Welten hinab in die Engen und Tiefen der Erde. Dort war es in der vierten nachatlantischen Kulturepoche tief in der Seele (Verstandesseele) und dem Leib angekommen, ohne sie jedoch mit der stets erneuernden Kraft des Lebens durchdringen zu können. Beide drohten deshalb zu verdorren, auszutrocknen. Denn der Mensch, das Ich, hatte vom Baum des Lebens nicht essen dürfen! Nun trägt Christus dieses paradiesisch-göttliche Leben, das aller Schöpfung innewohnt, auch in die Menschenseele und den Menschenleib. Wir nennen dieses Leben Auferstehungskraft, aus Altem und Absterbenden wird Neues, Verjüngtes hervorgehen. Medizinisch-wissenschaftlich wurde dafür der Begriff «Apoptose» geschaffen, ohne die geringste Ahnung, welche tiefste Weltenkraft («der Baum des Lebens») sich darin ausspricht.

Es kann an dieser Stelle aufmerksam darauf gemacht werden, wie zentral das Wort «Leben» sich mit den sieben Ich-bin-Worten verbindet. Und so kann es fast als folgerichtig bezeichnet werden, wenn nun als fünftes Ich-bin-Wort folgt «Ich bin die Auferstehung und das Leben», was uns auf die fünfte große Erdenentwicklungsstufe führt, welche die Geisteswissenschaft Jupiter nennt.

Doch ehe wir diesen nächsten Schritt tun, müssen wir noch einmal zu dem Zeitenwendepunkt zurückkehren, dem Mysterium von Golgatha. Von ihm geht nun die Schwungkraft aus, die Ich und Seele «von unten nach oben» führen, was nichts anderes heißt, als das Ich, welches durch die Tiefen des Erdenstoffes gegangen ist, wieder mit Einschluss der so gewonnenen Erfahrung zu seinen geistigen Ursprüngen zurückzuführen. Von dem es getrennt wurde, um das kosmische Wesen der Freiheit in sich aufnehmen zu können. So wird der Mensch als Ich, wenn er seine hierarchische Stufe erreicht haben wird, der großen Gesetzmäßigkeit der Schöpfung die Freiheit einpflanzen. Dazu sind wir berufen, das ist der tiefe Sinn der Erdenmission.

Die Erde als Mars-Merkur-Stufe bildet die Mitte des göttlichen Schöpfungsplans, wohl auch deshalb vereinigt sie *zwei* planetarische Stufen in sich. Seit der Zeitenwende steht die Evolution im Zeichen Merkurs, eine Imagination des Weltgeschehens, dass Christus – der Gottessohn und zugleich das Sonnenwesen – sich der Erde und ihrer weiteren Entwicklung, damit auch allen Menschen, bis an ihr Ziel verbunden hat. Er ist der «wahre Merkur», wie es die Alchemisten des Mittelalters erlebten.

Sie wird drei weitere Stufen durchschreiten, die Rudolf Steiner Jupiter, Venus und Vulkan genannt hat. Folgen wir seiner Benennung von alter Saturn, alter Sonne und altem Mond, müssten wir konsequent von neuem Jupiter, neuer Venus und statt Vulkan vom neuen Saturn sprechen. Dieses Denken soll aber nicht Steiners Formulierungen «verbessern», sondern nur aufmerksam auf eine aller Evolution innewohnende Gesetzmäßigkeit machen: das dynamische Wirken von Vergangenheit, Gegenwart und Zukunft.

Für das allgemeine Gegenwartsbewusstsein sind diese drei Entwicklungskräfte in der Tiefe kaum fassbar. Vergangenheit ist das Gewesene, das es nicht mehr gibt. Zukunft ist etwas zeitlich vor uns Liegendes, was eine Möglichkeit beschreibt, das es aber auch noch nicht gibt, weil es ja erst werden soll. Und Gegenwart gibt es eigentlich auch nicht, weil sie im Moment ihres Entstehens bereits wieder Vergangenheit geworden ist, unmittelbar zuvor noch Zukunft war. Für diese mathematisch nicht lösbare Situation schuf der deutsche Sprachgeist das Wort «Augenblick». In Wahrheit sind jedoch alle drei Kräfte permanent wirksam. Wir können in der Polarität von Vergangenheit und Zukunft Schubkräfte erleben, wie es im menschlichen Organismus zum Beispiel das venöse Blutsystem mit der ihm innewohnenden Sogkraft, das arterielle Blutsystem mit dem Phänomen Druck zeigen. Wir können auch die Weltenmächte des Widerstands in ihnen entdecken, Luzifer im Sog, Ahriman im Druck. Und entdecken voller Begeisterung die ausgleichende Mitte im Christus, der Gegenwart zeugt.

Wenn sich der Blick nun auf die weiteren drei Ich-bin-Worte richtet, muss klar ausgesprochen werden, dass wir damit in eine Zukunftsforschung eintreten. Die – richtig verstanden und gehandhabt – ebenso konkret ist wie alle «klassische» Vergangenheitsforschung. In der auf den Menschen gerichteten Medizin sind beide Forschungsrichtungen als Anamnese (Erforschung des Vergangenen) und Prognose (Erforschung des Zukünftigen) entscheidende Fähigkeiten des Arztseins. Sie müssten das auch wieder werden, was allerdings ein forschendes Bewusstsein erfordert, das Maschinen nicht «produzieren» können, was den Arzt braucht, der Menschenverständnis und Menschenliebe zu den Maximen seines Denkens, Fühlens und Handelns gemacht hat. Vergangenheit wirkt beispielsweise aktiv in der Generationenfolge, was prägend für das jüdische Volk des Alten Testaments war. Ein abstrahierender Restgedanke ist heute hierfür die Genetik. Doch alle im alten Saturn wirksamen Vorgänge sind auch heute noch und in Zukunft vorhanden und gestalten die weitere Schöpfung mit. Gleiches gilt für die alte Sonne und den alten Mond.

Es wäre wohl vermessen, die Ich-Entwicklung auf den drei großen zukünftigen Stufen der Erde in Beziehung zu den Ich-Bin-Worten zu setzen. Aus der Kraft der Ahnung können wir jedoch die drei Unterepochen nehmen, die zu der Erdentwicklung gehören und so etwas wie vorausspiegelnde Zustände der drei großen zukünftigen Erdrunden sind. Denn ebenso wie die Vergangenheit als Kraft immer fortwirkt, genauso die Zukunftskräfte. Robert Jungk, ein Schriftsteller, der seinen Blick auf die modernen Naturwissenschaften richtete, hat seinem Buch, das sich mit der Entstehung und Zukunft der Atomphysik befasst, den sprechenden Titel gegeben: *Die Zukunft hat schon begonnen*. Es zählt zu den Denkaufgaben des modernen

Menschen, diese Tatsache so zu durchdringen, dass sie Anteil der Wissenschaften werden kann. Und zugleich auch das Wesen der Gegenwart so zu verstehen, dass sie eine ständig anwesende Kraft des Ausgleichens, des Gleichgewichtbildens ist. Wir können dabei entdecken, dass die Zeit, wie wir sie zu erleben und gar mechanisch zu messen gewohnt sind, hier eine ganz andere Qualität oder Wesensart zeigt. Im Seelischen erleben wir die Zeit ganz anders, beweglicher, nicht nur in eine Richtung weisend: wie lange oder auch viel zu kurz kann die Zeit eines Abschieds sein, bei objektiv-mechanisch völlig identischer Länge; entsprechend das Warten auf ein Ereignis und vieles mehr.

Kommen wir nun zu den drei noch nicht zugeordneten Ich-bin-Worten. Dem Jupiterzustand der Erde und damit – nach dem vorab geschilderten Vorzustand – der fünften nachatlantischen Kulturepoche, in der wir uns seit 1413 befinden, entspricht das fünfte Wort «Ich bin die Auferstehung und das Leben». Christus schließt an: «Wer an mich glaubt, der wird leben, auch wenn er stirbt; und ein jeder, der lebt und an mich glaubt, über den hat der Tod keine Macht mehr.» Diese Worte sind an Martha, die Schwester des vier Tage zuvor gestorbenen Lazarus gerichtet. Sie fragt er direkt: «Vertraust du darauf?» Und es folgt das Mysteriengeschehen der Auferweckung des Lazarus. Diese Inhalte entsprechen ganz unserer Zeit, die allerdings noch bis in das vierte Jahrtausend reicht. Wir stehen also noch im ersten Drittel dieser Entwicklungsphase, die als Charakteristikum Bewusstseinsseelenzeitalter heißt. Die Menschheit, mit ihr jeder Mensch als Zeitgenosse, steht vor der zentralen Erkenntnisaufgabe, Antwort auf die Frage zu finden: «Wer bin ich?» Bewusstsein von sich als Selbst zu erzeugen, sich als Existenz, als Individuum zu erleben. Was, wie jeder Erkennende weiß, ein Todesprozess ist, den es zu durchschreiten gilt, aus dem es gilt, aufzuerstehen und ein neues Leben zu beginnen. Welches das Ich als Geist unter Geistern wahrnimmt und in konkrete Wechselbeziehung zu der Welt geistiger Wesen – ob hierarchischer oder elementarer Natur – eintritt. Wage ich das Betreten dieses Weges, schreite ihn dann mutig voran, hat tatsächlich der Tod keine Macht mehr über mich. Das erlebte Lazarus, der zum Evangelisten Johannes wurde und zu dem ersten großen Forscher und Verkünder einer auf die Menschheit wartenden Zukunft, der Apokalypse. Es ist der Weg wahrer Jüngerschaft Christi, der uns dann auch in einer neuen «ätherischen», das heißt ganz aus Leben gewobenen Leiblichkeit begegnen und begleiten kann. In ihm verbindet sich Auferstehung als Neuanfang und Leben als ständige Überwindung des Todes.

Was sich so heute in der fünften nachatlantischen Kulturepoche vorbereitet, wird in vollem Umfang Ich-Entwicklung auf dem neuen Jupiter werden. Die Frucht, die das Ich darin ernten wird, nennt Rudolf Steiner das Geistselbst. Es wird die geistige Hülle des Ich der verwandelte Empfindungs- oder Astralleib sein, es wird die Erhöhung dessen sein, was als Entwicklung auf dem alten Mond veranlagt wurde.

Der Erdenzustand als zukünftige neue Venus, welcher in sehr ferner Zukunft der Jupiterentwicklung folgt, wird das sechste Ich-bin-Wort erfüllen: «Ich bin der Weg und die Wahrheit und das Leben.» Ergänzt um den Satz: «Niemand kommt zum Vater denn durch mich.» Diese Worte sind in die Abschiedsreden eingebettet, ehe Christus seinen letzten Erdenweg zur Kreuzigung auf dem Hügel Golgatha antritt. Vorausgegangen ist die Fußwaschung, das Vorbild alles Dienens, sowie der Verrat des Judas, dem später noch die Flucht der Jünger und die dreifache

Leugnung von Petrus folgen werden. Vorausgegangen ist auch Christi Auftrag an die, welche im wahren Sinne seine Jünger sein wollen, der bis in unsere Zeit und darüber hinaus gültig bleibt: «Einen neuen Auftrag gebe ich euch: Liebet einander! Gleich wie ich euch geliebt habe, sollt auch ihr einander lieben. Daran werden alle erkennen, dass ihr meine Jünger seid, wenn ihr einander Liebe erweist» (Joh. 13,34-35). Der zur Liebe veranlagte Kosmos Erde wird diese Stufe auf dem Venuszustand erreichen, durch die Liebe der Menschen geschaffen, und sich mit dem Wesen der Freiheit, die sich auf dem Jupiter vollendet, verbinden. Verwirklichen wird sich das nur, wenn Menschen es wollen und auch tun: diesen Weg zu beschreiten, keinem Hindernis ausweichend, keine Mühe scheuend, immer das Ziel im Blick; durchdrungen von der Wahrheit, die Voraussetzung ist der Freiheit – «denn die Wahrheit wird euch frei machen» –; und als Träger des neuen Lebens, das die Auferstehungskräfte in sich birgt, das uns immer neu werden lässt. Ein andauerndes Geschehen, welches Christian Morgenstern so bewegend formulierte: «Freunde, liebt nicht mich, nicht den, der ich bin. Doch den, der ich werden möchte, den liebt in mir.»[130]

Dieses hier tastend Geschilderte eines Venus-Erdenseins hat Vorklänge in der sechsten nachatlantischen Kulturepoche, die eine russisch-kaukasische genannt und sich mit dem europäischen Osten verbinden wird. Ihr Hauptgeschehen ist nach Rudolf Steiner die Brüderlichkeit der Menschen, die heute vielleicht als Geschwisterlichkeit verstanden werden kann. Sie speist sich aus der Liebe zu allem, was ist, dem «Anderen», woraus der Begriff Altruismus entstand. In diesem Entwicklungs-

130 Christian Morgenstern, *Melancholie, Einkehr und andere Dichtungen*, Werke in vier Bänden, Band 2, S. 136, München / Zürich 1979.

geschehen unserer Erde wird dem Ich das Du immer wichtiger werden, wirkliches Mitleiden wird selbstverständliche Seelenkraft derer sein, die dieser Entwicklung folgen. Kein Ich-Mensch wird fröhlich sein können, wenn ein anderer Kummer hat, selbst satt sein wollen, wenn andere hungern. Und es wird Frieden unter den Menschen sein, die eines guten Willens sind, Christusfriede: «Frieden lasse ich euch, meinen Frieden gebe ich euch» (Joh. 14,27).

Folgt nun noch die siebente Stufe der Ich-bin-Worte: «Ich bin der wahre Weinstock.» Und Christus fügt hinzu: «Und mein Vater ist der Weingärtner.» Und wenig später: «Ich bin der Weinstock, ihr seid die Reben.» Wir sollen in Verbundenheit mit Christus im Auftrag des Vaters, dem Weingärtner, dafür Sorge tragen, dass die Reben Früchte tragen, die dann den Wein zeugen, der das Blut Christi bildet, auf dem der neue Glaube gründet. So wie im Anfang auf das Brot als Leib Christi das neue Bekenntnis, die neue Geisterkenntnis gründet, gespeist von dem Heiligen Geist. Das ist die Stufe der Vollendung. Diese Vulkanstufe, die wir auch neuen Saturn nannten, wird vorausgeahnt in der siebenten nachatlantischen Kulturepoche, welche Rudolf Steiner die «amerikanische» nennt. Über ihre Inhalte wissen wir kaum etwas. Veranlagt wird dort das höchste Geistesglied, der *Geistesmensch*, dem Geistselbst und Lebensgeist vorangegangen sind. Mit ihm taucht das Menschen-Ich wieder ganz in die geistige Wirklichkeit ein, nun aber mit wachem Ich-Bewusstsein und bewusst erlebter Individualität. Der Mensch erfährt eine erste Ahnung seiner Vollkommenheit, seines göttlich gewollten Ziels, der Ebenbildlichkeit. Im neuen Vulkan realisiert sich dieses, was in der siebenten Kulturepoche der nachatlantischen Zeit erahnt werden kann. Der Mensch ist nun wieder aufgenommen in die Gotteswelt, aus der er ausgesondert wurde auf seinem Weg, um als Träger der kosmischen Freiheit und Liebe eine zehnte hierarchische Ordnung zu bilden. Werden ihr noch zwei weitere folgen, um das kosmische Gesetz der Zwölf zu erfüllen? Beginnt damit eine neue Schöpfung, die auf unserer aufbaut, wie unsere auf eine ihr vorausgegangene?

Das Fragen ist eine Seelengabe, die mit der Zukunft verbindet. Darum besteht die junge Kinderseele aus immer neuen Fragen, die zumeist mit dem Wort «warum» beginnen. So kann auch der Inhalt dieses Kapitels vielfach befragt werden. Doch fragen wir als Erwachsene, wissen wir, dass wir – anders als vom Kind erwartet – keine schnellen Antworten bekommen. Es ist geradezu ein Gesetz der erwachsenen Menschenseele, mit einer Frage leben zu lernen und geduldig und zugleich in froher Erwartung der Antwort zu harren. Wie grausam wird diese Seelenkraft korrumpiert, wenn Menschen sich heute jede «Antwort» in Sekundenschnelle aus dem Internet holen können! Kräfte, die die wartende Haltung in uns erzeugt, gehen verloren – welcher Verlust.

Der Weg der Ich-Entwicklung durch die Zeitläufte mit den sieben Ich-bin-Worten des Johannes-Evangeliums weist auf die innige Verbundenheit hin, die das Sonnenwesen Christus mit der Menschwerdung eingegangen ist. Heute stehen wir zeitlich an der Stelle, wo Christus uns wie zuvor Martha fragt: «Vertraust du darauf?» Die tragende Kraft des Vertrauens ist Voraussetzung für alle weiteren Wege der Ich-Entwicklung. Haben wir sie schon in uns, berührt uns aus der Zukunft der neue Glaube? Die Gegenwartsphänomene erweisen, wie extrem umkämpft das Fortschreiten der Menschheit und auch des einzelnen Menschen ist, wie stark das Wirken der Geister des Widerstands und der Hemmnisse. An die Stelle des Brotes des

Lebens sind «Steine» gesetzt: der Wunderbau unseres Leibes wird zum Apparat oder Automat degeneriert, er wird als genetisch zu verbessernde Fehlkonstruktion apostrophiert. Das Licht der Welt ist heute Elektrizität, die Satelliten oder auch Astronauten sehen die lichterfüllte Erde, vor allem da, wo große Städte sind. Die Tür der Begegnung – und auch das Erkennen – ist entweder vernagelt oder existiert für viele gar nicht, die Menschheit kennt oder akzeptiert keine Schwellen mehr. Und an die Stelle des Guten Hirten ist der Ausbeuter, der Herrschende getreten, der nicht den Menschen dienen will, sondern sie versklavt und in seinen Dienst stellt. So geht es weiter, denn statt der Auferstehung wurde das Gesetz von der Erhaltung der Materie und der Energie formuliert, an die Stelle der Wahrheit tritt die sanktionierte Lüge und an die Stelle des neuen Glaubens das alle Welt umspannende Dogma.

Die Widerstandsgeister kennen den Geistgehalt der Ich-bin-Worte, die wir auch Freiheitsworte nennen können. Sie hassen sie und wollen alles verhindern, was auf ihren Wegen Ich-Werdung initiiert. Deshalb sollten wir Menschen von ihnen wissen und sie zur Richtschnur unseres Lebens machen. Was allerdings Mut erfordert, weil es der Weg zum Kreuzigungshügel ist, von dem wir jedoch wissen dürfen, dass ihm die Auferstehung folgen wird.

VII. Nachklang und Ausblick: «Das Ich war von Anfang an dabei»

> *«Das Selbst wird weder geboren noch stirbt es.*
> *Es hat immer existiert und wird nie aufhören zu existieren.*
> *Es ist ungeboren, ewig, unvergänglich und existiert von Anfang an.*
> *Es stirbt nicht, wenn der Körper getötet wird. ...*
> *Wie ein Mensch getragene Kleidungsstücke ablegt und neue anzieht, so legt das verkörperte Selbst abgetragene Körper ab und tritt in neue ein.»*
>
> Bhagavad Gita, 2. Gesang, Verse 20 und 22

Im Jahre 2010 erschien eine ganze Reihe von Büchern unterschiedlichster Autoren über das Ich. Auch wenn die damals publizierten Texte zum Teil in den vorangegangenen Jahren schon entstanden waren, kann man 2010 geradezu ein «Ich-Jahr» nennen. Und es ist sicherlich ein «Zufall höherer Art», dass das vorliegende Ich-Buch genau vierzehn Jahre später erscheint. Da es im anthroposophischen Bereich nicht zu den ausgeprägten Stärken gehört, andere Autoren zu würdigen, möchte ich dies hier einmal ausdrücklich tun, wobei die Titel der Bücher schon sehr sprechend sind und sich ergänzen. *Was ist die wahre Natur des Ich?* war die Frage, mit der Wilfrid Jaensch energisch hervortrat (Verlag am Goetheanum). *Das Rätsel des menschlichen Ich* entfaltete Sergej O. Prokofieff aufbauend auf Darstellungen Rudolf Steiners zu «niederem Ich», «höherem Ich» und «wahrem Ich» (Verlag am Goetheanum). Eindrücklich beschrieb Wolf-Ulrich Klünker *Anthroposophie als Ich-Berüh-*

rung (Verlag am Goetheanum). Peter Tradowsky widmete sich der *Stunde des Widerstands. Das Ich als Kern des Widerstands* (Verlag für Anthroposophie) – Widerstand in der Auseinandersetzung mit dem Bösen. Ruth Ewertowski tauchte ganz ein in die große Weltliteratur und beschrieb die *Revolution im Ich. Einweihung als Wiedergeburt* (Verlag Freies Geistesleben). Christoph Merholz legte ein originelles Buch vor: *Die Philosophie des Ich* mit dem Untertitel *Christentum heute* (Dornach 2010). Und dann seien noch zwei Werke genannt, die das Ich zwar nicht im Titel tragen, beide aber tiefschürfende Ausarbeitungen darstellen, die auch in der Ich-Frage weiterführen: von Bernd Lampe das großartige Werk *Gebärden des Wortes. 57 Gespräche zum Beginn des Johannes-Evangeliums* (Verlag Kooperative Dürnau), und von Jürgen Strube eine anregende Studie zu *Die Beobachtung des Denkens. Rudolf Steiners Philosophie der Freiheit als Weg zur Bildekräfte-Erkenntnis* (Verlag für Anthroposophie).

An dieser Stelle sei eine Erfahrung aus unserer gemeinsamen Werkstatt für das vorliegende Buch geteilt. Ursprünglich sollte das Kapitel «Das Ich auf dem Weg von der Philosophie zur Anthroposophie» auch einen Abriss wesentlicher Arbeiten zum Ich von Schülern Rudolf Steiners, wie Carl Unger, Walter Johannes Stein, Hans Erhard Lauer, Karl Ballmer, Herbert Witzenmann und anderen enthalten. Wir bemerkten dann aber, dass der dargestellte Weg von Platon und Aristoteles bis zu Rudolf Steiner als eine beständige Entwicklung und Entfaltung, ja als Crescendo der Geistesgeschichte gelesen werden kann – und dass die Darstellung dessen, was die Schüler Rudolf Steiners weiterführend daraus gemacht haben, bei aller Wertschätzung, wieder zu einer Vereinzelung, Fragmentierung oder Kaleidoskopierung der Ich-Frage geführt hätte. Das war eine erstaunliche Erfahrung, da wir durchaus der Auffassung sind, dass die Anthroposophie als Wesenhaftes nicht mit dem Werk Rudolf Steiners abgeschlossen ist, ja dass eigene, neue Geistesforschung möglich und nötig ist. In diesem Sinne verstehen wir auch unsere eigene Darstellung «Auf der Suche nach dem Ich».

Am 21. Mai 2023 hielten Volker Fintelmann und ich bei der 11. Himmelfahrtstagung zur Zukunft der anthroposophischen Bewegung und Gesellschaft in Hamburg gemeinsam einen Vortrag mit dem Titel «Durch Krisen zur Heilung». Dies war eine Möglichkeit für mich, das Lebenswerk von Volker Fintelmann ein wenig öffentlich zu würdigen. Seine Geburt im Jahre 1935 fällt in ein dramatisches Schicksalsjahr der Anthroposophischen Gesellschaft. Damals wurden Ita Wegman und Elisabeth Vreede aus dem Dornacher Urvorstand ausgeschlossen und mit ihnen etwa 2.000 Menschen, vor allem aus der niederländischen und der englischen Landesgesellschaft, herausgedrängt. Die Anthroposophische Gesellschaft hatte sich mit der verheerenden Generalversammlung vom 14. April 1935, auf der diese Beschlüsse gefasst wurden, selbst zerstört. Und es steht sicherlich in einem inneren Wirkzusammenhang, dass am 1. November 1935 die Anthroposophische Gesellschaft in Deutschland von den Nationalsozialisten verboten wurde. Deren Begründung liest sich heute wie eine Referenz für die Anthroposophische Gesellschaft: «Nach der geschichtlichen Entwicklung der Anthroposophischen Gesellschaft ist diese international eingestellt und unterhält auch heute noch enge Beziehungen zu ausländischen Freimaurern, Juden und Pazifisten. Die auf der Pädagogik des Gründers Steiner aufgebauten und in den heute noch bestehenden anthroposophischen Schulen angewandten Unterrichtsmethoden verfolgen eine individualistische nach dem Einzelmenschen ausgerichtete Erziehung, die nichts mit den nationalsozialistischen Erziehungsgrundsätzen gemein hat. Infolge ihres Gegensatzes zu dem vom Nationalsozialismus vertretenen völkischen Gedanken besteht die Gefahr, dass durch die weitere Tätigkeit der Anthroposophischen Gesellschaft die Belange des nationalsozialistischen Staates geschädigt werden.»[131]

Die Ungeborenen sehen ja oft viel mehr als die auf der Erde lebenden und in die Ereignisse verstrickten Menschen. Die Geistseele von Volker Fintelmann kam in dieser «dunklen Stunde» auf die Erde, mit dem festen Entschluss, mitzuhelfen bei der Verwirklichung der michaelischen Impulse, insbesondere ein ganzes Leben dem Aufbau einer «intuitiven Medizin» zu widmen.[132] Er reichte gewissermaßen der ausgeschlossenen Mitbegründerin der Anthroposophischen Medizin, Ita Wegman, «von oben» die Hände zur Mitarbeit – und dies vor dem Hintergrund von Konzentrationslagern und Vernichtungslagern, unter anderem mit perversen verbrecherischen Versuchen an behinderten Menschen durch nationalsozialistische «Ärzte». Was wurde da der Medizin als ganzer aufgebürdet an zu heilendem Schicksal?

Volker Fintelmann hatte das Schicksal, mehr am Rande der von offizieller Seite vertretenen Anthroposophischen Medizin zu wirken. Das brachte mit sich, dass er die Anthroposophie methodisch stark in der offiziellen wissenschaftlichen Medizin

131 Zitiert nach *Anthroposophen und Nationalsozialismus,* Flensburger Hefte, Nr. 32, 1991, S. 62.

132 Siehe Volker Fintelmann, *Intuitive Medizin. Einführung in eine anthroposophisch ergänzte Medizin,* Stuttgart [6]2016.

darstellen konnte, sie dort im Sinne Rudolf Steiners als eine «intuitive Medizin» vertrat. Im Sinne des vorliegenden Buches könnte man sagen: für eine am Ich des Patienten *und* des Arztes orientierte Medizin einstehen konnte. Von 1973 an entwickelte er an verschiedenen Krankenhäusern in Hamburg, die von der DRK-Schwesternschaft Hamburg e.V. geführt wurden, eine von Anthroposophie durchdrungene Medizin als Synthese von Natur- und Geisteswissenschaft; von 1980 bis 1996 in Hamburg-Rissen. Von 1997 bis 2018 leitete er die Carl Gustav Carus Akademie in Hamburg, die viele Fortbildungen, Seminare und Vorträge für die anthroposophischen Heilberufe veranstaltete. Auch konnte er, in Zusammenarbeit mit Gerhard Kienle, bei der Bundeskommission für Phytotherapie (Pflanzenheilkunde) bis in die Gesetzgebung hinein viel Gutes bewirken. Auf großen Kongressen der Schulmedizin hielt er Vorträge, immer im Dienste einer Ich-orientierten und damit menschengemäßen Medizin; etwa 3.500 Vorträge im Laufe eines langen erfüllten Lebens.

Mit dem vorliegenden Buch gehen wir auch ein Wagnis ein. Gerade das Kapitel über die Evolution des Ich sowie die Ausarbeitungen über das Wirken des Ich in Leib und Seele bringen Neues und Ungewohntes, das nicht aus dem Werk Rudolf Steiners entnommen wurde, obwohl es natürlich inhaltlich und methodisch darauf aufbaut. Vor diesem Hintergrund möchten wir ein paar eindringliche Worte Rudolf Steiners wiedergeben, die ausdrücklich diese «eigenen» Ausarbeitungen der Geisteswissenschaft anregen und einfordern. «Gewiss ist es unendlich wichtig, dass man die zentralen Erkenntnisse der Geisteswissenschaft der Menschheit mitteilt, denn würde man diese zentralen Erkenntnisse nicht mitteilen, so würde ja die Grundlage für einen weiteren Ausbau fehlen. Aber statt dass diese zentralen Erkenntnisse so aufgenommen werden, wie viele sich versucht fühlen zu tun, in allerlei neuen, literarisch schlechten Wiederholungen desjenigen, was schon vorliegt, doch immer wieder dasselbe zu sagen, sollte einmal das Augenmerk darauf gewendet werden, die einzelnen Kapitel dieser zentralen Erkenntnisse auszubauen und die geisteswissenschaftlichen Erkenntnisse in Wissenschaft und Leben wirklich einzuführen.»[133]

Offene Forschungsfragen

Es gibt Aussagen Rudolf Steiners, die darauf hinweisen, dass das Ich in der einen Inkarnation eines Menschen nicht identisch ist mit dem Ich in der nächsten Inkarnation. Da das Ich immer im Werden ist, kann man es nicht festhalten. Es *wird* sozusagen immer *neu* in der Gegenwart.

«Das Ich der gegenwärtigen Inkarnation ist nie fertig; das bildet sich. Das eigentliche, in den unterbewussten Tiefen wirkende Ich ist das des vorigen Erdenlebens.»[134]

Auch die Moralität des Ich aus einem Leben kann man nicht mitnehmen ins nächste Leben. Moralität muss in jeder Inkarnation neu errungen werden.

«Das, was Moralität war für unsere frühere Inkarnation, das haben wir gebraucht zwischen Tod und neuer Geburt, wo wir beschäftigt waren mit unserem weisheitsvollen Bauen, das ha-

133 Rudolf Steiner, *Okkultes Lesen und okkultes Hören,* GA 156, Dornach 1987, Vortrag vom 13.12.1914.

134 Rudolf Steiner, *Anthroposophie – eine Zusammenfassung nach einundzwanzig Jahren,* GA 234, Dornach 1981, S. 95.

ben wir längst verschwitzt; die Moral müssen wir uns immer in jedem einzelnen Erdenleben neu erwerben.»[135]

Das Ich der letzten Inkarnation wirkt in diesem Leben in der Wärme, im Wärmeorganismus des Menschen. Das Ich vom letzten Leben ist gewissermaßen die Wärmehülle geworden für das Ich in seinem Werden in diesem Leben. Was bedeutet das für das Karma? Worin besteht dann der rote Faden zwischen den Inkarnationen eines Menschen?

Dass ich aus geisteswissenschaftlicher Sicht auf mein Ich der letzten Inkarnation – ja überhaupt auf meine eigenen früheren Erdenleben – wie auf ein Fremdes hinblicken sollte, ist gut verständlich. Nur so kommt die nötige Sachlichkeit ins Erkennen. Und trotzdem besteht ja ein Unterschied zwischen «meinen» früheren Leben und denen anderer Individuen im Hinblick auf meine Ich-Entwicklung.

An dieser Stelle muss das Eigen-Ich oder Innen-Ich sterben; ich muss bereit sein, auf das, was mir widerfährt, auf mein Karma hinzublicken. Die Sprache der Ereignisse meines Lebens sagt mir etwas über mein «Ich». Liebe als Erkenntniskraft bedeutet ganz eintauchen können in die Sprache der Ereignisse – durch ruhige Schicksalsbejahung –, bis das eigene Ich wirkend wie ein Fremdes darin auftaucht und «ich» ja dazu, ja zu meinem «Ich» im Schicksal sagen kann.

Wir lassen die sich hier ergebenden Fragen bewusst ein Stück weit offen, da wir nicht dem Anspruch nachkommen wollen, alles zu erklären beziehungsweise die Ich-Frage vollständig zu lösen. Dies ist ja auch gar nicht möglich: Stets im Werden ist das Ich, offen für die Zukunft, auf Freiheit angelegt. –

Wir danken ganz besonders Alexandra Fintelmann und Al-

135 Rudolf Steiner, *Heilpädagogischer Kurs,* GA 317, Dornach 1995, S. 55.

muth Steffens für die intensive Unterstützung dieses Buchprojektes, außerdem Anton Kimpfler und Jens Göken sowie unserem Verleger Claudius Weise.

Dezember 2023 *Steffen Hartmann*

Über die Autoren

Volker Fintelmann, geboren 1935 in Berlin, lebt seit 1957 in Hamburg. Nach dem Abitur an der Freien Waldorfschule Hannover (1955) studierte er Medizin in Tübingen, Berlin, Heidelberg und Hamburg, wo er 1960 das Staatsexamen ablegte und 1961 promovierte. Er absolvierte die Facharztausbildung Innere Medizin und spezialisierte sich in Gastroenterologie. 1973 wurde er Leitender Arzt in der Klinik Helenenstift in Hamburg-Altona, übernahm 1977 diese Funktion auch im Krankenhaus der DRK-Schwesternschaft Hamburg Beim Schlump, führte beide Kliniken ab 1980 im Krankenhaus Rissen zusammen, wo er bis Ende 1996 als Leitender Arzt und die letzten 10 Jahre als Ärztlicher Direktor und Geschäftsführer arbeitete. Seither ist er in freier Praxis tätig. 1997 Gründung der Carl Gustav Carus Akademie Hamburg, deren Vorstand er bis heute ist.

Sein Anliegen ist die praktische und wissenschaftliche Ausarbeitung einer Anthroposophischen Medizin auf Grundlage der naturwissenschaftlichen Medizin. In diesem Zusammenhang verlieh der Senat der Freien- und Hansestadt Hamburg ihm 1996 den Ehrentitel Professor. Er war integriert in die Ausarbeitung einer modernen Pflanzenheilkunde (Phytotherapie) und Mitglied und Vorsitzender der zuständigen Kommission beim Bundesgesundheitsamt in Berlin. Er ist Autor und Mitautor zahlreicher Bücher als Ergebnis der genannten Arbeitsgebiete. Schwerpunkte bilden die *Intuitive Medizin. Theorie und Praxis der Anthroposophischen Medizin* (Haug, Stuttgart, 6. Auflage), *Lehrbuch der Phytotherapie* (Haug, Stuttgart, 13.

Auflage) und *Die Wiedergewinnung des Heilens, Wege zu einer christlichen Medizin* (*info 3*, Frankfurt/M., 3. Auflage). Sein Arbeitsgebiet und das damit verbundene Anliegen hat er am intensivsten «von Mund zu Ohr» mitgeteilt und annähernd 3.500 Vorträge zu vielfältigen medizinischen und menschenkundlichen Themen gehalten.

Steffen Hartmann, geboren 1976 in Freiburg im Breisgau, studierte Klavier in Hamburg. Als Liedbegleiter besuchte er Meisterkurse bei Elisabeth Schwarzkopf und Dietrich Fischer-Dieskau. Eine intensive künstlerische Zusammenarbeit verbindet ihn mit der Sopranistin Marret Winger. 2007 gründete er das Institut MenschMusik Hamburg, zusammen mit Matthias Bölts, das neue Wege in der Musikerausbildung beschreitet.

Seit 1997 geht er einen inneren meditativen Weg auf Grundlage der Anthroposophie. Durch Anfragen von außen ist er seit einigen Jahren als Meditationslehrer tätig. Steffen Hartmann schreibt regelmäßig Aufsätze zu Grundfragen der anthroposophischen Geisteswissenschaft, zu Meditation und Musik. Zusammen mit Torben Maiwald gründete er den Verlag Edition Widar, in dem unter anderem seine Bücher *Wege zum Geist* (2012), *Von der Philosophie zur Anthroposophie* (2013), *Aus Widars Wirken* (Mitherausgeber, 2014), *Geistesgegenwart und Schöpferkraft* (zusammen mit Anton Kimpfler, 2015), *Die Michael-Prophetie Rudolf Steiners und die Jahre 2012 bis 2033* (2017) sowie *Vom Schicksal der Töne in unserer Zeit* (2018) erschienen sind. Seit 2012 ist er im Zweig am Rudolf Steiner Haus Hamburg verantwortlich tätig; damit verbunden ist eine internationale Vortrags-, Seminar- und Konzerttätigkeit in Deutschland, der Schweiz, Österreich, Finnland, Norwegen, Griechenland und Brasilien.

Volker Fintelmann,
Steffen Hartmann

Mit Widar Zukunft schaffen

202 Seiten, gebunden mit Schutzumschlag

Die Autoren führen zu einem grundlegenden Verständnis und Erleben der Wesenheit Widars, sowohl anknüpfend an die nordische Mythologie, die Edda, als auch die Anthroposophie Rudolf Steiners. Gleichzeitig werden die tragischen und herausfordernden Weltereignisse des 20. und 21. Jahrhunderts einbezogen, durch die der gute Fortgang der Menschheitsentwicklung in Frage gestellt scheint.

Das vorliegende Buch ist die Frucht einer sich mittlerweile weiter intensivierenden Forschungsarbeit, immer im Hinblick auf Widar, seinen Beitrag zu einer Zukunftskultur der Menschheit, und insbesondere einer Neuimpulsierung Anthroposophischer Heilkunst im weitesten Sinne, auch vor dem Hintergrund vielfältigster Zivilisationserkrankungen und -bedrohungen.

Verlag Freies Geistesleben

Steffen Hartmann

Gilgamesch und Enkidu – eine weltgeschichtliche Freundschaft

Eine karmische Studie zu Rudolf Steiner und Ita Wegman

375 Seiten, gebunden mit Schutzumschlag

In der zweiten Hälfte des 19. Jahrhunderts kommt bei Ausgrabungen im Zweistromland der bis dato älteste bekannte literarische Text der Menschheit auf 12 Tontafeln ans Tageslicht: das ‹Gilgamesch-Epos›. Diese Dichtung, deren Ursprünge im 18. Jahrhundert v. Chr. zu suchen sind, war im mesopotamischen Altertum unter dem Titel ›Der in die Tiefe sah‹ bekannt. Sie bezeugt eine Freundschaft zwischen zwei ungleichen Menschen, deren Treue zueinander dazu bestimmt war, die Schranken des Todes zu durchbrechen.

Aufbauend auf Rudolf Steiners und eigenen Forschungen betrachtet Steffen Hartmann die karmischen Hintergründe dieses Epos. Sein Blick umfasst dabei auch das Geschehen der Weihnachtstagung 1923/24 zur Gründung der Allgemeinen Anthroposophischen Gesellschaft.

Verlag Freies Geistesleben

Volker Fintelmann

Die spirituelle Seite
des Immunsystems
Praktische Hilfen zur Stärkung
unserer Abwehrkräfte
228 Seiten, kartoniert

Unser Immunsystem umfasst viel mehr als die Bildung von Antikörpern gegen verschiedene Krankheitserreger. Es hat über den körperlichen Bereich hinaus auch seelische und geistige Dimensionen. Volker Fintelmann erläutert in diesem Buch die Hintergründe dieser oft vernachlässigten Seiten des Immunsystems und zeigt auf, wie wir unsere Abwehrkräfte auf allen diesen Ebenen und damit umso wirksamer pflegen und stärken können.

Verlag Freies Geistesleben